本书由大连市学术著作出版基金资助出版

"2011教育部人文社科青年项目"阶段性成果
项目编号【11YJC740052】

李民 宋立 ◎著

韩汉翻译研究

理论与技巧

한중 번역 연구:
이론 및 기법

社会科学文献出版社
SOCIAL SCIENCES ACADEMIC PRESS (CHINA)

目　录

前　言……………………………………………………………1

第一章　东西方翻译发展脉络………………………………1
第一节　西方翻译发展史……………………………………2
第二节　中国翻译发展史……………………………………14
第三节　韩国翻译发展史……………………………………25

第二章　翻译和译者伦理……………………………………40
第一节　"翻译"意义重释……………………………………40
第二节　译者伦理与译者角色的伦理特性…………………47
第三节　韩汉翻译中译者的素养……………………………66

第三章　韩国文学作品汉译…………………………………72
第一节　韩国文学作品汉译中的不可译因素………………74
第二节　韩汉翻译中的哲学辩证统一………………………92

第四章　韩国语词汇汉译的语言学理论基础………………106
第一节　构词法与韩国语词汇的汉译………………………106
第二节　同音异义现象与韩国语词汇的汉译………………114
第三节　多义词与韩国语词汇的汉译………………………119

1

  第四节 搭配理论与韩国语词汇的汉译……………………………122
  第五节 词义变化与韩国语词汇的汉译……………………………125
  第六节 语境理论与韩国语词汇的汉译……………………………127
  第七节 文化词汇学与韩国语词汇的汉译…………………………133
  第八节 语言变体理论与韩国语词汇的汉译………………………142

第五章 韩国语词汇的汉语翻译………………………………………150
  第一节 韩国语的汉字词及其翻译…………………………………150
  第二节 韩国语数量词的汉语翻译…………………………………158
  第三节 韩国语拟声拟态词的汉语翻译……………………………169
  第四节 韩国语副词的汉语翻译……………………………………182
  第五节 韩国语"汉字词+하다"的汉语翻译 ………………187

第六章 韩国语句式的汉语翻译………………………………………192
  第一节 长句的翻译…………………………………………………192
  第二节 翻译中的"加减法"………………………………………197
  第三节 韩国语惯用语的汉语翻译…………………………………203
  第四节 汉语四字格在韩汉翻译中的使用………………………215
  第五节 韩汉翻译中的句式转换…………………………………223

第七章 韩汉翻译中的常见偏误………………………………………228

参考文献……………………………………………………………………264

前　言

20世纪初，英国伦敦社会语境学派的创始人弗斯在他的论文《语言学和翻译》《语言分析和翻译》中提出，无论何时何地，人们接触别的语言或接触本民族的语言，实际上就是在进行翻译。[①] 几十年之后，美国解释学派的创始人乔治·斯坦纳在他的著作《通天塔之后：语言与翻译面面观》中指出，语言的产生和理解的过程，实际上是一个翻译的过程，翻译是语言的基本要素。[②] 由此我们不禁发出这样的感叹，如果没有翻译，人类将会怎样？

自从有了人类，就有了交流。交流促进发展，一个国家、一个民族，只要不是由于客观或主观的原因，长期处于孤立和闭塞的状态之中，或多或少都可以从交流中得到好处。现代国际间的文化交流更是以空前的规模、内容、形式和手段在直接或间接地进行着。

川流不息的交通工具、现代化通信手段的代表——智能手机，以及让我们免除奋笔疾书之苦的电脑，当我们在享受这些现代科技所带来的便利的同时，我们知道，这是西方科学技术发展的成果通过翻译这一媒介传到中国的结果。17世纪，随着以利玛窦为代表的一批欧洲传教士到中国进行宗教著作翻译，西方先进的科学技术被介绍到中国，激起了中国学者翻译西方科学著作救国的理想，从而

[①] 谭载喜：《西方翻译简史》，商务印书馆，2004，第203页。
[②] 同上，第217页。

掀起了中国历史上第二次翻译高潮；中日韩三国尽管语言不同，但在文化上惊人地相似，日本和韩国自古以来深受儒家传统文化的影响，同属东方礼仪之邦，这也是儒教通过翻译经韩国传播到日本的结果；世界上三大宗教之一的佛教，也是从印度传播到中国，再从中国传播到韩国和日本，这一过程中，翻译有着不可替代的作用。可以说，上下五千年，人类交往的历史就是一部翻译的历史。

无论东方还是西方，自从有了翻译，许多翻译家们便开始著书长谈个人对翻译的见解。近代以来，西方学者们率先举起了翻译理论探索的大旗，从各个角度提出了赖以指导翻译实践的翻译理论。而中国直到20世纪80年代，国内学者们开始译介西方翻译研究的成果以后，才开始了对翻译研究的深层次理论探讨。在这一大潮中，随着90年代韩国语教育在国内的兴起，中国国内的韩汉翻译，尽管在翻译教学方面取得了长足的进步，然而对于韩汉翻译理论的深层探讨却迟迟没有很好地开展。

第一章
东西方翻译发展脉络

　　《圣经·旧约》上说，人类的祖先最初讲的是同一种语言。他们在底格里斯河和幼发拉底河之间，发现了一块非常肥沃的土地，于是就在那里定居下来，修起了城池。后来，他们的日子越过越好，决定修建一座可以通到天上去的高塔，这就是巴别塔。他们用砖和河泥作为建筑材料，直到有一天，高高的塔顶已冲入云霄。上帝得知此事，立即从天国下凡视察。上帝认为这是人类傲气自负的行为所致，因为从此以后人类就可以为所欲为。为了惩罚人类的行为，阻止这种事情再次发生，上帝开始打乱人类的语言，使他们之间无法传达意思，然后"把他们分散到全世界"。在希伯来语中，"巴别"是"变乱"的意思，于是那座塔就被称作"巴别塔"。巴别塔的故事仅仅是一个传说，它告诉我们人类原本居住在同一个地方，使用同一种语言，后来迫不得已在全世界各个地方分散居住，而且彼此之间使用不同的语言。但巴别塔的传说仅仅是《圣经》中的一个故事，充满了神秘主义色彩，其真实性无从考证。这个故事的背后揭示了这样一个问题，从此各奔东西、各操不同语言的人类必然要通过一种媒介进行彼此之间的交流和融合，而这一媒介便是"翻译"。

第一节　西方翻译发展史

　　西方翻译从最初萌芽至今已经走过了两千多年的历史，不同学者从不同的视角对西方翻译的分期进行了划分，因此，关于西方翻译史如何分期，无论是在翻译界还是在历史学界都尚无定论。本书中，笔者将按照总—分—总的划分方法，先综述西方翻译的起源，然后按照《圣经》翻译和文学翻译两条主线来介绍西方翻译两千多年波澜壮阔的历史，最后在两千多年翻译实践和理论研究的基础上综述新时期西方翻译理论走向成熟的过程。

1. 西方翻译的开始

　　西方翻译的历史是围绕着《圣经》的翻译而展开的。无论是西方第一部译作的产生，还是西方翻译理论的发展变迁，抑或是近代翻译语言学派理论家尤金·奈达，都和《圣经》有着千丝万缕的联系。可以说，整个西方翻译的历史实际上就是一部《圣经》翻译的历史。那么，西方的第一部译作是如何产生的呢？

　　《圣经·旧约》是犹太教的正式经典，原文由希伯来语撰写而成。后来犹太人由于长期漂流海外忘记了自己先辈的语言，绝大部分人说希腊语。为了满足这些说希腊语的犹太人的需求，公元前285年至公元前249年，在托勒密二世的旨意下，72名犹太学者聚集在埃及的亚历山大图书馆，将希伯来语文本的《圣经·旧约》翻译成希腊文，称为《七十子希腊文本》。这便是西方历史上最早的翻译，后来，这个希腊语译本取代了希伯来语文本，成为许多语言《圣经》的翻译蓝本。

　　但是欧洲本土最早的翻译始于公元前3世纪，由罗马历史上最早的翻译家、罗马史诗和戏剧的创始人里维乌斯·安德罗尼柯创作。公元前6世纪，罗马逐渐征服希腊，成为强大的帝国，但在文化上却落后于希腊。因此，从公元前3世纪开始，罗马人开始通过翻译把希腊文化移植到罗马，从而形成了西方翻译史上第一个重要的发展时期。公元前250年，安德罗尼柯为了教授拉丁语，改变罗马没有拉丁语教材的局限,翻译了荷马史诗《奥德赛》。安德罗尼柯的《奥德赛》译文是第一首拉丁语诗,也是第一篇翻译成拉丁语的文学作品,对于引导当时罗马青年了解希腊起到了重要作用。

随着大量的希腊戏剧等文学作品被翻译成拉丁语,一些翻译家在大量翻译实践的基础上开始了翻译理论和方法的研究与探索,诞生了西方翻译历史上第一位理论家——马尔库斯图留斯·西塞罗。大约公元前46年,西塞罗撰写了《论最优秀的演说家》一书,在该书的第5卷第14章中,西塞罗指出:"我不是作为解释员,而是作为演说家来进行翻译的。……翻译不应该像数钱币一样把原文词语一个个'数'给读者,而应当把原文'重量''称'给读者。"这段话后来成为西方翻译界的名言,其中所谓"解释员"式翻译和"演说家"式翻译,即"直译"和"意译"两种基本译法,更是成为西方翻译理论起源的标志性语言,确定了后世翻译研究的方向,成为文学家、翻译家和语言学家竞相谈论的翻译标准与方法。①

2.《圣经》翻译的壮大

《圣经》翻译在西方翻译史上占据举足轻重的地位,从公元前3世纪的《七十子希腊文本》开始直至今天,对《圣经》的翻译从未停止过,它的语种之多、译本数量之众及译本的使用频率之高等,都是任何其他翻译作品所不能比拟的。鉴于《圣经》在翻译史上的重要地位和对翻译理论的贡献,1988年,我国大陆第一本翻译学专著——黄龙的《翻译学》,专列一章对其进行阐述。那么,在西方,《圣经》翻译是如何发展起来的呢?

古罗马后期,随着文学创作活动的衰退,文学翻译活动也不如前期活跃,统治阶层为了挽救濒临崩溃的帝国,收拢分离涣散的民心,加紧对基督教的利用,迎来了《圣经》翻译的发展和壮大。

---

① 谭载喜:《西方翻译简史》,第19页。

公元 382~405 年，哲罗姆翻译了拉丁文本《圣经》，即《通俗拉丁文本圣经》，取得了巨大的成功。《通俗拉丁文本圣经》的问世结束了拉丁语《圣经》中翻译的混乱现象，使拉丁语读者有了第一部标准的《圣经》译本，标志着《圣经》可与世俗文学翻译分庭抗礼。《通俗拉丁文本圣经》后来成为罗马天主教承认的唯一文本。此后，随着欧洲进入封建社会，欧洲地区的各蛮族陆续建立国家，并开始将《圣经》翻译成民族语，这一尝试对欧洲各民族语言的诞生和发展起到了巨大的推动作用。其中最具代表性的便是马丁·路德的《圣经》德译本和英国的《钦定圣经译本》，这两本《圣经》分别于 1534 年在德国、1611 年在英国出版。路德的德译本是西方翻译史上第一部对民族语言的发展产生巨大影响的翻译作品，而《钦定圣经译本》则不仅对英语的发展起到了重大作用，而且由于受到英国殖民的影响，《钦定圣经译本》也成为许多弱小国家《圣经》翻译的蓝本，促进了英国殖民地国家语言的发展。

3. 文学翻译的发展

西方的文学翻译始于公元前 3 世纪，伴随着罗马在欧洲地区统治地位的确立正式拉开帷幕。安德罗尼柯第一个将希腊文学作品翻译成拉丁语，与同一时期的涅维乌斯和恩尼乌斯一道被称作古罗马文学创作和翻译的"三大创业元勋"。在他们的努力下，古希腊文学特别是戏剧被介绍到罗马，大大促进了罗马文学的诞生和发展。在古罗马的整个发展时期，翻译丰富了罗马文学的宝库，磨炼了拉丁语的表现力，塑造了罗马自己的文化，促进了古代文化和文明的传承。[①]

14~16 世纪发生的文艺复兴运动是欧洲历史上一场思想和文学革新的大运动，也是西方翻译史上的又一次高潮。不仅翻译活动深入思想、政治、哲学、文学、宗教等各个领域，而且还出现了一大

---

① 谢天振：《中西翻译简史》，外语教学与研究出版社，2009，第 182 页。

批杰出的翻译家。这一时期最引入注目的要数德国、法国和英国。在德国，路德适应时代的要求，翻译出"第一部民众的《圣经》"，对统一德国的语言以及现代德语的形成和发展起到了巨大的推动作用；在法国，翻译的重心从宗教作品转向古典文学作品，翻译活动日趋频繁，其中阿米欧翻译的《名人传》成为法国16世纪译作的典范；在英国，特别是16世纪伊利莎白时期，古代希腊、罗马和当时其他国家的作品被大量翻译成英文，文学翻译的内容也囊括了历史、哲学、诗歌、戏剧等。在这里不得不提的是，16世纪末，中国的《明心宝鉴》也被意大利传教士罗明坚翻译成西班牙语，成为中国现存最早的西语译作。

文艺复兴之后，随着欧洲近代国家的确立，17~19世纪，欧洲各国在文学、哲学等人文学科方面的互译逐渐成为主流。英国莎士比亚的作品被译介到法国、德国、西班牙和意大利，与此同时，德国的哲学智慧也经由翻译传播到全世界。[①] 在这一时期，中国的文学和戏剧作品开始陆续被译介到西方各国，其中最有代表性的是伏尔泰的《中国孤儿》，根据《赵氏孤儿》法译本撰写而成。

此后，随着19世纪末20世纪初俄国和北欧各国文学的迅速发展，托尔斯泰、契诃夫、安徒生、易卜生等世界伟大文学家和他们的作品被大量译介到欧洲各国。20世纪以来，随着西方人对中国文化兴趣的逐渐提高，中国的四大名著、四书五经、唐诗宋词等也被译介到西方。

4. 翻译理论的成熟

在整个罗马帝国时期，罗马人翻译了大量的希腊文化典籍，这些翻译实践催生了西方人最初的翻译理念和翻译思想，因此有人把罗马人推崇为"西方翻译理论（思想）的发明者"。谭载喜指出，西方翻译理论是由两条主要路线串联起来的，一是文学翻译理论线，二是语言学翻译理论线。文学翻译理论的产生和发展来源于西方历

---

① 谢天振：《中西翻译简史》，第196页。

史上不同时期的文学翻译，而语言学翻译理论则是紧紧围绕着《圣经》翻译展开的。[1]

（1）翻译文学派的形成与发展

公元前3世纪，西塞罗提出了"解释员"式翻译与"演说家"式翻译，被誉为西方翻译史上第一位翻译思想家。西塞罗率先对"直译"与"意译"两大翻译策略进行理论上的探讨，开启了西方翻译史上文艺学派的先河。[2] 同一时期，罗马诗人和批评家贺拉斯提出，翻译必须坚持"活译"，摈弃直译；修辞学家昆体良认为，翻译是一种创作，译作要与原作竞争。[3] 西塞罗、贺拉斯、昆体良的翻译观尽管多少有些差异，但从总体上说，三位都反对"死译"，主张"活译"，这为整个西方翻译史上文学学派翻译理论的形成和确立奠定了重要基础。

从罗马帝国的解体到文艺复兴之前的一段时期，是西方翻译理论发展的沉寂期。波伊提乌是罗马灭亡后最重要的神学家、政治家、哲学家和翻译家，他倾向于翻译实践，主张翻译凭经验而非理论，在他的影响下，长达五六百年的时间里，西方的翻译理论没有出现新的突破。[4]

进入中世纪后，欧洲各蛮族国家纷纷使用民族语言进行翻译。在意大利，但丁提出了"文学作品不可译"的观点。而同样在意大利，100多年后，布鲁尼提出，任何语言都可以用来进行有效的翻译，对于有文学特性的作品，译者要能把握原文的韵律和节奏，这与但丁提出的"文学作品不可译"形成鲜明的对照。因此可以说，在翻译学界，迄今学者们依然争执不下的文学作品可译性问题就始于1000多年前但丁和布鲁尼的探讨。

在整个文艺复兴时期，随着以但丁为首的意大利人文主义者

---

[1] 谭载喜：《西方翻译简史》，第6页。
[2] 谢天振：《中西翻译简史》，第266页。
[3] 谭载喜：《西方翻译简史》，第21页。
[4] 同上，第35页。

的文学作品传到法国,法国成为翻译文学派理论发展的主要阵地。1540 年,多雷率先提出了《翻译五原则》,反对直译和逐词"死译",提倡意译和"活译",同时指出译文必须通过各种修辞手段在风格上与原文保持一致,译文本身要自然、流畅,给读者"美的享受"。对此,当代法国著名翻译家加里评价说:"多雷在欧洲第一次真正提出了翻译艺术的理论。"①

文艺复兴结束后,法国的翻译活动进一步发展,复古之风盛极一时。17 世纪著名的翻译家阿布朗古尔是自由译的代表,他喜欢拿来一篇原作,抓住大意,不管原来风格如何,只要译文具有文学性和可读性,就不惜牺牲一切地任意发挥,不顾及译文的可译性。阿布朗古尔的翻译被人们称作"美而不忠的翻译"。从而直接引发了法国 17 世纪关于直译和意译这两大翻译原则和方法的讨论。翻译评论家于埃提出,翻译要忠实于原文和原作者,要语言流畅,让读者看到原作者本来的面目。②随后,巴特在《论文学原则》一书中提出了翻译中语序处理的 12 项规则,被誉为 18 世纪法国乃至整个欧洲最具有影响力的文学理论和翻译理论人物之一。

(2)翻译语言学派的形成与发展

公元前 3 世纪,《圣经》翻译拉开了西方翻译的帷幕,同时《圣经》翻译也使得西方翻译的另一学派——语言学派有了得以孕育、生存和发展的土壤。哲罗姆翻译《通俗拉丁文本圣经》后指出,直译和意译的选择要视翻译文本而定,宗教文献翻译应该采用直译的方法,意译应该主要应用于文学翻译之中。③在哲罗姆的影响下,近代许多西方翻译学家都纷纷提出宗教文献翻译应该采用直译的主张。同一时期,西方的另一位神学家奥古斯丁在《论基督教义》等文章中提出"翻译的基本单位是词",更加巩固了《圣经》翻译应该采用直译的观点。

---

① 谭载喜:《西方翻译简史》,第 71 页。
② 同上,第 93 页。
③ 谢天振:《中西翻译简史》,第 267 页。

到了中世纪，随着民族语翻译的兴起，德国逐渐成为翻译语言学派的主要阵营。当时在德国占主要地位的是逐词对译，其最主要的代表人物维尔认为，逐词对译能够推广拉丁语。这些拉丁语的捍卫者们为了使德语能够拥有拉丁语般高雅的文风，大力主张直译拉丁古典作品。由此，翻译家们围绕着直译和意译的问题展开了激烈的争论，意译派主张发展民族语的风格，使用人民大众"活"的语言，直译派则主张模仿拉丁风格，使用"高雅"的贵族"文书腔"。[1] 尽管究竟应该直译还是意译在当时并没有定论，但这种从语言的角度对翻译原则进行探讨的方法直接为翻译语言学派后来在德国的发展埋下了种子，为近代翻译语言学派的发展打下了坚实的基础。

16世纪文艺复兴时期，路德指出，翻译必须注重语法和意义的联系，并从语言学的角度提出了有关翻译的七条原则：①可以改变原文的词序；②可以合理运用语气助词；③可以增补必要的连词；④可以省略没有译文对等形式的原文词语；⑤可以用词组翻译单个的词；⑥可以把比喻用法译成非比喻，把非比喻用法译成比喻；⑦注意文字上的变异形式和解释的准确性。[2] 路德的德译本《圣经》在德国乃至全世界的翻译史上都具有十分重要的意义，不仅因为它对现代德语的形成和发展直接造成巨大的影响，而且它第一次从语言学的角度对翻译原则进行了详细的阐述，对现代翻译语言学派的发展具有开创性意义。

文艺复兴结束后，17~19世纪，德国先后涌现出歌德、施莱尔马赫、洪堡等对翻译富有建树的理论家。这些语言大师和理论家们关于翻译方法的论述将德国翻译研究的发展推向一个新的高潮。施莱尔马赫是德国基督教新教哲学家、神学家和古典语言学家，他撰写了《论翻译的方法》一文，文中关于翻译原则和方法的观点在德国翻译理论界引起了巨大的轰动。施莱尔马赫关于翻译最为著名的

---

① 谭载喜：《西方翻译简史》，第46~47页。
② 同上，第66页。

言论在于:"翻译可以采取两种途径,一是尽可能地不扰乱原作者的安宁,让读者去接近作者;另一种是尽可能地不扰乱读者的安宁,让作者去接近读者。"① 施莱尔马赫虽然没有直接谈及直译和意译的问题,但上述观点却可以看成是对直译和意译在理论上的一种升华。施莱尔马赫的这一思想后来被美国翻译理论家韦努蒂所采用,进一步提出翻译的归化与异化理论,在当今中外翻译界引起极大关注。②

然而在17~19世纪,翻译语言学派翻译理论研究发展的中心从德国逐渐转向了英国,尽管德国也在文艺复兴时期的基础上有了长足的进步,但这一时期英国的翻译理论研究可以说对于整个世界翻译史都具有里程碑式的意义。德莱顿作为17世纪最伟大的翻译家,将西方翻译传统上的直译与意译两分法,进一步发展为逐词译、释译和拟译三分法。1789年,坎贝尔出版了《四福音的翻译与评注》一书,全书分两卷,第一卷是导论,第二卷是《圣经译本》,长达500页,是一部探讨翻译问题的专著。在这部书中,坎贝尔提出如何从词汇和语法方面取得对等翻译的应用理论,其理论阐述的广度和深度远超前人。③1790年,英国爱丁堡大学教师泰特勒出版了《论翻译的原则》一书,书中提出了翻译必须遵循的三大原则:第一,译作应完全复写出原作的思想;第二,译作的风格和手法应和原作属于同一性质;第三,译作应具备原作所具有的通顺。此外,泰特勒还指出,忠实原作思想,往往需要偏离原作的笔调,但无论如何都不能因为笔调而偏离思想,也不能只顾译作文笔的流畅和优雅牺牲原作的思想和笔调。④ 泰特勒的翻译理论为全世界各国现代翻译语言理论的形成和发展奠定了坚实的基础,在全世界翻译史上具有划时代的重大意义。

---

① 谭载喜:《西方翻译简史》,第108页。
② 谢天振:《中西翻译简史》,第273页。
③ 谭载喜:《西方翻译简史》,第127~128页。
④ 同上,第129~131页。

5. 现代翻译的多元化

20世纪被誉为"翻译时代",西方翻译扩大到各个领域,商业、外交、科技等专业性和事务性翻译空前;翻译教学普遍展开;翻译工作者组织陆续成立并创办翻译研究刊物;机器翻译问世;翻译理论著作层出不穷。[①] 翻译理论研究学派打破传统的翻译文学派和翻译语言学派各占半壁江山的局面,又先后涌现出翻译解释学派、翻译文化学派、翻译目的学派、翻译功能学派、翻译解构学派等。

(1) 布拉格学派

布拉格学派主要指以捷克首都布拉格为研究基地的语言学派,是20世纪中期欧洲影响最大的一个语言学流派,其代表人物是雅各布森。雅各布森撰写了《论翻译的语言学问题》一书,书中将翻译分为语内翻译、语际翻译、符际翻译三类。语内翻译是指对同一语言内意义的解释,就是人们通常所说的"改变说法";语际翻译是指两种语言之间的翻译,就是通常严格意义上的翻译;符际翻译是非语言符号和语言符号之间的意思互释,如手语翻译。雅各布森的翻译观还包括,对词义的理解取决于翻译;准确的翻译取决于信息对等;所有语言都具有同等表达能力;语法范畴是翻译中最复杂的问题等。[②]

(2) 翻译语言学派

20世纪50年代以后,现代语言学获得了长足的发展,翻译语言学理论也在原有的基础上得到进一步深化。翻译理论家们通过语言对比和语义分析等手段来获取两种语言间的等值,并揭示其背后的规律。[③]

卡特福德是早期翻译语言学派的代表,他主要借用语言学家韩礼德"阶级与范畴语法"来描写翻译,将翻译定义为"把一种语言的文字材料替换成另一种语言对等的文字材料,翻译的中心问题在于寻找目标语中的对等形式,翻译理论的中心任务在于解释翻译对

---

① 谭载喜:《西方翻译简史》,第161页。
② 同上,第199~200页。
③ 谢天振:《中西翻译简史》,第284页。

等形式的性质和条件"。此外，卡特福德还从翻译的类别、对等、转换、限度等方面着重阐述"什么是翻译"。卡特福德的翻译语言学理论为英国乃至整个西方的翻译研究注入了新鲜的血液，推进了当代西方翻译研究领域的现代语言学意识。①

纽马克也是翻译语言学派的代表人物之一，他长期从事翻译教学和研究，提出翻译既是一门科学也是一门艺术的观点。纽马克将翻译分为交际翻译、语义翻译、直译和死译四类，并对交际翻译和语义翻译的共同点和差异点进行了区分。纽马克认为，交际翻译忠于目标语和目标文本读者，要求源语言服从目标语言和文化，不给读者留下晦涩难懂之处；语义翻译服从源语文化和原作者，只有源文本的内涵意义构成理解障碍时才加以解释。但同一篇作品翻译，要交际翻译和语义翻译并用。此外，纽马克还对翻译中意义的走失进行了阐述，如果源文本涉及本国特有的自然环境、社会制度、文化习俗，目标文本意义便会走失；每一种语言都有语音、语法、词汇的基本系统和运用方式，所以很难完全对应。②纽马克提出的翻译中意义的走失对于解释译者对原文忠实性的偏离提供了理论依据。

二战后，全世界翻译理论研究的主要阵地发生了巨大转移。曾经作为翻译文化学派和翻译语言学派翻译理论阵营的欧洲似乎由于二战的创伤，其翻译理论的发展也一度停滞。而美国却在欧洲各国战后疗伤之际，各方面都取得了飞跃性的发展。这一时期美国的翻译理论继承了欧洲翻译理论的传统，特别是语言学界乔姆斯基转换生成语法理论的诞生，为美国翻译语言理论的发展提供了良好的契机，从而使得美国代替欧洲成为翻译理论研究的主要堡垒。

美国著名的语言学家、翻译理论家奈达借鉴乔姆斯基的转换生成理论，提出翻译过程中分析—转换—重组—检验的四步模式。同时，奈达在长期从事《圣经》翻译实践的基础上，提出了著名的

---

① 谭载喜：《西方翻译简史》，第207~212页。
② 同上，第212~215页。

"动态对等"理论,即"从语义到语体,在接受语中用贴切的自然对等语再现源语信息"。奈达的动态对等理论提出后,在整个翻译界产生了巨大的轰动,从 20 世纪 50 年代至今,以美国圣经公会为首的各种组织的翻译中,都普遍遵循奈达的动态对等原则。

(3) 解释学派

1975 年,英国学者斯坦纳出版了一本语言和翻译理论专著《通天塔之后:语言与翻译面面观》,这部著作在西方翻译学界和语言哲学界引起了极大的反响,被誉为"一部里程碑式的著作"。斯坦纳认为,语言的产生和理解的过程实际上就是一个翻译的过程,翻译是语言的基本要素,翻译和语言理解不可分割,翻译的过程主要有信赖、侵入、吸收、补偿四个步骤。此外,斯坦纳采用解释辩证法,把分析的矛头对准语言的相互作用,他认为,分析的中心点不是可以观察到的语言行为,而是对语言交流赖以发生的语言认识意义和感情意义的理解。[1]

(4) 翻译文化学派

20 世纪 90 年代,英国学者巴斯内特提出,翻译不是纯粹的语言行为,而是植根于文化深处的一种行为。翻译是文化内部和文化之间的交流,翻译对等是源语与目标语在文化功能上的对等。具体来说,巴斯内特认为:①翻译应该以文化为单位,不应该局限在语言的范围内;②翻译不是简单的"译码—重组"的过程,而是一个交流的过程;③翻译不应该仅仅对源文本进行描述,而应该着眼于源文本在目标语文化里的功能对等;④翻译在不同的历史时期有不同的原则和规范,不同时期的翻译也是为了满足不同时期的文化需要以及满足特定文化里不同群体的需要。[2] 翻译文化学派的出现大大拓宽了翻译研究的范围,从而使翻译研究跳出文学和语言的牢笼,正式走向多元。

---

[1] 谭载喜:《西方翻译简史》,第 216~219 页。
[2] 同上,第 220~222 页。

此外，美国翻译理论家勒弗维尔也是文化学派的重要代表之一。勒弗维尔提出了翻译的折射和改写理论。首先，勒弗维尔提出，"翻译是一种再生产，是折射的一种"，"经典"文本的生命力要依赖于折射文本的滋养。勒弗维尔的折射理论打破了原文神圣的"文本神话"，从而使得长期处于从属地位的译本的价值大大提高。挪威易卜生的作品恰好印证了勒弗维尔这一观点，因为易卜生的国际影响力和文学名声就是来源于易卜生作品的德译本。[①] 不仅如此，2012年，我国文学家莫言问鼎诺贝尔文学奖，这一殊荣的获得同葛浩文的英译本以及陈安娜的瑞典语译本有着密切联系。后来，勒弗维尔又提出了改写理论，勒弗维尔认为，在翻译过程中，翻译者必然会受到各种社会文化因素的作用和制约，除了要考虑到原作者意图、源文本语境等一切与源文本相关的特征外，还要考虑到翻译目的、读者期望和反应、委托者和赞助者要求等因素，译者必须根据上述因素对源文本进行一定的处理。[②] 勒弗维尔的改写理论对于翻译学产生了深刻的影响，它有力地说明了翻译行为的复杂性，翻译研究无法仅仅从语言的角度进行阐释，而应该放到更加广阔的社会文化语境当中进行考察。

（5）翻译功能学派

20世纪70年代后期，德国学者弗米尔率先提出，翻译作为一种行为，拥有一个目标或目的，而决定翻译目的的最重要的因素便是受众，因为他们有自己的文化背景知识、对译文的期待以及交际需求。因此可以说，翻译是在目的语情景中为某种目的及目的受众而生产出的语篇。[③] 弗米尔的观点立刻得到同仁赖斯的响应，从而形成了德国迄今为止最具影响力的翻译理论学派——翻译功能学派。此后，弗米尔和赖斯的弟子——诺德又在目的和功能的基础上提出

---

① 谢天振：《中西翻译简史》，第291页。
② 谭载喜：《西方翻译简史》，第243~244页。
③ Christiane Nord：《译有所为——功能翻译理论阐释》，张美芳、王克非等译，外语教学与研究出版社，2005，第15页。

了"忠诚"的概念,将翻译研究的对象从译本转向了翻译研究的主体——译者。

20世纪90年代以后,西方翻译研究迎来了一个多元化的全盛时期,翻译研究的跨学科性质加强。近年来,翻译研究逐步扩大到女性主义、殖民主义、解构主义等领域,为翻译研究提供了更加广阔的发展空间。

第二节 中国翻译发展史

关于中国翻译史的分期可谓百家争鸣,北京外国语大学的王克非教授把我国的翻译文化史分为四个阶段:古代——汉唐佛经翻译,中近代——明清科技翻译,近代——西学翻译(包括由日本转译),现代——全方位外籍翻译。[①] 本书大致遵循王克非教授的划分方法,但为了能够更加完整地介绍中国翻译的发展脉络,在前后分别又添加了中国翻译的起源与翻译思想两大部分,并将现代外籍翻译以1978年十一届三中全会为分水岭划分,最终将中国翻译史细分为中国古代最早的翻译,中国古代的佛经翻译,中国古代的科技翻译,近代中国的社科、文学翻译,新中国初期的外国作品翻译,新时期全方位外籍翻译以及翻译思想7大部分。

1. 中国古代最早的翻译

众所周知,早在史前时代,我国不同地区的部落、民族之间就开始了交际和融合,华夏民族也开始同异邦居民进行交往。部落、民族之间各操不同的语言,彼此之间的交流和往来必须通过翻译才能够正常进行,但关于这一段历史迄今为止并没有留下任何史料的记载。到了周代以后,《周礼》和《礼记》两部书中出现了周王朝当时译官的专门职称——象胥,后来又对翻译人员有了更加通俗的称呼——舌人。[②] 由此可见,历史上中国古代有关翻译的记载最早是

---

① 谢天振:《中西翻译简史》,第33页。
② 陈福康:《中国译学理论史稿》,上海外语教育出版社,2000,第1~3页。

从口译开始的。

后来,"象胥""舌人"等称法逐渐被"译"或"翻译"所取代。据陈福康考察,大概从汉代起,因为政治、军事上与北方各邦的交涉,便开始启用"译"。① 而我国用文字记载的翻译则始于佛经翻译。② 因此可以说,在中国,翻译的起源同佛经翻译息息相关。

2. 中国古代的佛经翻译

公元 1 世纪时,古印度佛教开始传入中国。传说东汉明帝期间,迦叶摩腾和竺法兰两位高僧在今天的洛阳白马寺翻译了《四十二章经》,成为中国古代最早的译作,同时也是中土佛教最早的佛经译籍,而迦叶摩腾和竺法兰也被视为中国佛教史上最早的佛教翻译家。

然而中国佛经翻译事业真正的创始人当首推汉末来中土的安息人高世安(亦称"安侯"),他于公元前 2 世纪汉桓帝时期来到中土,翻译出早期的一批汉译佛经,现存安译佛典 22 部,26 卷。在佛经翻译的初期,译者大多没有源文本,全凭口授,使得所译经文的内容没有更多选择的空间,同时也影响了翻译的准确性。③

两晋和南北朝时期,统治者开始逐渐接受和弘扬佛经,佛经翻译事业也有了更大的发展。从东晋到隋代,佛经翻译逐步脱离了私人的小规模翻译,出现了大规模的译场。这一时期,由于大量的求经者赴天竺求经,从而使得梵本陆续传入中土,翻译活动从此可以有选择地进行,翻译的准确性也得以大大提高。这一时期,出现了我国佛教史上一位佛教领袖——道安,道安提出翻译过程中"五失本、三不易"的译论,对于佛教的发展及佛经翻译的发展作出了积极的贡献。④

在隋代,译场成为常设机构,到了唐代,译场更为完善,译经翻译事业也出现了前所未有的高潮,伟大的翻译家玄奘出现于这一时期。公元 627 年,玄奘孤身一人前往天竺学习佛法,徒步穿越了

---

① 陈福康:《中国译学理论史稿》,第 3~4 页。
② 罗新璋:《我国自成体系的翻译理论》,《翻译通讯》1983 年第 7、8 期,第 9 页。
③ 谢天振:《中西翻译简史》,第 46~48 页。
④ 同上,第 49~52 页。

整个南亚次大陆，独行5万里，足迹遍及西域、天竺130余国，最终携带657部佛典返回长安。玄奘返回长安仅3个月，便开始从事佛经翻译事业，历时20余年，翻译出大藏经、论功75部，1335卷。并提出了著名的"五不翻"原则，对后世的佛经翻译乃至中国译学理论的发展产生了巨大影响。①

宋代以后，除进一步完善译场外，为了培养新一代译者，各地僧院于公元984年设立翻译学校，招募了数十名学生。但此后，随着佛教在印度的衰落，中国的佛经翻译活动也从公元11世纪开始迅速衰落，译场时代也随之画上了句号。②

3. 中国古代的科技翻译

中国古代的科学文献翻译始于东汉末年，外来僧侣在翻译佛经的同时也翻译了一些古印度医药学、天文学及算学文献。隋唐时期，我国对外交流空前繁荣，科技翻译也有了较大的发展。公元718年，印度天文学者瞿昙悉达翻译了古印度的《九执历》，介绍了印度数理天文学知识。唐代以后，我国与阿拉伯世界的交往日益频繁，除了商贸往来中的物资交流外，阿拉伯的天文、历算及医学知识也渐渐传入我国。元朝时期，成吉思汗的三次西征加强了中国同阿拉伯国家的科学交流，中国科学翻译的原文语种从梵文逐渐转为波斯文。明朝初年，明太祖朱元璋下诏翻译了《回回历法》《明译天文书》等阿拉伯书籍。③

明末清初，以利玛窦为代表的一批传教士肩负罗马教廷东扩宗教的使命来到中国，采用"学术传教"的方针，通过大量的翻译活动，扩大其影响。他们在同中国学者交流的过程中，独立或共同翻译了大量的天文、数学、机械等自然科学类著作，掀起了中国古代翻译的第二次高潮。传教士在华的第一部译著是意大利人罗明坚口

---

① 谢天振：《中西翻译简史》，第53~54页。
② 同上，第55~56页。
③ 同上，第110~112页。

授、华人笔录润色的《天学圣录》。[①] 在这一时期的翻译中，最著名的中国人译者要数徐光启，他主持编译了《崇祯隶书》，而中国国内第一部科学著作《几何原理》则是由利玛窦口述、徐光启笔录完成的。徐光启在译文中首倡的"平行线""三角形""对角""直角""钝角""锐角"等中文数学术语一直沿用至今。[②] 同古代佛经相比，这一时期的科技翻译历时较短，译者们并没有留下一些闪光的翻译观点。200多年后，为了民族存亡，科技书籍的翻译在广阔的中国大陆上又一次掀起了高潮。

19世纪初，面临清朝政府的日益衰败和西方科学知识在中国的传播，魏源率先提出"师夷长技以制夷"的思想。此后鸦片战争的失败以及一系列不平等条约的签订，更加激起了一批有识之士认识世界、学习西方先进科学技术的强烈愿望。19世纪60年代，清朝政府推行洋务运动，提出"中学为体、西学为用"的主张，使得西方的科学技术再一次传入中国。1861年，清政府设立总理各国事务衙门，着手培养出洋使臣和翻译官。1862年，总理各国事务衙门大臣奕訢上奏折提议创办同文馆，培养外语人才，1867年，同文馆正式招生。[③] 1865年，洋务派创办了"江南制造局"，成立了翻译馆，聘请英国人傅兰雅等人从事翻译。江南制造局先后翻译西方书籍200余种，大多是兵工、科技类书籍。该局总办冯焌光指出："枪炮火药与轮船相维系、翻书与制造相表里，皆系今日要图，不可偏废。"这一阶段，尤其是傅兰雅，在30年从事科技翻译工作的过程中，提出了倡导科技译名统一的重大建议，还同中国人一道完成了《化学材料中西名目表》等多种专业名词汇编，这些名目表成为我国统一译名方面的嚆矢，许多被沿用至今。[④]

[①] 陈福康：《中国译学理论史稿》，第47~48页。
[②] 谢天振：《中西翻译简史》，第116页。
[③] 马祖毅：《中国翻译简史》，中国对外翻译出版公司，1998，第345页。
[④] 陈福康：《中国译学理论史稿》，第79~85页。

甲午战争惨败后，康有为、梁启超、谭嗣同等一批进步人士一方面在政治上要求改革，另一方面学习西方的自然科学和社会科学知识。维新派极为重视向西方和日本学习，强调翻译，不但翻译西方书籍，还翻译日本书籍。这一时期翻译的题材不再局限于甲午战争之前的自然科学，还扩展到外国社会科学和文学书籍。①1895年，康有为在北京组织"强国会"，翻译了大量的西文书籍，并提出了翻译日本有关书籍的主张。

虽然说，近代以来中国国内涌现的科技翻译高潮并没有在救国存亡中起到显赫的作用，但对于中国科技的进步和发展却功不可没。当时学者们通过翻译西方科学著作所创造的一些科技、数学、化学词汇等一直沿用至今，影响深远。

4. 近代中国的社科、文学翻译

19世纪末，随着中国国内危机的日趋严峻，洋务运动、戊戌变法纷纷以失败告终，各阶层的知识分子开始引进西方的社会体系和思想体系，将翻译的题材向社会科学方向转移。严复作为资产阶级启蒙思想家、翻译家和教育家，是当时翻译西方社会科学名著者中著述最精、贡献最大、影响最为深远的译者。严复通过翻译《天演论》向国人介绍了"物竞天择、适者生存"的理念。当时，在严复、梁启超等一批有识之士的译介下，西方先进的竞争意识、自由观念和民主思想逐渐被引入中国。②

晚清举人林纾，与他人合作翻译的外国小说成为晚清时期最受欢迎的译作，从而与严复齐名，成为20世纪初最伟大的翻译家之一，同时被誉为"我国近代翻译西方小说的第一人"。1899年，林纾翻译出版了法国大仲马的《巴黎茶花女遗事》，在社会上引起轰动，开启了清末民初小说翻译的高潮。③此后，林纾还陆续翻译了《黑奴吁天录》等180余部作品，成为20世纪初最为

---

① 马祖毅：《中国翻译简史》，第371页。
② 谢天振：《中西翻译简史》，第197~202页。
③ 同上，第153~155页。

多产的一位译作家。林纾之后，还涌现出大量的译者，形成了大规模翻译西方小说的局面。马祖毅考察指出，严复所译《天演论》（1898）中的蒲柏诗和丁尼生诗片段可能是中国最早的英诗中译；梁启超可能是中国译介拜伦的第一人。从19世纪70年代到1919年，中国共翻译外国小说2569部，诗歌近20余部。[①]

1917年，胡适发表《文学改良刍议》，陈独秀在《新青年》上发表《文学革命论》，拉开了新文化运动的大幕，而新文化运动的思想基础则来源于同一时期广泛的翻译活动。新文化运动是中国现代文学的形成期和发展期，几乎所有主要作家都进行过翻译活动，从翻译中汲取题材和文学养分。当时几乎所有进步报刊都登载翻译作品，除了英国的文学名著外，俄国以及欧洲其他各国、日本、印度的文学也被译介到国内。新文化运动时期，国内出现了众多的文学社团和文学流派，这些社团中的成员如胡适、鲁迅、沈雁冰、郑振铎等都是中国现代文学的先行者，同时也是五四运动时期最为活跃的译者。1921年，沈雁冰、郑振铎、周作人等发起文学研究会，译介了俄国、法国以及北欧大量现实主义作家的文学名著；郭沫若、郁达夫等人发起创造社，译介了许多欧美的浪漫主义作品；1923年，徐志摩、胡适、闻一多等人发起新月社，集中翻译了欧美诗歌。此外，鲁迅、钱玄同、林语堂等创办语丝社，也将翻译与创作紧密结合。[②] 五四运动以后的十年，中国对外国作品的翻译，在译本和翻译质量上有所提高，多选择侦探、言情小说的倾向有所改变，介绍外国现实主义作品的译著多了起来。[③] 阿英曾对五四运动时期最重要的期刊《新青年》上刊载的文章进行统计发现，翻译作品占总量的24%，其中文学翻译占全部翻译内容的一半以上。[④]

[①] 马祖毅：《中国翻译简史》，第383、386页。
[②] 谢天振：《中西翻译简史》，第163~164页。
[③] 吴文安：《后殖民翻译研究——翻译和权力关系》，外语教学与研究出版社，2008，第204页。
[④] 阿英：《阿英文集》，香港三联书店，1981，第1页。

5. 新中国初期的外国作品翻译

新中国成立后，1954年8月，中国作家协会召开了第一届全国文学翻译工作会议。会上，茅盾做了《为发展文学翻译事业和提高翻译质量而奋斗》的报告。报告中，茅盾强调指出，文学翻译工作对于我国现代文学艺术的发展具有极为重要的意义，介绍世界各国的文学是一个光荣而艰巨的任务；文学翻译工作必须有组织、有计划地进行；必须把文学翻译工作提高到艺术创作的水平。茅盾的这个报告高瞻远瞩，具有深刻的指导意义。[①] 新中国成立后到50年代末，由于意识形态上的契合和政治阵营上的归属，中国从经济、政治、思想、文化等各方面学习苏联的先进经验，外国文学译介的中心以俄苏文学和东欧社会主义国家文学为主。这十年间，外国作品的翻译也以苏联作品为主。1949~1958年，我国翻译出版外国文学作品5300余种，其中俄苏文学3526种，占总数的65.8%。[②] 相反，对于英美文学的译介陷入低潮，1949~1966年，中国共翻译英美文学作品460种，[③] 远远低于对俄苏作品的译介。"文化大革命"期间，几乎所有外国文学翻译都处于停滞状态，公开出版的外国文学译作只有34种。[④]

6. 新时期全方位外籍翻译

1978年党的十一届三中全会后，我国进入了新的历史阶段，随之而来的改革开放为文化交流营造了更加开放和包容的文化氛围。进入新时期后，我国外国文学翻译的数量、题材及选择标准都有了巨大的突破。新时期是我国继古代佛经翻译、明末清初科技翻译、新文化运动时期文学翻译之后的又一次翻译高潮。

新中国成立后，在"革命的现实主义和浪漫主义"的文艺原则

[①] 陈福康：《中国译学理论史稿》，第371~379页。
[②] 孔慧怡、杨承淑：《亚洲翻译传统和现代动向》，北京大学出版社，2000，第145页。
[③] 孙致礼：《1949~1966：我国英美文学翻译概论》，译林出版社，1996，第73页。
[④] 马士奎：《文革期间的外国文学翻译》，《中国翻译》2003年第5期，第65页。

指导下，我国对于西方现代派文学作品的译介基本停止。进入新时期后，中国社会科学院外国文学研究所率先将西方现代派文学再次引入国内。《文艺研究》《外国文学研究》等期刊陆续登载西方现代派文学作品的译作及相关评介文章。其中，1978年上海译文出版社主办的《外国文艺》更是成为国内第一本集中介绍西方现代派文学艺术的杂志。此后，西方现代派文学论著、丛书、文集和作品集相继出版。据不完全统计，新时期前十年中，我国共出版外国图书6000余种，其中一大部分是现代派作品。在此阶段，几乎所有的现代派文学作品和理论著作都被翻译成中文。

新中国初期到"文化大革命"结束前，由于受"极左"思潮的影响，西方通俗文学长期受到我国外国文学研究界的排斥。1979年，以介绍外国当代通俗文学为重点的《译林》杂志在南京创刊，创刊号上刊登了英国侦探小说女作家克里斯蒂的《尼罗河上的惨案》，这篇小说成为"文化大革命"后公开出版的第一部有影响的外国通俗文学作品，为外国通俗文学的引进打开了大门。此后，《译林》继续刊登外国通俗小说，1979~2008年，共刊登外国长篇通俗小说172部，成为名副其实的介绍外国通俗文学的先锋阵地。

1978年，中宣部批准恢复因"文化大革命"而被迫中断12年之久的"外国文学名著丛书"出版计划。20世纪80年代至今，我国的世界文学名著翻译沿着丛书化、系列化的道路发展，各出版社都推出了自己的名著丛书，如"世界文学名著文库"（人民文学出版社）、"世界文学名著珍藏本"（上海译文出版社）等；还出版了大量的国别、洲别丛书及文体类别丛书，如"苏联当代文学"（吉林人民出版社、浙江文艺出版社）、"美国文学丛书"（今日世界出版社）等；文体类别丛书包括"世界散文随笔精品文库"（中国社会科学出版社）等。[①] 新时期以来，我国对西方现代派文学、西方通俗文学，以及世界文学经典名著的翻译见证了我国对外国文学的翻译从20世

---

① 谢天振：《中西翻译简史》，第253~258页。

纪50年代初步尝试，60年代后期全面停止，70年代末挑战禁区、走向开放，80年代填补缺失，90年代进入多元化发展的历程。

7. "案本""求信""神似""化境"的翻译思想

谈论中国翻译史，始终脱离不了佛经翻译、科技翻译、文学翻译等贯穿中国2000年翻译史的主线题材，以及玄奘、严复、鲁迅、傅雷等这些为中国传统翻译理论作出卓越贡献的翻译家们，他们在翻译实践过程中所提出的译论是中国翻译史上的一笔宝贵财富。罗新璋把中国传统的翻译思想和理论归纳为"案本""求信""神似""化境"八个字。[①] 笔者认为，"案本""求信"四个字是建立在佛经典籍翻译基础上的中国古代翻译思想的浓缩，"神似""化境"是建立在文学翻译基础上的中国现当代翻译思想的精髓。

（1）"案本""求信"的翻译观

开启中国古代传统译论源流的首推支谦，他的《法句经序》被视为中国最早讨论翻译的文字。支谦在《法句经序》中指出，不同语言中，"名物不同，传实不易"，翻译时要"因循本旨，不加文饰"。[②] 支谦的翻译思想体现了早期佛经翻译中"质派"的翻译观，其"不加文饰"的翻译原则体现了支谦"直译"的翻译主张，从而开启了中国古代佛经翻译以"信"为本、以"直译"为主要翻译方法的传统模式。

公元382年，东晋高僧道安撰写了佛经序文《摩诃钵罗若波罗蜜经抄序》，提出在翻译中要遵循"案本而传"。所谓"本"便是经文的大意、内容、形式及文体风格。[③] 从此，中国古代"案本""求信"的佛经翻译观得以确立，从而引导了此后近一千多年的翻译实践。对此，梁启超评价说："后世谈译学者，咸征引焉。要之翻译文

---

① 罗新璋：《我国自成体系的翻译理论》，《翻译通讯》1983年第7、8期，第12页。
② 罗新璋：《我国自成体系的翻译理论》，《翻译论集》，商务印书馆，1984，第22页。
③ 刘也玲：《道安的"五失本"、"三不易"说》，《理工高教研究》2004年第6期，第115页。

学程式，成为学界一问题，自安公始也。"①

我们古代传统译论中有关译者素养问题的探讨可以追溯到隋朝彦琮撰写的《辨证论》。《辨证论》是我国历史上第一篇正式的翻译专论，彦琮在这篇专论中对历代译经的得失进行了分析和评点，并在此基础上提出作为合格的佛经翻译者所必须具备的八个条件，即"八备"：①忠于佛法，立志帮助他人，不怕辛苦费时；②遵守戒律，不招致非议；③博览佛教诸典，通晓义旨，消除暧昧不清的问题；④旁涉经典史籍，加强文学修养，不使译笔生硬；⑤气度宽和，谦虚，不武断；⑥埋头研究道术，自甘寂寞，不想出风头；⑦精通梵文，熟悉正确的翻译方法，不损害原著的义理；⑧掌握中国文字训诂之学，精通本土文字。彦琮提出的"八备"中，一、二、五、六条是人格修养，三、四、七、八条是学识修养，这两方面都是作为一个优秀的译者所不可缺少的。如果说，道安提出的"案本而传"是从翻译方法的角度提出在翻译过程中要"忠实"原文，那么，彦琮所提出的"八备"则是从翻译的主体——译者的角度提出在翻译过程中要"忠于职守"。

唐朝是中国封建社会发展的鼎盛时期，也是佛经翻译极度兴盛的高潮时期。这一时期，玄奘的翻译主要以"信"为主，提出了"五不翻"的著名译论。所谓"五不翻"，即采用音译的五种情况，神秘语、多义词、中国没有的物名、久已通行的音译以及为宣扬佛教需要的场合。②

随着宋元时期佛经翻译告一段落，建立在佛经翻译基础上的"案本""求信"的翻译观也从此落下帷幕。近代以来，随着西方社科著作、文学作品的陆续译介，"神似""化境"的翻译观徐徐拉开序幕。

（2）"神似""化境"的翻译观

明末清初，社会科学著作和外国文学作品的翻译为沉寂了几百

---

① 梁启超：《翻译文学与佛典》，《饮冰室文集点校》，云南教育出版社，2001，第2950页。
② 陈福康：《中国译学理论史稿》，第34页。

年的中国传统翻译理论又一次输送了新鲜的血液。清朝末年,著名思想家、翻译家和教育家严复在为《天演论》撰写的《译例言》中,第一句便写道:"译事三难,信、达、雅。"一语破的,创制了一条影响深远的翻译标准。①严复提出的"信、达、雅"翻译观言简意赅、继往开来,一方面集古代佛经翻译理论之大成,另一方面又开启了近代翻译学说的先河。在相当长的一段时间里,成为译者翻译的唯一指南,衡量译文的唯一标准,同时也成为翻译界的"金科玉律"。②但后来,随着翻译实践活动的增多和翻译理论研究水平的提高,"信、达、雅"的翻译观也受到了翻译界学者们的批评和抨击,同时还有大批学者对"信、达、雅"作出新的解释,赋予它新的意义。

1919年开始的新文化运动开启了外国文学翻译的广阔天地。1921年,茅盾在《小说月报》第12卷第2期上发表了《新文学研究者的责任与努力》一文,提出了翻译不可以失去"神气句调",即"神韵"这一重要观点,从此将"神韵"这一中国传统美学中的重要观念引入翻译理论。此后,文学翻译派的学者们都对这一理论作出了重要的阐释,并将这一理论升华到美学范畴和艺术领域,开创了中国近代翻译观的新局面。③郭沫若提出,不仅诗歌翻译,整个文学翻译都必须不失原作的"风韵"和"气韵";林语堂认为,翻译不但要达意,还必须以"传神"为目的。1929年,陈西滢发表了《论翻译》一文,正式提出,翻译如同美术,只有将内蕴的人格表现出来才是极好的作品,放到翻译中便是"神似"。④从此,中国近代文学翻译"神似"的时代正式登上历史舞台,陈西滢将翻译理论同文艺美学紧密结合的译学研究方法也为傅雷等确立个人的翻译思想起到了重要的指导作用。

---

① 罗新璋:《我国自成体系的翻译理论》,《翻译通讯》1983年第7、8期,第11页。
② 同上,第14页。
③ 陈福康:《中国译学理论史稿》,第237页。
④ 同上,第322页。

1951年，傅雷在《高老头重译本序》中写道："翻译应该像临画一样，所求的不在形似还在神似。"傅雷在大量翻译实践的基础上，再次重申二三十年前翻译家们提出的"神似"这一翻译观，可以说既是对前人成功经验的总结，同时也是对30年来文学翻译在"神似"方面所做努力的总结。

1964年，钱钟书在《林纾的翻译》一文中指出："文学翻译最好的标准是'化'，把作品从一国文字转变成另一国文字，既不因为语文习惯的差异露出生硬牵强的痕迹，又能完全保存原有的韵味，就算得入于'化境'。"钱钟书的"化境"为文学翻译提出了一个更高的标准，要求译本精益求精，对译者也起到了更多的鞭策和激励作用。"化境"可以看做是"神似"的进一步发展，同时也把翻译从美学范畴推向艺术的极致。[①]

因此，罗新璋指出，"案本""求信""神似""化境"这四个概念，彼此独立，又互相联系，渐次发展，构成一个整体，这个整体构成了我国翻译理论体系的重要组成部分。[②]

第三节　韩国翻译发展史

韩国也是一个历史文化悠久的东方国家，从古代到现代，韩国政治、经济、文化的发展同中国有着深厚的历史渊源，韩国翻译史的发展也同中国有着密不可分的关系。进入21世纪以来，韩国在翻译领域取得了十分可喜的成就。2000年以后，韩国出版的所有著作中，30%以上都是翻译作品。但从韩国一千多年漫长的翻译历史来看，韩国走过了一条同西方、中国不同的道路。对此，现任欧洲翻译学会会长皮姆教授评价说："韩国的翻译极为复杂却又十分富有活

[①] 罗新璋：《我国自成体系的翻译理论》，《翻译通讯》1983年第7、8期，第9~12页。

[②] 同上，第12页。

力。"① 俗话说，饮水思源，探索东西方翻译，必须要知道东西方翻译发展的脉络，寻找到翻译史发展的源头。在前面已经论述了西方和中国翻译发展的历史，在这里理应对韩国翻译发展史进行一番考究，考察韩国翻译的起源、发展和现状，重要的还要挖掘韩国翻译家们的翻译思想。但如同皮姆指出的那样，韩国的翻译十分复杂，具有其历史特殊性。但遗憾的是，韩国并没有学者在本国翻译传统的基础上对翻译方法和原则进行研究，从而也没有韩国传统翻译理论的诞生。②

1. 翻译在韩国的开始

由于历史记录材料的遗失，韩国在三国时代之前有关翻译的史料几乎无处可寻。据姜信沆推测，三国时期，随着高句丽、新罗、百济同中国以及日本在经济、文化等方面交流的日趋频繁，应时代之需，在这一时期韩国便有了翻译的存在和处理相关事务的机构，这一说法多少可以从《三国史记》的记载中寻找到一些根据。这一时期的史书中虽然没有出现"翻译"的字眼，但当时，高句丽、新罗、百济三国同周边国家之间彼此互派使节，使节互访必须在翻译的帮助下才能得以完成，这一点也对"翻译在三国时期已经出现"的主张提供了依据。③

新罗统一后，同唐朝的交往更加频繁，新罗多次派遣使节团赴唐进行访问，日本的使节也来到新罗进行访问。此外，新罗同契丹、女真、蒙古的交流也十分频繁，这也说明了在当时的历史阶段翻译活动已经存在。④

韩国的传统翻译始终是政府行为，也就是国家组织进行的翻译

---

① 이영훈，「한국에서의 번역 개념의 역사——조선왕조실록에서 본 "번역"」，「통번역학연구」，2011（15），pp. 130–131.
② Ibid., p. 131.
③ 김남휘，「통역의 역사 개관——고려 시대까지」，「통번역학연구」，2012（16），pp. 6–7.
④ 박성래，「통역의 역사와 통역관의 중요성」，「외대통역협회지」，1983（1），p. 16.

活动，有的直接服务于国家政治外交，有的是为了发展外语教育，但归根结底都是为了统治阶级实现政治理想而服务的。因此，在韩国历史上从事翻译工作的人员大都隶属于朝廷，被称作"译官"。译官们研究和学习外语、代表国家从事口译工作，随同使节赴邻国开展外交事务。另一方面，为维持同周边国家的外交关系，学习和研究周边国家的语言，这一行为被称为"译学"；文臣出身（也可以是译官）、在学术上留下辉煌成就者被称为"译学者"。①

2. 高丽时期的译官活动

高丽朝为维持同周边国家的关系，主要设有汉语翻译、蒙古语翻译、女真语翻译，② 据郑光推测，当时还设有倭语翻译。高丽朝先后设立了礼宾省、译语都监、通文馆、司译院来负责朝廷的翻译事务。这个时期的译官不但负责随同使节出访、接待外国使节来访，还直接参与国家的外交、文化、边境问题等实质性的外交活动。③ 据推测，到高丽后期，除口译工作外，由于高丽和元朝之间建立了紧密的外交关系，译官在高丽同元朝之间的外交关系发展中担任了极为重要的角色，还参与了外交文书和公文的撰写工作。但遗憾的是，高丽时期的译官们在学习和研究周边国家语言的过程中，究竟留下了哪些研究成果，至今无从知晓。④

3. 朝鲜时期的译学

朝鲜王朝于建国的第二年，即1393年，设立了司译院，负责外国语言翻译事务。司译院大力开展外语教育，设立了汉学、蒙学、倭学、女真学（清朝时期朝鲜将女真学改为"清学"），被称为"四学"。从此，朝鲜时期的"译学"正式拉开序幕，也开启了韩国历史上翻译研究最为鼎盛的时期。

---

① 강신항,「한국의 역학」, 서울대학교출판부, 2000, p. 1.
② Ibid., p. 8.
③ 김남희,「통역의 역사 개관——고려 시대까지」,「통번역학연구」, 2012（16）, p.14.
④ 강신항,「한국의 역학」, p. 6.

在"四学"中,汉学占据着最为重要的位置,朝鲜时期的历代王都十分注重汉学,实施"汉学讲肄官"(在司译院学习汉语,陪同使节前往中国)、"质正官"(隶属承文院,陪同使节前往中国,调查汉语的音韵和中国的社会制度等)制度,使用《老乞大》①《朴通事》②《直解小学》③作为汉语学习教材和科举考试用书。④

朝鲜时期最为突出的翻译研究成果首推各种对译教材的编写,崔世珍是整个韩国历史上译学研究的代表人物之一。1515年,崔世珍在原有的汉语教材《老乞大》《朴通事》的基础上,用韩国语翻译了这两本教材,被称为《翻译老乞大》《翻译朴通事》。崔世珍在汉语原文的汉字下面左右两侧分别用韩文记录了这一汉字的两种发音,左侧是世宗以中国本土汉语发音为基础编撰的《洪武正韵译训》中记录的汉字发音,右侧是崔世珍自己考证的16世纪中国北方人使用的汉语发音,并在每段汉语原文下面,给出韩国语译文,每段译文两行左右,这种记录汉字发音的方法成为朝鲜时期译学书籍的传统,对研究15、16世纪中国北方地区汉语发音提供了十分宝贵的资料。此外,崔世珍还编著了《四声通解》《老朴集览》等书籍。17世纪以后,慎以行、金敬俊、金指南等人还编写了《译语类解》2卷,这部书每个单词下面分别用韩文在左侧标注《洪武正韵译训》中记载的汉字发音,在右侧标注当时中国北方地区的汉语发音,在下面又标记了韩文的意思,成为韩国近代第一本中韩对译词典。

4. 韩国传统翻译的历史分期

在韩国,语言使用和发展的特殊性对韩国传统翻译的形成和发展起到了决定性作用。1446年,世宗同当时集贤殿的学者们一同创制并颁布了韩国文字——训民正音(今天的韩文),训民正音的出

---

① 实用汉语会话教材,记录高丽商人途遇中国商人的对话内容,包括旅途、买卖、医药、住宿、饮食、用餐等,上下2卷,共40个场景。
② 高级会话教材,共111个场景,包括中国的节日风俗、辽东地区的景色、娱乐、骑射、婚丧、宗教等。
③ 偰长寿将中国的《小学》用汉语解释而编著的教材。
④ 강신항,「한국의 역학」, pp. 15–47.

现为朝鲜时期翻译的巨大发展提供了可能，同时也造就了韩国传统翻译与众不同的特点和复杂性。

　　研究韩国翻译史始终不能回避的一个核心问题就是韩国的语言发展史。无论从人种学，还是从语言学来看，韩国都是一个历史悠久的单一民族，从很早开始就拥有自己的语言——韩国语。但是因为没有可以标记自己语言的文字，只好长期借用汉字来标记。从文献记载来看，在三国时代、新罗、后三国、高丽时期，韩国历史上一直借用汉字，形成了独特的"吏文"，这一状况直到1446年世宗大王创制并颁布韩文后才有所改观。但韩文创制及颁布后，其地位并没有立即得到认可。1894年，高宗颁布敕令，"一切公文必须使用韩文撰写"，确立了韩文的主体地位，但汉字并没有因此而退出历史舞台，依然是韩文和汉文混用。直到1948年，韩国政府宪法第6条规定，"一切公文必须用韩文撰写，如有必要情况，可以暂且同时使用汉字"，从此韩国正式专门使用韩文，延续了一千多年的汉字的主导地位才真正开始发生动摇。因此可以说，汉字不仅是韩国语语言研究的核心，同时也是韩国翻译史研究的核心课题。[①] 鉴于汉字在韩国翻译史上起到的重要作用，笔者根据汉字在韩国翻译历史上扮演的不同角色，将韩国翻译史分为下面三个时期。

　　（1）吏读翻译时期

　　韩国最初并没有自己的文字，长期以来一直借用汉字记录本民族语言。一般认为，汉字在公元前3世纪传入韩国，到了公元前后在韩国已经相当普及。[②] 在没有本民族文字的很长一段时间里，韩国人都是借用汉字记录事件、表达思想感情。例如，韩国的古文献《三国遗事》和《三国史记》都是用汉字撰写而成的。即便在世宗大王创制了韩文之后，汉字依然在韩国人的文化生活中占据重要地位。

[①] 유명우,「한국 번역사 정리를 위한 시론」,「번역학연구」, 2002（3），pp. 19-29.

[②] 李德春：《韩国历代汉韩翻译简述》，《解放军外国语学院学报》2005年第4期，第73页。

因此，如果对韩国翻译史的历史分期进行划分的话，汉字的参与程度可以被看做是一个有力的依据。笔者将韩文创制之前完全使用汉字标记的这一时期看做是韩国翻译史的第一个时期。无论是西方，还是中国，翻译史的第一个时期都经历了将外语翻译成本民族语言这一过程，直到本民族的文化发展到一个很高的程度之后，本民族的作品才会被译介到其他国家。然而，韩国从翻译史的第一时期开始，就出现了韩国语向汉语的转换。

《三国史记》和《三国遗事》中记载了很多关于百姓生活的内容，这些内容都以韩国语口语的形式广泛流传，后用汉文记录下来，因此有的韩国学者将这一现象看做是韩国最早的韩中翻译。但在笔者看来，《三国史记》和《三国遗事》中的汉语并非将韩国语口语翻译成汉语的一种形式，而是在韩民族没有自己文字的岁月里，在文字上对汉字的一种借用，并非真正的语际翻译。

第一，韩译汉时期。

从韩国的上古时代到三国时期，所有记录檀君建国神话和传说的古代文献都是用汉文记载的。这些古文献包括金富轼的《三国史记》、一然的《三国遗事》、李奎报的《东郭李相国集》、李承休的《帝王韵纪》。在这一时期，韩国人借用同韩国语音韵体系完全不同的汉字抒情达意确实存在很多困难，但汉字的借用助推了韩国文学的出现也是一个不争的事实。[1] 现如今，翻阅韩国的古文献可以发现，很多的古文献都是采用汉字记录的。在韩国的新罗时期，汉字与汉文是"国学"的必修课程，他们采用《论语》《孝经》《礼记》等儒教经典为教材。汉学教育使得当时韩国的士大夫们在阅读经典和撰文方面同中国的士大夫们相比毫不逊色。在汉学教育的基础上，韩国逐渐发展了自己的汉学，他们采用汉语创作诗歌、小说等各种体裁的文学作品。但这些用汉字撰写的文学作品并不能被看做韩国

---

[1] 김지원,「한국의 번역 전통」,「이화여자대학교 통역번역대학원 설립 10주년 기념식 및 국제학술대회 : 통역번역에서 문화요소의 소회 (所懷)」, 2007, p. 52.

最初的翻译。因为当时韩国的士大夫们的汉文水平已经达到了可以熟练用汉语自由表达思想的程度,尽管他们无法同中国人用声音语言交流,但却可以同中国人采用文字书写的方式进行对话。①

由于韩国语属于黏着语,汉语属于独立语,两种语言的体系完全不同,使用汉字无法完全记录,因此这一时期,韩国人在借用汉字的同时,发明了汉字借用标记法,其中最有代表性的便是乡札、口诀和吏读。

乡札出现在新罗时期,借用汉字的音和训来记录当时新罗时期出现的乡歌,乡札最早出现在《均如传》译歌功德分中崔行归撰写的序文中。乡歌在《三国遗事》中共收录了14首,在《均如传》中共收录了11首。在《三国遗事》收录的14首乡歌中,《兜率歌》和《均如传》中收录的11首乡歌,前面用乡札撰写,后面附有汉语译文。下面以新罗乡歌《兜率歌》为例。②

《兜率歌》

原文:今日此矣散花唱良,
　　　巴宝白乎隐花良汝隐;
　　　直等隐心音矣命叱使以恶只,
　　　弥勒座主陪立罗良。
汉译文:龙楼此日散花唱,
　　　　挑送青云一片花;
　　　　殷重直心之所使,
　　　　远邀兜率大仙家。

笔者认为,韩国新罗时期出现的这些用乡札撰写、后面附上汉语译文的乡歌可以看做是韩国历史上最初的翻译。然而,同其他国

---

① 유명우,「한국 번역사 정리를 위한 시론」,「번역학연구」, 2002 (3), p. 21.
② 李德春:《韩国历代汉韩翻译简述》,《解放军外国语学院学报》2005年第4期,第74页。

家不同的是，韩国历史上最初的翻译是从韩译外开始的，但这一时期翻译作品的数量少之又少，只有寥寥的十几首而已。由于新罗时期韩国重视汉学的缘故，韩译外主要是翻译成汉语，当时的这种外翻工作同今天的外翻工作截然不同。今天世界各国进行的外翻工作主要是为了弘扬本民族文化，而在当时的新罗，韩译汉作品数量极少，仅是个别汉学者个人兴趣使然。

第二，汉译韩时期。

训民正音创制之前，吏读一直是韩国官方记录语言的方式，高丽和朝鲜时期主要用于撰写官方文书。利用吏读翻译中国文献可以说是汉译韩的开端，同时也为浩瀚的韩国翻译史正式拉开序幕。吏读翻译的代表作是《大明律直解》，该书成书于1395年，由金祗、高士耿翻译，郑道传和唐诚校阅。全书共30卷，281章，456个条目，按法律分条目，每条目首先是汉文原文，后附吏读翻译。[1]

例如《大明律·户律·婚姻·出妻》：[2]

汉文：虽犯七出，有三不去。

译文：必于七出乙犯为去乃，三不去有去乙．

现代韩文：비록 칠출（칠거지악）을 범했으나 삼불거가 있거늘．

又如《大明律·奴婢殴家长》：[3]

汉文：凡奴婢殴家长者皆斩，杀者皆陵迟处死，过失杀者绞，伤者杖一百流三千里。

译文：凡奴婢亦家长乙犯打为在乙良并只斩齐，致杀为在乙良并只车裂死齐，失错杀害为在乙良绞死齐，有伤为在乙良杖一百远流齐．

现代韩文：凡奴婢이 家长을 犯打하건을랑 다모기 斩하제，致

---

[1] 李德春：《韩国历代汉韩翻译简述》，《解放军外国语学院学报》2005年第4期，第75页。
[2] 김정우，「한국 번역사의 시대 구분」，「번역학연구」，2008（9），p.45.
[3] 李德春：《韩国历代汉韩翻译简述》，《解放军外国语学院学报》2005年第4期，第75页。

살하견을랑 다모기 车裂处死하제, 有伤하견을랑 杖一百远流하제.

《大明律直解》是为了巩固朝鲜王朝太祖李成桂的政治统治基础而翻译的。译文中，韩国语的助词、语尾、词汇都得到了广泛应用，语序也完全服从韩国语的语序。①

除《大明律直解》外，《养蚕经验撮要》(1415)、《牛马羊猪染疫治疗方》(1541)等都采用了将汉语翻译成吏读的翻译方法。②吏读翻译开始于朝鲜时代初期，一直到1446年训民正音创制之前，大约100多年的时间里，吏读翻译宣告了韩国翻译史上外译韩时代的开始。在韩国历史上没有本民族文字的岁月里，吏读翻译为将中国的文献译介到韩国发挥了十分重要的作用。

（2）谚解翻译时期

1446年，训民正音的创制及颁布，不仅结束了韩民族没有本民族文字的历史，使得普通百姓可以接受教育，而且为韩国翻译史的书写开启了新纪元。韩文创制后，曾经延续了100多年的吏读翻译并没有立即完全消失，但大部分的中国文献都被翻译为谚文。③训民正音创制后大约50年的时间里，翻译书籍数量达到40多部，200多卷。这一时期的翻译存在"谚解"和"翻译"两种形式，对于"谚解"和"翻译"的区别，"谚解"是否应该被看做翻译，韩国学者们各持己见。金知源认为，"谚解"是将汉文翻译成韩文时所使用的翻译术语，将汉文以外的其他语言翻译成韩文自古以来都被称为"翻译"；④유명우集中对韩国翻译史上朝鲜时期的谚解翻译进行了

---

① 李德春：《韩国历代汉韩翻译简述》，《解放军外国语学院学报》2005年第4期，第75页。
② 김정우,「한국 번역사의 시대 구분」,「번역학연구」, 2008 (9), p. 45.
③ 《世宗实录》第102卷中提到"上亲制谚文二十八字"，"谚文"一词是相对于汉文而言，将韩文统称为谚文。当时除世宗和韩文的创制者们以外，其他人都称韩文为谚文，这一叫法一直沿用到近代。
④ 김지원,「한국의 번역 전통」,「이화여자대학교 통역번역대학원 설립 10주년 기념식 및 국제학술대회 : 통역번역에서 문화요소의 소회 (所懷)」, 2007, p. 54.

考察，认为"谚解"是指将汉文和白话文转换成韩文的一种翻译形式，而且绝大部分都是以原文和译文对照的形式出现；①有的学者认为，将汉语撰写成韩文被称为"翻译"，而用韩文注解原文意思被称为"谚解"；有的学者认为，"翻译"是正式文书的翻译，而"谚解"则是以教化百姓为根本目的；还有的学者将意译定义为"翻译"，逐词翻译定义为"谚解"；김정우认为，"翻译"大多采用意译的翻译策略，而"谚解"大多采用直译的方法。② 由此可见，对于"谚解"的定位问题，至今在韩国还没有一个定论，但无论如何，"谚解"作为翻译的一种形式已经是不争的事实。韩国历史上第一本"谚解"本是1447年完成的《训民正音谚解》。1482年，柳允谦将杜甫的52篇诗文翻译成韩文，《杜诗谚解》是韩国历史上第一本翻译诗集。

这一时期的翻译书籍从体裁上大体分为5种类型，第一种是韩文标记类书籍，如《洪武正韵译训》《东国正韵》；第二种是佛教经典类书籍；第三种是儒教经典类书籍；第四种是科技类书籍；最后是文学类书籍。

但是，谚文翻译并没有无休止地进行下去。1894年，高宗发布勒令推行公文韩文化政策后，"谚解"逐渐退出了翻译的历史舞台。特别是20世纪60年代韩国朴正熙政权时期，政府进一步大力推行韩文专用政策，所有教科书、公文和牌匾都不得使用汉字，一千多年来汉字的主导性地位终于被画上句号。

从此，韩国迎来了韩文翻译——语际翻译的全盛时代，翻译的对象不再以汉语为主，而是扩大到英语、法语、俄语等欧洲语种，韩文也确立了在翻译领域中的独立地位。③

（3）外译韩的新时期

在韩国翻译史上，1882年是源语文本语种发生重大转变的时

---

① 유명우,「한국 번역사 정리를 위한 시론」,「번역학연구」, 2002（3）, p.81.
② 김정우,「한국 번역사의 시대 구분」,「번역학연구」, 2008（9）, p.51.
③ 유명우,「한국 번역사 정리를 위한 시론」,「번역학연구」, 2002（3）, pp.32-33.

期。19世纪之前，韩国翻译史上出现的源语文本大部分都是汉文，19世纪80年代以后，除汉文以外的其他语言也陆续被翻译成韩国语。1882年，传教士劳斯等将满洲地区的《耶稣圣教奴家福音传书》翻译成韩文；1885年，李树廷翻译出版的《신약마가전복음서언해》是韩国国内第一本由韩国人自己翻译的中文以外的外文书籍。① 截至1910年韩日合并前，共有30多部《圣经》被翻译成韩文。1895年，李东将日语版的《아라비안 나이트》重新翻译为《유옥역전》；同一年，传教士盖尔夫妇翻译出版了《텬로력뎡》(The Pilgrim's Progress)一书，《텬로력뎡》是韩国历史上第一本从西方语言直接翻译过来的全译本。1908年，《少年》刊登了尹致昊翻译的《伊索寓言》及崔南善翻译的《거인국 표류기》。此后，崔南善还翻译了荷马史诗《伊利亚特》，以及弥尔顿、莎士比亚、托尔斯泰、屠格涅夫、雨果等欧洲作家的作品。② 截至1910年，共有20多部外国书籍被译介到韩国，但这一时期的翻译大多是抄译或者内容简介式的译介。

1884年前后，译官李钟泰奉朝鲜国王之命，召集文士数十人长期翻译中国小说。现存于乐善斋③文库中的数十本翻译本，有相当数量可以推定为当时的翻译作品。这一时期翻译的主要是中国明清时期的小说，可以看出朝鲜王朝后期明清小说的翻译在韩国取得了很大的发展。

1884年，韩国的开化派发动了甲申政变，1894年发生了甲午更张和农民起义，推动了韩国民族语言以及文化的发展。1894年，高宗颁布了"国汉文混用政策"，将世宗大王创制的训民正音称为"韩

---

① 김정우，「한국 번역사의 시대 구분」，「번역학연구」，2008（9），p.43.
② 김지원，「한국의 번역 전통」，「이화여자대학교 통역번역대학원 설립10주년 기념식 및 국제학술대회：통역번역에서 문화요소의 소회（所懷）」，2007，p.56.
③ 乐善斋原是昌德宫内的王室图书馆，宪宗13年（1847）为后宫金氏所建。当时朝鲜王朝宫中的韩文翻译笔写本达到4000余册，都保存于乐善斋。后来将馆藏移到昌庆宫的藏书阁，1981年又移到现韩国学中央研究院。现在大部分的中国古典小说韩文译本都收藏于乐善斋。

文",一切法令都以韩文撰写为基础,添加汉文翻译或韩汉文混合使用。从此,韩国的翻译事业迎来了第三次高潮。

在这样一个动荡的历史时期,为了启蒙青少年和更多的知识分子,韩国文教部组织翻译出版了一系列外国历史书籍,如《泰西新史》(1897)、《中日略史》(1898)、《美国独立史》(1899)、《波兰末年战史》(1899)、《越南亡国史》(1906)、《意大利独立史》(1907)、《拿破仑战史》等。1910年,朝鲜半岛沦为日本的殖民地,在长达35年的时间里,很多留学归国的朝鲜热血青年,从日语和汉语译本转译西方的先进著作。例如,根据李根摩太的中译本《泰国近百年来大事记》转译了《泰国十九世纪史》,根据清朝郑哲贯的中译本转译了德国的政治小说《瑞士建国志》,将梁启超翻译日本人坪内雄藏的《近世第一女杰罗兰夫人传》转译为传记文学《朗兰夫人传》,日本人森田将法国的《两个假期》翻译成日文,梁启超等人将它转译成中文后,朝鲜人又从中文转译成韩文,并定名为《冒险小说十五小豪》。[①]

但是,在韩国长达1000多年的翻译历史长河中,并没有学者提出自己的翻译见解。直到20世纪二三十年代,金亿和梁柱东针对诗歌翻译的问题展开了激烈的争论,二者都认为诗歌具有不可译性,梁柱东主张逐词译,而金亿则提出意译的主张。

光复后,外译韩的工作正式拉开序幕。从20世纪50年代开始,各家出版社争先出版世界文学全集。此后20多年间,共出版发行全集类翻译作品25种,各种文库、新书类17种,每年外国文学作品的翻译数量大幅增长。据大韩出版文化协会统计,1995年韩国图书市场上翻译作品占15%,2003年迅速增加到29.1%。2007年4月15日,《纽约时报》引用联合国教科文组织的调查数据指出,2004年韩国出版的翻译作品达到29%,居全世界市场之最,其中西班牙

---

① 杨宁:《浅谈朝汉翻译史及其特点》,《读与写杂志》2010年第4期,第46页。

作品25%，土耳其作品17%，中国作品4%，美国作品2.6%。①

在外译韩工作形势大好的同时，韩国人也意识到了韩译外和韩国古典文献翻译工作的重要性。2001年，原有的韩国文化艺术振兴院和韩国文学翻译金库合并为韩国文学翻译院，大力开展韩国文学作品的外翻工作。2007年，韩国古典翻译院创建，2009年，韩国古典翻译学会成立，韩文古典"国译"工作正式启动，这使得语际翻译占主导地位的韩国翻译史从此出现了同语内翻译的融合，韩文古典作品的现代韩文翻译工作也纳入了翻译这个大家庭，让大韩民族的翻译史再一次充满活力。

5. 中国典籍在韩国的翻译情况

在前文韩国翻译史时代分期中谈到，韩国翻译史始于吏札翻译，吏札翻译主要是将中国文献翻译成吏札的形式。吏札翻译大概从高丽时期一直持续到朝鲜王朝建国初期，最具有代表性的译作是1395年翻译完成的《大明律直解》。②

1446年韩文创制颁布后，翻译变得自由。在韩文颁布的初期，对汉文文献的翻译曾被作为国家大事。朝鲜王朝时期，儒教作为精神支柱，是治国之本。一些重要的儒教经典被陆续翻译成韩文，1585年，朝鲜王朝完成了对四书三经的翻译工作，并于1601年由校正厅修订发行，包括《大学谚解》《中庸谚解》《论语谚解》《孟子谚解》等。③

据文献记载，韩国最早的中国古典小说翻译作品是朝鲜中宗三十八年（1543）刘向翻译的《烈女传》。④ 朝鲜时代所翻译的中

---

① 김지원,「한국의 번역 전통」,「이화여자대학교 통역번역대학원 설립 10주년 기념식 및 국제학술대회：통역번역에서 문화요소의 소회（所懷）」, 2007, p. 58.
② 李德春：《韩国历代汉韩翻译简述》,《解放军外国语学院学报》2005年第4期，第74~75页。
③ 同上，第76~77页。
④ 闵宽东：《在韩国的中国古典小说翻译情况研究》,《明清小说研究》2009年第4期，第43页。

国古典小说大概有 60 余种，其中大部分是 17~19 世纪被翻译的。当时主导作品翻译的人员主要是失意的两班阶层或士大夫家族的妇女及译官。他们从事翻译的目的可分为四种：第一，教化为目的；第二，个人兴趣及收藏欲求；第三，以营利为目的；第四，为大众带来娱乐。朝鲜时代翻译的中国古典小说从翻译的形态上可分为翻译、翻案（改作）、再创作三类；从翻译的完成度上看，有全文翻译和部分翻译；从翻译的形式上看，有完译和缩译；从翻译的技巧上看，有意译和直译。①

20 世纪 60 年代，据郑炳昱整理出版的《乐善斋文库》记载，乐善斋所藏的图书中，朝鲜时代末期翻译的中国小说译本有《今古奇观》《唐晋演义》《大明英烈传》《武穆王贞忠录》《补红楼梦》《北宋演义》《三国志》《西周演义》《仙真逸史》《雪月梅传》《醒风流》《续红楼梦》《松庞演义》《女仙外史》《瑶华传》《残唐五代演义》《忠烈小五义传》《忠烈义侠传》《太平广记》《平山冷燕》《平妖记》《包公演义》《红楼梦》《红楼梦补》《红楼复梦》《后水浒传》《后红楼梦》等，但朝鲜王朝时期在韩国广为流传的《水浒传》《西游记》《西厢记》《三国演义》等却并没有被收录在内。

1910 年，朝鲜半岛沦为日本的殖民地，这一时期的韩汉翻译由于受到日本帝国主义的野蛮统治而受到压制。② 这一时期，《烈女传》《三国演义》《水浒传》《西游记》《隋唐演义》《牡丹亭记》《孙庞演义》《说岳传》《薛仁贵传》等 20 余种小说被陆续翻译到韩国，其中《三国演义》有全译本、缩译本、摘译本、改译本等 20 余种译本。③ 1945 年 8 月 15 日，大韩民国正式宣告成立以后，韩汉翻译又活跃起来。1946 年，金光洙翻译了《鲁迅短篇小说集》《雷雨》，接着李明善又翻译了《中国现代短篇小说选》。1947 年，尹永春翻

---

① 闵宽东：《在韩国的中国古典小说翻译情况研究》，《明清小说研究》2009 年第 4 期，第 43~58 页。
② 同上，第 46 页。
③ 同上，第 60 页。

译了《现代中国诗选》。先后共有90余种作品被翻译成韩文出版。其中20世纪50~70年代，由于译者对原文理解不足和营利性目的，译文中缩略、漏落、省略问题较为明显。这一时期，主要是对《三国演义》《水浒传》等经典译文的重译和对日语译本的转译。[①]

80年代以后，李文烈、郑飞石等韩国著名的小说家加入到翻译行列。李文烈以本身特有的文章描写技巧成功翻译了《三国演义》，受到韩国各界的广泛好评。80年代，韩国各大学中文系大规模扩大，中国古典小说专家也大幅增加，形成了对中国小说研究的新风尚，学术性译本应运而生。[②]1989年，汉城中央日报社组织翻译发行了《中国现代文学全集》，共翻译了36位作家、72位诗人及33位理论家的作品，规模之大可谓空前。

1992年中韩建交后，韩国对中国古典小说的翻译出版进入了前所未有的鼎盛时期。这一时期的代表有李光烈、延边大学翻译组、延边人民出版社翻译组等，很多中国朝鲜族翻译的中国古典小说经修订编辑后在韩国出版。[③]

进入21世纪，韩国对中国古典小说的翻译注重商业性，比起忠实原本的翻译，更多是以趣味为主的缩译本，例如《一本通三国志》《Essence三国志》《新三国志》《一本通水浒志》《Essence水浒志》《新水浒志》《新西游记》《一本通金瓶梅》等，而且涌现出大量的漫画本。这一现象显示了在繁忙的现代社会生活中，省略古典中深奥的意味，读者群只要把握内容和知识的读书趣向及读书态度。[④]

[①] 闵宽东：《在韩国的中国古典小说翻译情况研究》，《明清小说研究》2009年第4期，第61页。
[②] 同上，第62页。
[③] 同上，第63页。
[④] 同上。

第二章
翻译和译者伦理

第一节 "翻译"意义重释

东西方翻译发展的历史告诉我们,翻译行为伴随着人类历史的繁衍变迁走过了几千年的历程。现代社会科学技术日新月异、信息交流畅达便利、国际贸易迅速发展,我们无时无刻不生活在翻译给我们带来的润泽当中。然而我们享受着翻译给我们带来实惠的同时,却忽视了翻译的存在和价值。在对翻译进行进一步深层探索之时,我们不得不思考这样一个问题,即"翻译是什么"。

1. 词典中对于"翻译"的释义

《现代汉语词典(修订本)》对翻译做了如下解释:【翻译】:①把一种语言文字的意义用另一种语言文字表达出来(也指方言与民族共同语、方言与方言、古代语与现代语之间一种用另一种表达);把代表语言文字的符号或数码用语言文字表达出来;②做翻译工作的人。韩国《新国语字典》将"翻译"定义为:"한 나라의 말로 된 글의 내용을 다른 나라 말로 바꿔 옮김"(把用一个国家语言撰写的内容转换成另一个国家的语言)。《牛津英语字典》中对于"翻

译"这样解释："The action or process of turning from one language into another ; also, the product of this ; a version in a different language"（从一种语言到另一种语言的转换行为或过程，亦指译作；用另一种语言表述出来的文本）或 "to turn from one language into another ; to change into another language retaining the sense"（把一种语言转换到另一种语言；把一种语言转换成另一种，保留原意）。

  首先，从上述词典的定义中可以看出，韩国和西方对于翻译的解释属于狭义程度上的解释，如果参照雅各布森[①]对翻译的分类，韩国和西方将翻译仅仅限定在"语际翻译的范围之内"。而我们在探讨韩国翻译脉络时发现，韩国历史上的翻译是一个语内和语际翻译共存的过程，这也是韩国翻译复杂性的表现之一。因此，笔者认为当今韩国翻译学界对于"传统翻译范围应该如何设定"，"谚解是否可以算作翻译"等的一些争论，同韩国对于"翻译"定义界定过于狭窄有很大的关系。

  相反，中国却从一个广义的角度对"翻译"的概念进行了界定。翻译不仅仅包括语际翻译，同时也包括语内翻译，这一点同我国语言的实际特点有很密切的联系。当我们现在阅读一篇古文，将其中出现的"之、乎、者、也"用今天的汉语进行解释，这便是语内翻译的一种体现。此外，《西游记》《三国演义》《水浒传》等古代经典著作的现代版本都是在古代版本的基础上用今天的汉语重新进行了意义阐释，因此也是译作的一种。

  其次，上述3本词典的定义都同时包含着一个核心的意思，即"转换"。翻译必须以一种语言为蓝本，在这种语言的基础上转换成另外一种语言。近年来，很多的韩国歌曲传到中国，中国歌手也开始演唱中文版的韩国歌曲，电影《我的野蛮女友》的主题曲《I believe》就是一个很好的例子，这首歌曲被中国歌手孙楠翻唱，

[①] 雅各布森将翻译分成3类，即语内翻译、语际翻译和符际翻译，本文这里探讨翻译理论目的是为了给即将阐述的韩汉翻译实践提供理论指导，因而仅采用前两种语内和语际翻译，暂时不讨论符际翻译。

其优美的歌词和旋律迅速在中国歌迷中流传开来，但中文的歌词并不是由韩文歌词翻译过来的，而是在旋律的基础上重新填词，因此，这种两个看似等同的版本，不能被看做是"翻译文本"。

所谓"翻译"，首先，它应发生在两种语言之间，可以是两个国家的语言，也可以是一个国家过去的和现在的语言，同时还包括一个国家民族内部不同的语言，如上海话和普通话、粤语和普通话等；其次，翻译必须是一种转换，即以一种语言为源文本，在此基础上用另一种语言转换成目标文本。

2. 语言学理论下的"翻译"

近代以来，西方现代语言学的发展为翻译研究提供了新的契机，把翻译活动从经验主义中解放出来，为翻译研究打开了科学的大门，同时翻译的语言学理论对在具体翻译活动中的转换提供了理论支撑，许多学者从语言学的角度对"翻译"的定义进行阐释。卡特福德指出，翻译"是把一种语言的文字材料替换为另一种语言对等的文字材料"；奈达提出，翻译是"从语义到语体，用贴近的自然对等语在接受语言中再现源语信息"。[①] 无论是卡特福德，还是奈达，在对"翻译"定义的阐释中都使用了同一个核心词"对等"。对于翻译对等程度的多少，是完全对等还是部分对等，卡特福德和奈达以及西方其他当代翻译语言学派的其他学者也都没有对此作出合理的阐释。

许钧、穆雷指出，翻译具有两大属性，一是"转换"，二是"对等"，这是构成"翻译范围"的一个必要因素。[②] "转换"是翻译的先决条件，但同样，如果没有了"对等"，也就不存在"翻译"。

我们在翻译过程中常常不得已使用一些音译外来词，如，把"판소리"翻译成"盘索里"。韩国《外来词标记法》中明确指出："固有名词要尊重源语的发音。"按照这一规则，"서울"从原来的"汉城"被改称为今天的"首尔"，"北京"也从"북경"变成了音

[①] 谭载喜：《西方翻译简史》，第207、234页。
[②] 许钧、穆雷：《翻译学概论》，译林出版社，2009，第4页。

译的"베이징"。这些例子告诉我们,翻译没有百分之百的对等,"百分之百的翻译"并不存在。

因此,在任何翻译语境中,所谓"对等"即"部分对等",亦即相对意义而非绝对意义上的对等。① 那么所谓"非绝对意义上的对等"到底指什么呢?

早在17世纪,英国德莱顿将翻译分为"词译""释译""拟译",并大力提倡"释译",德莱顿所说的"释译",便是意译。18世纪,泰特勒在《论翻译的原则》一书中谈到,译作必须完全复写出原作的思想,所谓"原作的思想",便可以理解为原作的意义。加拿大的维纳和达尔贝勒内在《法英比较修辞》中也指出:"译者总是从意义出发,在语义的范围内,进行所有的转换活动。"奈达说过这样一句经典名言:"Translation means translating meaning(翻译,即译意)。"② 由此可见,"意义"既是翻译的出发点,也是翻译的归宿。

借此观点,重新审视奈达对"翻译"意义的界定,奈达指出,"翻译要在接受语言中再现源语信息",这里的"源语信息"指代"原文的意义",即"源语的核心意义"。因此,笔者认为,从语言学的角度,"翻译"的意义可以重新释义为"用另一种语言转换一种语言的核心意义"。

3. 文化转向后的"翻译"

在前一章考察西方传统翻译理论发展中提到,西方的传统翻译理论一直由两大学派构成,一是翻译语言学派,二是翻译文学学派,这两大学派对于"翻译"问题的探讨都仅局限于宗教翻译和文学翻译的框架内。现代西方语言学理论的发展曾经让翻译研究柳暗花明,然而由于翻译活动极为复杂,涉及因素多、范围广,使得翻译所涉及的许多问题无法单纯在语言学层面找到答案。③

20世纪90年代,在英国学者巴斯奈特及美国学者勒弗维尔的

---

① 许钧、穆雷:《翻译学概论》,第4~12页。
② 许钧:《翻译论》,湖北教育出版社,2003,第137~140页。
③ 许钧、穆雷:《翻译学概论》,第18页。

倡导下，翻译发生了文化转向。从此，翻译脱离了单纯对"字面形式转换"问题的探讨，逐步拓展为从文化内涵的范畴中寻求答案。在全球化的今天，雅各布森曾经提出的"语际翻译"不再是单纯语言层面上的转换，同时更是以语言为媒介的两种文化之间的转化。

1998年，德里达在一次讲演中提出，翻译已经不仅仅是传统的语言学层面上"逐字逐句"的翻译，而更是文化层面上"按照意义"的翻译或阐释。德里达这段话的核心意思是说，翻译既在语言学的层面上产生功能，同时也在文化的层面上产生功能，而后者对于当代翻译学的发展起到了巨大的影响作用。随着文化研究的深入，越来越多的学者认识到，翻译与文化有着千丝万缕的联系。[①] 王克非指出，文化及其交流是翻译发生的本源，翻译是文化交流的产物，翻译活动离不开文化。在此基础上，王克非考察了"翻译对文化（尤其是目的语文化）的意义和影响、翻译在文化史上的作用、文化对翻译的制约以及翻译在吸收外来文化中起到的作用等"。[②]

许钧指出，翻译具有社会性、文化性、符号转化性、创造性及历史性。[③] 同时也因为翻译本身所具有的这五大特性，使得翻译具有交流、传承、沟通、创造与发展这五大本质价值。[④] 因此，所谓"翻译"是以符号转换为手段、意义再生为任务的一项跨文化的交际活动。[⑤]

近年来，中国文化翻译学派的代表人物王宁指出，在当今社会，"翻译"的概念不仅是从一种语言到另外一种语言的纯技术形式的转换，而且也是从一种文化到另外一种文化的"转化"、"阐释"和"再现"，这种转化和再现恰恰正是通过语言作为其主要媒介而实现的。[⑥]

文化转向为翻译研究开拓了新的视野。从此，翻译界的学者们不再单纯从语言学和文学的角度对"翻译"的概念、性质和功能进

[①] 王宁：《翻译研究的文化转向》，清华大学出版社，2009，第30~33页。
[②] 王克非：《翻译文化史论》，上海外语教育出版社，1997，第2、4页。
[③] 许钧：《翻译论》，第69~75页。
[④] 同上，第395页。
[⑤] 同上，第75页。
[⑥] 王宁：《翻译研究的文化转向》，第8页。

行考察，而是将"翻译"置于社会、政治、历史、文化等更加广阔的天地之中。2004年11月21日，中国第一个孔子学院在韩国首尔正式挂牌成立，截至2010年10月，中国已经在96个国家建立了322所孔子学院和369个孔子课堂，[①] 以此来普及中国的语言和文化。现如今，在中国，翻译工作在实行外译中的同时，还兼顾着中译外的内容，其目的是通过翻译这一文化传承强有力的媒介将中国文化和文学的精髓传递到世界各国。因此，翻译所显示出的政治功能和文化功能，远远超出了语言文字交流的范畴。

4. 目的功能理论下的"翻译"

21世纪是信息爆炸的时代，在堆积如山的资料面前，翻译工作者们不可能再像先前那样，有充裕的时间去推敲原文中的每一个词、每一句话。在大多数情况下，尤其是翻译信息资料时，将原文逐字逐句翻译的做法已不常见。另外，过去人们做翻译，大多凭自己的兴趣去做。而如今，无论是专业翻译，还是业余翻译，只凭兴趣做翻译的人已经越来越少，绝大多数人是因为工作需要或受人委托而做。因此，在动手翻译前先弄清译文的功能就显得尤其重要。要想达到顾客或委托人的要求，翻译者必须根据译文的用途和使用对象采取相应的翻译策略。有时译文与原文的目的未必相同，例如，原文的目的是要在读者中引起反响，而译文只是给读者提供信息（或是相反），在这种情况下，译文的遣词造句就应与原文有所不同。

21世纪，翻译明显体现出一种"目的和功能"性，换句话说，在全球化背景下，翻译者在翻译的过程中，除了考虑到语言学上的"忠实"、文化上的"传承"、文学上的"风格对应"等，还要根据译文的目的和功能去选择适当的翻译策略。在这一过程中，译者不再被动地追随原文，无限地"忠实"于原文，而是大大彰显了译者的主体性，即，在翻译过程中，根据翻译的目的和功能，能动地选

[①] 《国家汉办暨孔子学院总部2010年度报告》，http://www.hanban.edu.cn/report/pdf/2010_final.pdf。

择适当的翻译方法。

德国翻译功能学派的代表人弗米尔对于翻译行为的总体结构作出了如下解释：任何形式的翻译行为，包括翻译本身，顾名思义，都可以看作是一种行为。任何行为都有一个目标或目的。这便是弗米尔的"目的论"，在这一理论框架中，决定翻译目的的最重要的因素之一便是受众——译文预期的接受者，他们有自己的文化背景知识、对译文的期待以及交际要求。因此，翻译是在"目的语情景中为某种目的及目的受众而产生的语篇"。①

5."翻译"意义重释

那么，到底"何为翻译"，语言学对"翻译"的定义在文化转向的冲击下已经沉淀为翻译的最基本要素。透过"两种语言之间的转换"这一翻译的基本元素，翻译文化学派看到了翻译的功能不仅仅局限在语言的范畴内，在新的形势下，翻译还成为文化传承的使者，在两种语言的转换过程中也实现了两种不同文化间的交流。另一方面，德国功能学派提出的翻译目的论又为翻译研究输入了新鲜血液。21世纪，随着全球化时代的到来，国家间的跨文化交流无时无刻不在发生和进行着，翻译成为人类生存的重要工具和手段，人类的行为以实现个人生存为目的，翻译行为从此也具有了目的性。作为两种不同语言和文化交流的媒介，译者的翻译行为不再是兴趣使然，而必须要根据目的语受众的目的和需求调整自己的翻译策略。对于这一点，新闻翻译就是最有效的例证。姜秀正对《参考消息》中韩国相关报道摘译、改译的情况进行考察发现，为吸引中国读者更多的关注，译者利用汉字信息含量大于韩文的特点，在翻译韩国新闻题目时，将原本较抽象的韩文题目改译为更加具体的内容。在内容处理上采取"删除—增加—调整"的翻译策略，即删除那些原本对于韩国受众有益，对中国受众却完全不必要的信息；为了使中国受众能够更加完整地理解事件经过，重新启用新的段落，补充一

---

① Christiane Nord：《译有所为——功能翻译理论阐释》，第15页。

些原文中没有的附加说明；此外，为了增加新闻的可读性，译者在处理的过程中也对原文内容略作调整。①

基于上述内容，笔者认为，翻译是建立在语言转换基础上的跨文化交际行为，是译者根据目标语读者的背景、对译文的期待以及交际要求，将原作在目标语文化中的一种再现，译者是这一活动的主体。

第二节 译者伦理与译者角色的伦理特性

一 译者伦理的萌动与现状

21世纪，全球化时代下，人类对翻译本质属性的认识发生了重大转变，尤其是翻译研究发生文化转向后，原本以语言学为基础的"忠实"的翻译观遭到解构，翻译行为从此与政治、社会、文化紧密联系在一起。尤其是德国翻译功能学派出现后，受功能学派"翻译目的决定翻译策略"观念的影响，译者不再被动地追随原文，无限"忠实"于原文，而是根据译文的目的和功能去选择翻译策略，从此译者具有了主体性。而另一方面，在"目的论"的影响下，各种不同形式的"摘译""改译""拟译"等都被看做合理的翻译。我们不禁要问："只要译者满足翻译的目的，是否就有了随心所欲处理原文的自由？"正是在这样的背景下，翻译研究学界的学者开始质疑"译者伦理何在"。

1. 译者伦理问题的萌动

翻译理论界最先使用"翻译伦理"这一术语的是法国当代著名文学翻译家、翻译史家、翻译理论家贝尔曼。贝尔曼认为，西方的翻译传统大多体现一种"我族中心主义"倾向，在这种思想的指导下，译者在对源文本的处理上表现出太多的"自由"，最终制造出

---

① 강수정,「중국 뉴스매체의 한국 뉴스 편역보도에 관한 연구〈참고소식〉의 한국뉴스 편역 사례를 중심으로」,「통번역학연구」, 2011 (15), pp. 1–27.

的文本更像一种自由的"再创造",而不是翻译。翻译伦理就在于如何定义"忠实"。贝尔曼主张的"翻译伦理"其实就是"忠实",或者说"尊重原作、尊重原作中语言和文化的他异性"。①贝尔曼的"忠实"翻译伦理为翻译研究提出了一个新的课题,即在伦理道德的约束下"应该怎么译"。

1997年,皮姆出版了《论译者的伦理》一书,皮姆把翻译看作"一项交际行为,一种为某一客户而提供的、针对既定接受者的一项职业性服务",从事这一职业的译者肩负着一定的使命,承担着一定的责任。在皮姆的影响下,翻译理论问题研究就转向了对"译者伦理",即,有关这一职业的伦理问题的关注。皮姆提出了一种以一定的翻译目的为指导,考虑到社会、经济以及译者权利等各方面因素的功利主义的翻译伦理观,译者要根据具体情况具体分析,来决定翻译与不翻译、采取什么策略去翻译。译者在遵守职业道德的前提下,被赋予了很大的选择权利。②但无论如何,译者作为翻译活动的主体,其主体性在翻译实践中可以得到最大化的彰显,但译者主体性权利的施展必须以伦理道德为前提。从皮姆的译者伦理观来看,皮姆依然注意到翻译是一种有目的的行为,他同样认同翻译功能学派关于"翻译目的论"的主张,但面对"翻译目的论"指导下译者权利的无限伸展,皮姆从译者职业道德的层面提出了要遵循"译者伦理"这一要求。

2. 全球化时代译者伦理的多元走向

20世纪80年代,法国学者贝尔曼提出"翻译伦理"研究的主张后,世界各国翻译界的学者从此开始关注"翻译的伦理"问题。1997年,皮姆正式提出翻译研究"译者伦理"问题转向,从而引发了更多翻译界的学者们对此进行探讨,因此可以说,21世纪全球化时代,译者伦理的研究呈现出一种多元化发展的态势。

---

① 王大智:《翻译与翻译伦理——基于中国传统翻译伦理思想的思考》,北京大学出版社,2012,第21~23页。
② 王大智:《关于展开翻译伦理研究的思考》,《外语与外语教学》2005年第12期,第46~47页。

(1) 皮姆——功能主义译者伦理

1997年，皮姆在《论译者的伦理》一书中，呼吁从译者的"文化间性"出发，针对各种具体形态的翻译活动来探讨如何致力于促进不同文化间交往合作的译者伦理。王大智认为，皮姆所提出的译者伦理是一种以一定的翻译目的为指导，考虑到社会、经济以及译者责任等各方面因素的功能主义的伦理观，在翻译过程中，译者要遵循译者伦理，根据客户的需要以及目的语文化中的翻译规范对具体情况进行具体分析，以决定翻译与不翻译、采取什么策略去翻译。[1]

(2) 诺德——"功能+忠诚"的伦理观

诺德是德国功能主义的代表人物之一，她在德国传统功能主义的基础上又加入了"忠诚"的元素。诺德说，忠诚使译者双向地忠于源语文本与目的语两个方面，同时也是译者、原文作者、译文接受者及翻译发起者之间的人际关系，即人与人之间的社会关系。诺德提出的"功能+忠诚"的伦理观强调，译者在翻译中不仅要对委托人及读者负责，同时也要对作者负责。[2] 传统功能主义理论曾使得译者权利过度伸展，遭到很多学者的批评和质疑，从而引发了翻译学界对"译者伦理"的讨论，诺德的"功能+忠诚"伦理观的提出在一定程度上使传统的功能主义翻译观得到了修正。

(3) 切斯特曼——五大伦理模式

切斯特曼在对20世纪80年代以来已有的翻译伦理研究进行总结的基础上，提出五大翻译伦理模式，即，再现的伦理、服务的伦理、交际的伦理、规范的伦理以及承诺的伦理。其中"再现"指的是译者对原文文本和原文作者的忠实再现；"服务"这一点与诺德提出的"忠诚"伦理不谋而合，指译者需按时按质完成客户的任务，既要忠诚于客户，也要忠诚于目的语读者和源语作者；"交际"强调

---

[1] 王大智：《翻译与翻译伦理——基于中国传统翻译伦理思想的思考》，第55~57页。

[2] Christiane Nord：《译有所为——功能翻译理论阐释》，第9页。

译者要以协调人的身份保证互为他者的当事双方跨越语言文化障碍，实现跨文化合作并从中获益；"规范"指的是译者如同被期待的那样，按规范的要求进行翻译；最后，"承诺"强调译者要履行职业道德，信守承诺。①

（4）韦努蒂——"存异"的伦理

20世纪90年代以后，美国结构主义翻译理论家韦努蒂借鉴了解构主义、后殖民主义、女性主义、新历史主义等多种西方现代哲学思潮，提出了"差异性"伦理诉求。② 韦努蒂说过："异化是道德的，异化是对文化者的尊重；归化是不道德的，因为归化掩盖了原作的异质特征。"③

3. 国内学者对于译者伦理问题的思考

随着西方翻译理论在中国的译介，我国翻译学界的学者们也开始对译者的伦理问题进行思考和研究。许钧由语言转向文化、由内部转向外部，从一个全方位的角度对翻译活动进行了剖析，从意愿、现实与道德三个层面，考察和分析了翻译活动中影响翻译主体的诸多因素。许钧认为，翻译活动是一项复杂的社会实践活动，任何译者都处于一个特定的社会、文化和历史环境之中，译者在翻译活动的过程中要受到各方面的约束和影响，在翻译活动的全过程中，翻译对象的选择、翻译方法的采用，包括翻译作品的编辑与加工，无不受到"该怎么译"这一道德层面的约束和影响。④

在许钧教授的启发下，王大智在国内率先提出"要展开翻译伦理研究"，并指出，"由于译者是实践翻译伦理的行为主体，译者的选择是一种道德选择，那么对译者道德的研究，其中包括对译者的权利、

---

① Chesterman, Andrew, Proposal for a Hieronymic Oath, Anthoy Pym (ed), *The Return to Ethics*, *Special Issue of the Translator*, Manchester: St. Jerome Publishing, 2001, pp.139-154.
② 张景华:《译者的隐形：翻译史论》，外语教学与研究出版社，2009，第45页。
③ 申连云:《尊重差异——当代翻译研究的伦理观》，《中国翻译》2008年第2期，第16页。
④ 许钧:《论翻译活动的三个层面》，《外语教学与研究》1998年第3期，第49页。

义务和责任的研究就成为一个研究的重点"。① 2009年,王大智在阐释"翻译伦理"概念时又一次提出,"由于翻译伦理研究针对的是翻译行为,当然也针对作为翻译行为主体的译者,对于翻译规律或现象的描述以及翻译规范的提出,都需要以翻译行为和译者为中心展开"。②

2007年,孙致礼在《译者的职责》一文中,借鉴切斯特曼提出的五大伦理模式,结合中国的翻译实际,提出并详细阐述了译者的五种翻译职责:再现原作、完成委托人的要求、符合目的语社会文化的规范、满足目的语读者的需求以及恪守职业道德。③

臧夏雨从翻译伦理的视角探讨译者有意识的"不忠"行为时指出,虽然译者应该严守职业道德,如机器一般不带任何感情而且是忠实地服务于客户,但也阻止不了伦理道德这只看不见的手在背后默默地操控、衡量、拷问,甚至支持着译者的行为。④

近年来,越来越多的翻译界学者们认识到,在翻译活动中,译者的身份是多重的,相对于原文作者而言,他是解释主体,相对于译文读者而言,他是译作主体,相对于委托者而言,他是受委托主体,同时他还是把原文文本转换成译文文本的翻译行为主体,以及实现源语文化与目的语文化交流与合作的传媒主体。⑤ 译者身份的多重性决定了译者在翻译活动过程中其行为受到伦理道德的制约,从而为翻译学界提出了新的研究课题——译者伦理。

二 什么是译者伦理

西方历史上,系统的伦理学产生于公元前5世纪到4世纪的古

---

① 王大智:《关于展开翻译伦理研究的思考》,《外语与外语教学》2005年第12期,第44~47页。
② 王大智:《"翻译伦理"概念试析》,《外语与外语教学》2009年第12期,第61~63页。
③ 孙致礼:《译者的职责》,《中国翻译》2007年第4期,第14~18页。
④ 臧夏雨:《从翻译伦理视角论译者有意识的"不忠"——以电影〈叶问1〉和〈翻译风波〉为例》,《中国翻译》2012年第2期,第95~97页。
⑤ 刘卫东:《翻译伦理的回归与重构》,《中国外语》2008年第6期,第97~99页。

希腊时期。在苏格拉底生活的时代，他亲身经历了雅典兴盛的顶峰和随后的衰落，看到了雅典卷入伯罗奔尼撒战争后带来的许多道德问题，而雅典的民主制度也遇到了危机。于是，苏格拉底开始思考人应该有什么样的价值目标，有什么样的德性，苏格拉底的一生就是一种高尚的义务伦理的体现。此后经由柏拉图进一步深化和拓展，终于到了亚里士多德时期，伦理学固定成为一门真正的学科，而亚里士多德则是这门学科的创立者。[1] 中国历史上，伦理学的产生可以以孔子或儒家学派的产生为标志。到了孔子生活的春秋年代，"礼"的秩序面临一种"礼崩乐坏"的局面，孔子由此对人生道德和社会问题进行了深刻的反思，尤其是对道德的主体进行开发，发展出"仁"的道德理论。[2] 因此，无论是中国还是西方，伦理学的发生和发展都受到严重的道德和社会问题的刺激，就像汤因比所说的，是对挑战所作出的一种"回应"。[3]

从何怀宏对伦理学产生背景的论述中可以看出，伦理学的诞生是因为受到了严重的道德和社会问题的冲击，这也是"译者伦理"的诞生原因。对于译者来说，翻译的解构主义研究在完成了对结构主义翻译研究的批判后，表面上似乎赋予了译者无限自由的权利，但其本质上却实现了对译者的放任，译者失却的不仅仅是家园，还有伦理道德上的制约。在翻译道德缺失的情势下，敏感、睿智的译者最先意识到翻译所引发的伦理问题的严重性，并努力寻求解决的办法。[4] 就这样，"翻译伦理"应运而生。

王海明从词源上对"伦理"和"道德"进行辨析后指出，在西方，"伦理"和"道德"为同一个词语，都是指人类行为应该如何的规范，而在中国却是整体与部分的关系：伦理是整体，其含义是，人

---

[1] 何怀宏：《伦理学是什么？》，北京大学出版社，2002，第34~37页。
[2] 同上，第38页。
[3] 同上，第39页。
[4] 王大智：《翻译与翻译伦理——基于中国传统翻译伦理思想的思考》，第20~21页。

们行为事实如何的规律及其应该如何的规范；道德是部分，仅指代人们行为应该如何的规范。拿儒家思想中的"五伦"概念来说，只能说君臣、父子、夫妇、长幼、朋友是五种伦理，却不能说他们是五种道德；只能说君臣是伦理，不能说君臣是道德，只有君臣之"义"才是道德。更确切地说，君臣与君臣之义都是伦理，君臣却不是道德，只有君臣之义才是道德。因为，"君臣"是人际关系之事实如何，而"君臣之义"则是人际关系应该如何。道德仅代表人际关系应该如何，伦理则既包括人际关系应该如何，也包括人际关系事实如何。[1] 在翻译实践活动中，作为行为主体的译者不仅要协调与原作者、委托人之间的关系，为了圆满完成翻译的工作，还要让自己的行为符合一定的规范，这就使得译者的行为同伦理有了必然的联系。因此，所谓译者伦理，就是译者行为事实如何的规律及其应该如何的规范。

亚里士多德曾经说过，人类的所有活动和技术都抱有某种目的，这种目的就是他们视作善的东西，人类要通过努力去实行这些德性去追求至善的目的和最大的幸福。[2] 从亚里士多德的这段话中，我们可以知道翻译研究也是如此，翻译活动之所以存在乃是为了不同文化之间的交往，以促进社会的共同进步与人类生存。那么，译界学者们所执著倡导和追求的译者伦理又何尝不是如此呢？

三 译者角色的伦理特性

译者伦理研究是在认同译者主体性的前提下进行的，但对译者主体性的认识并非是从一开始就形成的，其间经历了一个漫长的转变和认识过程。译者在翻译过程中的重要性，使得对译者身份的研究成为翻译界学者们竞相谈论的话题之一。译者的身份在翻译史上经历了一个不断变化和丰富的过程，不同理论指导下形成的翻译观也赋予了译者不同的角色。

---

[1] 王海明：《伦理学原理》，北京大学出版社，2009，第76页。
[2] 何怀宏：《伦理学是什么？》，第37页。

1. 译者角色与伦理之关联

在沿寻历史的足迹探讨译者角色的发展演变之前，有必要对翻译的本质以及译者的任务属性进行解析。许钧指出，翻译具有社会性、文化性、符号转换性、创造性四大本质特征。[①] 翻译活动的全过程，受到"该怎么译"这一道德层面的约束和影响。同时，翻译也是一门人与人之间关系的学科，综观翻译的全过程，从微观上看，翻译活动涉及原作者、译者与译文读者三者的关系，从宏观上看，甚至还会牵涉到与翻译委托人、译文编辑以及原文读者等多重纷繁复杂的关系。王海明说，只要有人，有了人的活动与生活，有了人与人之间的关系，就有伦理的存在，伦理就会发生作用。[②] 对此，吕俊指出，翻译活动是一种不同文化间的言语交往行为，要求人们遵守一些准则和规范，翻译涉及的问题多而复杂，需要伦理学的指导。[③] 2005年，王大智率先提出展开翻译伦理研究，并在此后进一步提出只要有翻译行为发生，译者的任务就是协调两种相关的文化、两种语言、各翻译主体之间以及隐藏在它们背后的具有高度历史性、社会性及实践性的不同伦理关系，让他们在分化、组合、变异中构筑新的关系网络，从而完成翻译的任务。[④] 既然翻译活动从本质上来说是一种跨文化的人际交往，人和人之间的关系从形成伊始便存在伦理，译者作为翻译活动中的主体，其根本任务就是协调不同文化、语言与不同翻译主体之间的伦理关系，那么译者的角色从进入翻译活动的一开始便和伦理有着密切的联系，译者活动的开展和责任的实施是在潜在的伦理意识下作出的行为。同时，既然翻译是一种社会活动，那么所谓译者的角色，便指代译者在翻译这个社会活动中所扮演的角色，是一个社会角色。百度辞典[⑤] 中对于"社会角

---

① 许钧:《翻译论》，第69~75页。
② 王海明:《伦理学方法》，商务印书馆，2004，第2页。
③ 吕俊:《跨越文化障碍——巴比塔的重建》，东南大学出版社，2001，第272页。
④ 王大智:《"翻译伦理"概念试析》，《外语与外语教学》2009年第12期，第63页。
⑤ http://baike.baidu.com/view/60371.htm.

色"的定义是,个体在特定的社会关系中的身份及由此而规定的行为规范和行为模式的总和。因此我们可以说,所谓译者的角色,便是译者的社会身份、译者的行为规范以及译者具体行为的总和。王海明说,伦理是人的行为如何的规范和事实如何的规律。[1] 借用王海明的伦理观,结合译者的社会角色,我们可以作出如下结论:所谓译者伦理,是译者的行为规范和译者行为事实,而译者身份是在译者行为实施过程中的自我体现和普遍认同,同样可言伦理。因此,译者角色具有伦理特性。

2. 译者角色问题研究

翻译研究史表明,自从有翻译活动以来,中外译论家关于译者的作用、要求、主体性和主导性等的论述就持续不断,尽管这种议论时隐时现,有弛有张。[2] 在国内,刘也玲质疑有关译者和原作者关系的传统认识论,肯定了翻译过程中译者的介入和译者的能动性与创造性,以期确立译者地位;[3] 金敬红、周茗宇对"译者从属"这一观点进行反驳,提出"译者隐形"文本中"译者主体性"的发挥不仅体现在隐形下译者对文本的阐释、转换和再创造,还体现在译者对文本有目的的操纵;[4] 仲伟合、周静梳理并探讨译者主体性的内涵、制约因素等,提出翻译是译者发挥主体性、张扬自我与忠实传达原作、克制自我之间来回转换的操作过程;[5] 万江松、冯文坤借用体验哲学的有关理论,澄明译者的主体性;[6] 任蕊提出,显

---

[1] 王海明:《伦理学原理》,第 75 页。
[2] 胡庚申:《从"译者主体"到"译者中心"》,《中国翻译》2004 年第 3 期,第 10 页。
[3] 刘也玲:《翻译中译者的能动性与创造性》,《衡阳师范学院学报(社会科学版)》2003 年第 4 期,第 122~125 页。
[4] 金敬红、周茗宇:《从"隐形"翻译看译者的主体性》,《东北大学学报(社会科学版)》2004 年第 6 期,第 452~454 页。
[5] 仲伟合、周静:《译者的极限与底线——试论译者主体性与译者的天职》,《外语与外语教学》2007 年第 7 期,第 42~46 页。
[6] 万江松、冯文坤:《"去蔽"却未"澄明"的译者主体性——体验哲学视角中的译者主体性研究》,《西南民族大学学报》2009 年第 3 期,第 267~271 页。

身是译者的本质属性,译者能动地操控跨文化语言交流,确保源语意图,推动语言互动是译者的职责所在。[1]随着翻译学的发展,译者的主体性已经基本得到学者的认同,只有为数不多的几位学者尝试从历史发展的角度探讨译者身份的形成过程。许钧论述了译者传统的身份定位,并指出随着翻译历史的发展,人们对翻译认识的加深,译者传统的角色被提出质疑和批判,译者从被动走向主动,从消极服从走向积极参与,由复制走向创造;[2]胡庚申从译者职业身份态度的角度,提出中西翻译史上对于译者主体性和主导性的讨论大体上呈现一般"比喻"→呼吁"正名"→主体"介入"的阶段性线索;[3]廖晶、朱献珑梳理了中外翻译史上的翻译理念,揭示了译者在翻译活动中身份从被遮蔽到彰显这一变迁过程。[4]几位学者以通时的分析视角,探讨了译者从遮蔽到显身这一正反两个侧面。在这里,笔者不禁要问,在两千多年漫长的中西翻译历史上,译者角色的流变除了这一正反两个方面之外,是否还有一个中间的维度?

3. 译者角色的伦理特性

一方面译者角色具有伦理特性,另一方面在两千多年漫长的中西翻译历史上,译者角色从遮蔽走向显身,那么这种遮蔽和显身如何用伦理来解读?同时在上文我们还质疑,在翻译史上,译者角色的流变除了正反两个方面外,是否还有一个中间维度?带着这种疑问,让我们以历史为纲,以发展变化的眼光,重新解剖译者的角色。

具体来说,"社会角色"就是个人在特定的社会环境中相应的社会身份和社会地位,并按照一定的社会期望,运用一定权力来履行

---

[1] 任蕊:《论译者的显身性》,《东北大学学报(社会科学版)》2010年第6期,第540~544页。
[2] 许钧:《翻译论》,第69~75页。
[3] 胡庚申:《从"译者主体"到"译者中心"》,《中国翻译》2004年第3期,第10~16页。
[4] 廖晶、朱献珑:《论译者身份——从翻译理念的演变谈起》,《中国翻译》2005年第3期,第14~19页。

相应社会职责的行为。① 从这个角度上，我们可以确定，译者角色指代译者的身份和地位，以及其从事翻译活动的行为。

在任何一个历史时期，翻译都不是孤立进行的，翻译行为的发生与进行无不受到社会大环境的影响和制约，而所谓一定的社会期望，则可以理解为人类对于翻译活动的认识。翻译理论的发展变化则是人类对翻译活动认识的最好体现。综观中西翻译史，翻译理论的发展大致经历了传统语文学的二元论、现代语言学转向以及文化转向三个大的历史阶段，这三个不同阶段翻译理论的发展变化为译者角色的形成与发展提供了丰富的土壤。

（1）屈从性

在两千多年的中西翻译史上，人们对翻译活动的认识长期以来受传统语文学二元论的影响，传统译论大多主张译者以原作为中心，追求译文与原作的全方位契合，遵循"忠实性"原则。这种以"原作为中心"的翻译观预设原文存在统一确定不变的意义，原作具有至高无上的地位，译作只不过是原作的附属品，评价译作好坏的唯一标准便是"是否忠实于原作"，从而使得译者成为原作者的附庸。为了成功地完成一部翻译作品，必须严格忠实于原作的意思，不得穿插个人的理解和意见，一切都需要"屈从"于原作。

西方最早的翻译始于《圣经》翻译，当时很多人认为，对神的语言的任何解释都会歪曲其原意义，"神谕"是不可译的。公元前1世纪，《圣经》的翻译者斐洛甚至提出，"译本的神圣性来自上帝的感召"。② 在基督教中，"上帝"被称为"主"，是万能的，是至高无上的。于是从那时起，大部分的译者就开始了对原作的顶礼膜拜，甘愿跪倒在原作的权威下，对原作俯首称臣。这一理念一脉相承，17世纪，英国最伟大的翻译家德莱顿提出，译者是原作者的奴隶，奴隶只能在别人的庄园里劳动，给葡萄追肥整枝，然而酿出的酒却

---

① http://baike.baidu.com/view/60371.htm.
② 谭载喜：《西方翻译简史》，第23页。

属于主人。创作者是他自己思想和言语的主人,可以随心所欲地调整耕种他们,直到他们和谐悦目。而翻译者却没有这样的特权,必须受到原作思想的制约,只能在别人已经表达出来的东西里谱写音译。德莱顿要求译者必须绝对服从原作的意思;[①] 同一时期,法国在翻译理论研究上有突出贡献的学者巴特提出,原作者是思想、用词的绝对主人,译者只是原作者的仆人,必须处处跟随原作者,如实地反映原作者的思想和风格。[②] 在这种"原文中心论"理念的影响下,译者无论是将原作看做是"上帝的旨意"或是甘为奴仆,归根到底都认为原作至高无上,不能擅自对原文进行任何修改和增减。否则,对原文内容任意增删,能修改就修改,能发挥就发挥,丝毫不顾译文的准确性,就会被批判是"美而不忠的女人"。因为偏离原作的意思不是翻译,而是背叛。[③] 由此可见,无论是"仆人",还是"奴隶",又或者是"女人",在西方传统的翻译观念上,译者的这种屈从身份早已形成,并被许多翻译家所认同。

考察完西方翻译史,再回头翻阅中国翻译史可以发现,在长期形成的观念中,中西方对译者的定位极为相似。无论在东方还是西方,译者普遍被定位为"仆人"的角色,这一角色一方面是历史形成的,另一方面也是译者受传统观念的影响,在翻译工作中,将自己定位于"仆人"的位置。[④] 在主仆尊卑关系占统治地位的封建社会中,译者长期屈从于原作,听从主人,不得自作主张,这也可以说是传统社会关系在翻译中的具体体现。在先秦诸子的著作中,孔子曾经在《春秋·谷梁传》中谈及翻译,提出"名从主人,物从中国"[⑤] 的主张。孔子这里说的"主人"是指诸侯小国、少数民族、

[①] 谭载喜:《西方翻译简史》,第 122 页。
[②] 同上,第 100 页。
[③] 同上,第 87~91 页。
[④] 许钧:《翻译论》,第 317 页。
[⑤] 陈福康,《中国译学理论史稿》,第 5 页。

绝域异国，[①] 从翻译理论研究的角度来说，就是"源语"。儒家思想中的"三纲五常""三从四德"都是"君臣、父子、夫妇、长幼"关系的道德标准，在这种伦理道德的约束下，"臣、子、妇、幼"必须屈从于"君、父、夫、长"。因而，在孔子的伦理意识中，译者也必须屈从于原作者，遵守翻译活动中这种"主从"关系的伦理道德。由此可见，从那时起，中国的传统翻译中，译者就被打上了"仆人"的烙印，从此便具有了屈从性。

中国正式的翻译史起源于佛经翻译，从中国古代译经过程中出现的翻译理念来看，无论是支谦的"因循本旨，不加文饰"、道安的"案本而传"，还是玄奘的"求真"，大都主张译者必须以原作为权威，追求译文与原作的契合，[②] 将译文对原文的"忠实"看做是评价译文的准则。彦琮甚至提出，作为一名合格的佛经译者，重中之重便是"诚心爱法"，即"忠于佛法"。[③] 在佛经翻译的几百年时间里，译者根本就没有署名的权利，除了身居高位的僧侣，大部分不为人所知。鸠摩罗什首先提倡译者署名制度后，道安却倡导佛徒以"释"为姓。[④] 可见，在传统译者的心目中，译者作为传承佛祖旨意的佛徒，必须"佛法至上""原文至上"，连译者自身也要"名从主人"（译者姓名随佛教经典的开山鼻祖——释迦牟尼），一个"释"字将译者的"屈从性"表现得淋漓尽致。

在中国传统翻译史上，译者的这种屈从性一直延续了近两千年。新中国成立后，周作人在讨论译名的音译问题时，先后发表了《名从主人》和《名从主人的音译》，又一次将"名从主人"作为翻译的一条总原则。即便到了近代，杨绛在谈论翻译经验时又一次提到："这是一项苦差，因为一切得听从主人，不能自作主张。而且一仆

[①] 陈福康，《中国译学理论史稿》，第5页。
[②] 廖晶、朱献珑：《论译者身份——从翻译理念的演变谈起》，《中国翻译》2005年第3期，第17页。
[③] 陈福康：《中国译学理论史稿》，第28页。
[④] 王宏印：《中国传统译论经典诠释》，第26页。

二主，同时伺候着两个主人：一是原著，二是译文的读者。"① 在杨绛的谈论中，译者不仅屈从于原著，还要服务于"译文的读者"。这里"一仆侍二主"的核心便是：译者是仆人，地位卑微，原著和译文的读者是主人，至高无上，译者必须无条件地服从。

1963年，国际译联（F.I.T）在杜布罗夫尼克市举行的第四届国际翻译者会议上通过了译者章程，该章程声明，译者对其作品拥有版权，要求出版商在适当位置明确提及译者姓名。②1976年，联合国教科文组织通过了一项宣言，全称为《关于对翻译者和翻译作品提供法律保护以及采取实际措施提高翻译者地位的倡议书》，这份倡议书的一项重要内容就是，翻译者应该享有与作家们类似的权利，在出版译作中突出他们的名字等。③ 这两份国际宣言一方面是让译者翻身，为译者正名，而另一方面也映射出译者在过去两千多年的翻译长河中地位何其低下。

由此可见，在古今中外的翻译史中，无论是作为奴隶，还是仆人，都要服从主人，译者处于卑微的社会地位。"唯命是从"是译者的伦理道德，"屈从性"也就成为中西传统翻译史上译者伦理特性最好的代名词。

（2）中立性

20世纪，西方哲学发生了语言论转向，从认识论的主体哲学转向了语言论的解释哲学。解释哲学的出现宣告了独白话语的结束和对话时代的开始，翻译研究受其影响，由传统的原作者独白开始了作者、译者与读者间的对话。④20世纪被称为"翻译的时代"，语言学理论的蓬勃发展给涉及语言转换的翻译注入了新鲜血液，翻译

---

① 杨绛：《失败的经验——试谈翻译》，转引自金圣华、黄国彬《因难见巧——名家翻译经验谈》，香港三联书店有限公司，1996，第93页。
② Mark Shuttleworth, Moira Cowie：《翻译研究词典》，谭载喜等译，外语教学与研究出版社，2005，第62页。
③ 同上，第150~151页。
④ 廖晶、朱献珑：《论译者身份——从翻译理念的演变谈起》，《中国翻译》2005年第3期，第18页。

理论研究从传统的经验式散论，开始借助语言学理论进行科学性探索，从而也带来了人们对译者角色认识的转型。

布拉格学派的雅各布森继承和发展了索绪尔的普通符号学理论，用信息论和交际学的观点来看待语言和翻译，提出"所有语言都具有同等的表达能力，准确的翻译取决于信息对等，翻译涉及的是两种不同语符中的对等信息"。[①] 雅各布森提出的对等理论跳出了"原作至上"的藩篱，将译作放到同原作平等的地位，从而为作者与读者之间的平等对话提供了平台。在二者的对话中，译者起到了重要的沟通作用，译者必须将原文信息转换成对等的译文信息，才算实现了准确的翻译。译文地位的提高使得译者不再完全屈从于"原作"的旨意，必须既考虑原作，又考虑译作，既关照原作者，又兼顾读者，译者的角色也随之从"屈从"转向了"中立"。

分析"translation"一词的词源可以发现，"trans"包含了出发地和目的地，这两头在运输中同样重要，物资只有到达了目的地，才算完成了任务。对于翻译来说，把原文的内容传达给特定对象的读者，并不能使他们正确理解，还要使他们容易理解，才算完成了"传达"和"传输"的任务。[②] 由此可见，在当代语言学派翻译理论家的心目中，译者是一个传达对等信息的使者，他既要保护原作者的利益，同时也要照顾读者，要将原作的信息毫发无损地传递到目的语，同时还要让目的语的读者能够理解，在这一过程中，他们为了圆满地完成这一运输的使命，必须要顾及双方，不偏不倚，严格保持中立。

其实早在18世纪，英国学者泰特勒就已经对译者的"中立性"有了最初的认识。泰特勒要求，"翻译时译作必须完全复写出原作的思想，译作应具有和原作同样的通顺"。到了20世纪中后期，美国翻译语言学派代表人奈达发表了构建在等效理论基础之上的翻译思想和翻译理论，更是对译文地位的提高及译者中立性角色的确立具有里

[①] 郭建中：《当代美国翻译理论》，湖北教育出版社，2004，第84页。
[②] 同上，第80页。

程碑式的历史意义。奈达认为，翻译的首要任务是从语义到文体在译语中用最贴近又最自然的对等语"再现原文信息"，[①] 主张把作者带到读者中去，认为译文必须通顺易懂。奈达的"等效理论"再次强调了原作和译作的平等地位，要求译者在翻译过程中不要向任何一方屈从，要使用"对等语"，同时摆脱原作者和原作的权威，为译文读者着想，使用贴近、自然的目的语，但为了避免过多地迎合读者，强调翻译还要以"再现原文信息"为根本。可见，奈达对译者角色的认识，是从传统翻译对译者角色"屈从性"的认知中过度而来的。奈达要求译者既再现原文，又保持译文自然、通顺，同时在原文和译文中寻找一种平衡——"对等"，这就需要译者客观、公正，做到"中立"。

在中国，传统的佛经翻译活动结束后，明末清初又一次迎来了科技翻译的高潮。从事翻译活动的译者认识到翻译是一种"资耳目"、"资手足"、"资心"的活动，于是开始介意读者的反应。马建忠提出要"善译"，要求译文"能使阅者所得之益，与观原文无异"。[②] 在这样的历史时期，中国著名的翻译理论"信、达、雅"应运而生。严复置"信"于首位，在"忠实"原作的情况下，关注译文的自然和流畅，做到"达"，并在"信达而外，求其尔雅"。严复的三字理论来源于最初的佛经翻译，却又脱离了传统译论对原作的盲目崇拜，注意翻译的目的性，要求译文流畅和自然，并提倡一定的"修辞"，但一切以"信"为先。因此，在这样的翻译活动中，译者不再需要卑躬屈膝做原作的"仆人"，在既遵循原作内容，又兼顾译文流畅性的情况下，实现"三资"。可以说，严复的三字理论是中国翻译史上译者伦理特性走出"屈从"，走向"中立"的转折点。

如果说，在译者屈从于原作的传统翻译中，所谓"忠实"是译者对原作的顶礼膜拜，丝毫不得有半点儿创造。那么在译者的"中立性"被认同的20世纪，约翰·比克曼和约翰·卡洛将"忠实"

---

① 谭载喜：《西方翻译简史》，第234页。
② 陈福康：《中国译学理论史稿》，第90页。

重新定义为"传译原文意义和原文动态"。所谓"传译原文意义",是指译文对译文读者和听众传达了原文对原文读者和听众所传达的信息。这个信息不应有任何歪曲和改变(尽管形式可以改变)。信息的内容既不能增加,也不能减少。所谓"传译原文动态",是指译文应使用接受语自然的语言结构,译文读者理解信息毫不费力,译文应与原文一样自然、易懂。[①] 可见,现代翻译理论家们将译文和原文、读者和原作者放到同等重要的地位,作为译者应该二者兼顾。从原文到译文,从原作者到读者,就像钱钟书先生所说的,这是一个艰难的旅行。为了成功完成这一过程,"中立"是译者最应该遵循的伦理,"中立性"是译者鲜明的伦理特性。

(3)权力性

随着翻译历史的不断发展,人们对翻译的认识不断加深,译者的角色也走出"屈从",被定位为"中立",无论是译者、作者还是读者,他们中大部分都认同译者要向作者与读者负责,并把译者对原文的"忠实"、在译文处理过程中的"客观"认定为译者的基本品质。但在实践中,从一门语言转换到另一门语言,实际上存在着语言、文化等各个层面的困难,在理想与现实之间存在着很大的距离,人们渐渐地对译者"中立性"这一角色,对"忠实"与"客观""公正"的绝对要求,提出了质疑。

20世纪80年代,翻译研究进入了一个全新的历史时期,翻译理论破除了原语的权威地位,跳出了单纯语言间意义的转换,人们深入翻译行为本身考察翻译行为的发生原因、文本选择、制约因素、产生影响等深层问题。译者作为翻译行为的施事者,其主体地位在翻译研究中得到前所未有的肯定。[②] 美国学者勒弗维尔认为,译者在处理源文本以及生成目标文本的过程中,为了达到一定的目的,

---

① 郭建中:《当代美国翻译理论》,第71页。
② 万江松、冯文坤:《"去蔽"却未"澄明"的译者主体性——体验哲学视角中的译者主体性研究》,《西南民族大学学报》2009年第3期,第267页。

有权对文本进行改写。翻译就是对文本形象的一种形式的改写。[①]英国学者巴斯奈特把翻译看做是译者摆布文本的过程。[②]女权主义翻译理论家们强调译者对原文的占有和摆布的主导地位，在为使用两种语言的读者进行沟通的同时，对原作进行"重写"，运用语言对文化进行干预。后殖民主义翻译理论家们更是认为，世界上根本不存在确定无疑的所谓"原意"，真正的翻译不是对原作亦步亦趋的复制模仿，而是主动把握和占有原文，为我所用。美国翻译理论家道格拉斯·罗宾逊甚至把翻译比作开车，译者就是司机，掌握着方向盘，趋向目的地。[③]由此可见，在翻译研究发生"文化转向"后，西方的翻译理论家们大都认识到译者是一个"权力"的化身，译者可以运用手中的权力，对原文的意义进行"多元化"解读，改写原作内容，在译文中赋予原文新的生命，让读者以为阅读的是原创作品。

在我国，杨武能为译者的角色定位时指出，文学翻译家首先是阐释者，同时是接受者，更是创造者。在整个创造性的活动中，翻译家处于中心的枢纽地位，发挥着最积极的作用。[④]许钧指出，无论是"译什么"，还是"怎么译"，都涉及译者的选择，译者处于翻译活动最中心的位置。[⑤]谢天振说，翻译是创造性的，它赋予作品一个崭新的面貌，使之能与更广泛的读者进行一次崭新的文学交流，它不仅延长作品的生命，而且又赋予它第二次生命。几位学者都将翻译定位为一种创造性的活动，译者是主宰整个活动的创造性主体，拥有实实在在的"权力"，其权力不仅体现在对原文的阐释，更体

---

① 谭载喜：《西方翻译简史》，第243页。
② 袁莉：《关于翻译主体研究的构想》，转引自张柏然、许钧《面向二十一世纪的译学研究》，商务印书馆，2002，第401页。
③ 胡庚申：《从"译者主体"到"译者中心"》，《中国翻译》2004年第3期，第12页。
④ 杨武能：《阐释、接受与创造的循环——文学翻译断想》，《中国翻译》1987年第6期，第3页。
⑤ 许钧：《翻译论》，第62~69页。

现在对译文的创造。① 因为,"翻译总是一种创造性叛逆",② "它道出了翻译,尤其是文学翻译的实质"。③

"译者的权力"一直是二战以来翻译研究的主要内容,并在描述翻译研究的第二次高峰中得到强化。④ 随着后现代、后殖民权力话语的出现,译者在文化沟通和意识形态的交锋中,颠覆了传统意识形态,动摇了传统翻译观,在"权力转向"中意识到他们手中的笔同刀剑一样有力量。⑤ 对此,西方世界里的中国文学翻译家葛浩文先生认为,翻译是更高级的写作,"翻译的本质是重写"。在翻译过程中,无论是姜戎的《狼图腾》、刘震云的《手机》,还是他最服膺的莫言作品,葛浩文大胆运用手中的权力,都经过大刀阔斧般的删编和重组。在翻译充满隐喻、用词精简且词汇量偏小的汉语时,译者必须享有很大程度的"创造自由"(creative license)。对于葛浩文的删改,原作者莫言表示,小说虽然有自己的名字和版权,但从现在开始已经不属于自己,而属于译者。葛浩文对原作的改写为原作增添了光彩,弥补了原作的缺陷。⑥ 由此可见,"权力性"是译者话语权力的自身要求,是译者翻译策略使然,是原作者和社会意识形态赋予的任务使命,也是翻译研究"权力转向"的必然结果。

以上我们梳理了翻译发展史上,译者角色伦理特性的流变。我们发现,在漫长的翻译长河中,译者的角色从屈从性,发展到中立性,再到现在的权力性,经历了一个不断发展演变的过程。在全球

---

① 谢天振:《译介学》,第5页。
② 埃斯卡皮:《文学社会学》,王美华、于沛译,安徽文艺出版社,1987,第137页。
③ 谢天振:《创造性叛逆:争论、实质与意义》,《中国比较文学》2012年第2期,第33页。
④ 黄德先:《自省翻译研究的西方中心——〈扩展翻译,赋权译者〉述评》,《外国语》2010年第1期,第88页。
⑤ 许钧、穆雷:《翻译学概论》,第205页。
⑥ 覃江华、刘军平:《一心翻译梦,万古芳风流——葛浩文的翻译人生与翻译思想》,《东方翻译》2012年第6期,第45~47页。

化背景下，译者作为翻译活动的主体，其主体性在翻译实践中得到最大化的彰显。随着翻译研究的"文化、权力转向"，译者获得了对源文本的操控权，甚至对源文本进行创造性叛逆，拥有了实实在在的权力。与此同时，我们不得不质疑，这种权力的无限膨胀是否会引发译者的为所欲为？所谓译者伦理，是译者的行为规范和行为事实。二者在译者的翻译活动中彼此交融，同时又互相制约。译者行为事实赋予译者的权力，译者权力的施展必须要以译者的行为规范为前提。

第三节　韩汉翻译中译者的素养

翻译是一项艰苦的工作，从事翻译工作的人都会体会到其中的甘苦。伏案埋头一字一句地去理解原文，再译成中文，就像钱钟书所说，是一个艰难的旅行。在翻译工作中，要想从自然王国走进自由王国，不是一蹴而就的，需要长期不断地学习和实践，特别是从误译中吸取教训。为胜任翻译工作，成为一名优秀的译者，必须具备三方面的素养，即高度的责任感、扎实的语言功底、广博的知识。

1. 高度的责任感

郭沫若先生曾说过："我们对翻译工作决不能采取轻率的态度。翻译工作者必须具有高度的责任感。"翻译不是文字游戏，既要对得起作者，也要对得起读者。就一般性文章而言，译错了也许还有改正的机会，但对于时效性较强的政治、军事、外交、经济等方面的文章，译错了往往会带来重大的影响，甚至铸成大错。下面就举几个例子：

原文1　1593년 이순신 장군이 삼도 수도군 통제사로서 이 섬에서 부하들을 지휘하였다.

原译　1593年，李舜臣将军任首都军总指挥在闲山岛率领将士作战。

改译　1593年，李舜臣将军任三道水军统制使，曾在该岛指挥部队打仗。

评析 李舜臣是16世纪的人，不可能拥有"首都军总指挥"这个头衔。当然，原文的"수도군"中多了个"도"字，应为"수군"，误导了译者。但译者在翻译时，应该仔细阅读原文，对于自己不明白的专有名词和术语要进行查阅。一方面保证译文的准确，另一方面原文中如果有出版编辑上的失误，也可以被筛查出来。

原文2 내손은 약손이니 걱정 말고 잠들어라.
原译 用我的手来约定，放心地睡吧。
改译 我的手是药手，能治病，放心地睡吧。（译注：这是韩国人在抚慰生病的孩子时说的话，见于摇篮曲中。）
评析 原文是"약손"，原译文译成"约定"明显是马虎造成的。因此，翻译完后要仔细校对，在校对过程中往往会检查出很多因为马虎造成的误译。

原文3 쌍용 자동자 운전실에 시거 라이터가 설치되어 있다.
原译 在"双龙"汽车驾驶室里装有视距灯。
改译 在"双龙"汽车驾驶室里装有点烟器。
评析 作为译者，每翻译完一句或几句话以后，应该自己反复看几遍，看看有没有让人不理解或自己都看不懂的地方，如果有，说明没有准确传达原文的意思。本句中的"视距灯"就是一例。"시거 라이터"是外来词，来自英文的"cigarette lighter"，译成汉语是"点烟器"。

作为一名译者，既要对原文负责，也要对译文负责，还要对原作者和译文读者负责，同时还要对翻译委托人负责，这种责任感应贯穿于翻译的整个过程中。有了这种责任感，对待翻译工作就会一丝不苟，不会"想当然"地处理笔下的文字了。有了这种责任感，还可以提高对原文敏锐的感受能力，这就是我们所说的"译者的职责"，而遵守了"译者的职责"也就在某种程度上遵循了"译者的伦理"。

2. 扎实的语言功底

语言功底是指韩汉两种语言的基础。基础越扎实，翻译起来就会越得心应手。在某些译文中，之所以会出现一些误译，从语言功底的角度究其原因，大体上可以分为两点，一是对原文意思理解不当，二是汉语表达不准确。

原文1　기업은 여러 종류의 조직 중에서 가장 빠르게 변화하면서 새로운 환경에 맞추어 간다. 그는 변화의 과정에서 기업의 기술적 기초와 풍부한 경험을 마련하여 제때에 삼성 그룹을 설립하였다.

原译　企业是在各种类型组织中变化最快，最需要适应新环境的单位。根据在社会变革过程中打下的技术基础和积累的丰富经验，他及时创建了三星集团。

改译　在各类组织中，企业变化最快，并不断适应新环境向前发展。他凭借企业在变化过程中打下的技术基础和积累的丰富经验，及时创建了三星集团。

评析　在原文中，"企业变化快"与"适应环境"是同时进行的。原文的"변화의 과정"指代企业的变化过程，而不是"社会"的变化过程。因此，原译文中出现的误译主要是由于对原文理解不当造成的。

原文2　성숙하고 성찰적인 시민사회를 건설하기 위한 노력으로서 이번 학술 심포지엄은 한국 사회의 시민성의 현 주소를 자리매김하고 그 발전 방안을 모색하려고 합니다. 바쁘신 일정이겠지만 부디 참석하시어 심포지엄이 내실 있고 풍성한 학술의 장이 될 수 있도록 협조하여 주시기 바랍니다.

原译　这次学术会议还将为构建一个成熟的市民社会而努力，通过这种努力，为韩国社会向市民化方向发展把关定位，并探讨其发展方案。敬请您在百忙中拨冗出席，希望我们共同努力揭开本届学术会议圆满成功的一幕。

改译　本次学术会议作为旨在建设成熟自律的市民社会的一种努力，将研究韩国社会市民性的现状，探讨其发展方案。敬请您在百忙中抽时间出席，协助我们把本次会议举办成一个内容丰富、成果累累的学术大会。

评析　原文"한국사회의 시민성의 현주소를 자리매김하고"中并不存在"社会向市民化方向发展"的意思，而是"韩国社会市民性的现状"，把"现状"当作"发展"是对"현주소"一词的误译。另外，"拨冗"一词本身就有"从繁忙中抽出时间"的意思，前面再加上"在百忙中"，未免重复。再者，原文中的"바랍니다"是希望受邀的人，而不是对包括我们在内所有人的共同期望。

原文3　현 시장이 침체되어 있음에도 불구하고 저희는 귀사가 경쟁적인 위치에 있다면 좋은 거래를 이룰 수 있으리라 봅니다.

原译　不顾现在市场停滞不前，我们认为，如果贵公司立于竞争地位的话，我们可以进行很好的交易。

改译　尽管目前市场不景气，我公司仍认为，如果贵公司具有竞争力的话，我们可以达成很好的交易。

评析　"……에도 불구하고"是韩国语中常用的一个句型，表示让步的语气，可译成"尽管""不管"。"시장이 침체되다"翻译成"市场停滞不前"在表述上有失准确，将"경쟁적인 위치에 있다"逐词翻译为"立于竞争地位"也不符合汉语的表达习惯。

综上可以看出，所谓扎实的语言功底，不单纯指熟练掌握源语技能，作为从事韩汉翻译的译者，还应该是运用汉语的能工巧匠，拥有足够的中文功底，这样才能保证译文既能够准确传达原文意思，又符合汉语表达习惯。

3. 广博的知识

译者应该是个杂家，这是由翻译的内容所决定的。上至天文，下至地理，人间万象，都会成为翻译的内容。如果没有广博的知识，势必会影响到对原文的理解和译文的表达。

原文1　서울 김포 공항에서는 매일 속초、광주、부산、제주 등으로 가는 13 개 노선이 있으며, 부산 김해 공항에는 5 개 노선, 제주 공항에는 10 개 노선이 운항되고 있다.

原译　汉城金浦机场每天都有飞往釜山、济州岛、束草等城市的13条航线。釜山金海机场则有5条航线，济州机场有10条航线运行。

改译　首尔金浦机场有13条航线，每天都有飞往束草、光州、釜山、济州等地的航班。釜山金海机场有5条航线，济州机场有10条航线。

评析　"航线"和"航班"的概念不同。就某一机场而言，"航线"在一定时间内是固定的，而"航班"则受多种因素影响，会随时变动。

原文2　劉 9 단은 6 일 베이징의 쿤룬 (昆侖) 호텔에서 열린 대회 결승 제 4 국에서 "한국킬러"로 이름 높은 요다 9 단의 수비벽을 특유의 유연성과 강수로 돌파해 백으로 5 집을 이겼다.

原译　6日在北京昆仑饭店举行的大会决胜第4局中，刘九段用特有的柔软性和强守，突破名声很高的"韩国克星"的依田九段的守备墙，用白子得了5分。

改译　本次比赛第四局决赛6日在北京昆仑饭店举行。刘九段执白，以其特有的韧性和防守，突破号称"韩国克星"的依田九段的壁垒，最后以5点优势获胜。

评析　从译文来看，译者缺乏棋类方面的专业知识。因此，在遇到需要专业知识的翻译工作时，译者一定要事先做好准备工作，或者在翻译过程中请教专家。

原文3　이제부터라도 창을 녹여 보습을 만들 듯 미움을 녹여 사랑을 만들 줄 아는 마음으로 밭을 일궈가야 하려니 싶다.

原译　从现在开始，我要化仇为爱，就像化枪为犁一样，耕耘爱的心田。

改译　我要从现在开始，像铸剑为犁那样，去耕耘爱的心田，让它懂得将丑陋变为仁爱。

评析　"창을 녹여 보습을 만들다"，从字面上翻译，可译为"化枪为犁"。这句话来源于联合国大厦前的一尊雕像，名叫"铸剑为犁"，它意味着不要战争而要和平。在本文中表达的是"不要仇恨，而要仁爱"之意。因此译成"铸剑为犁"较好。

　　说译者是一个杂家，就是指译者要有广博的知识。但不是说只有具备了广博的知识才能进行翻译，它应该是每个从事翻译的人的努力方向。作为一名译者，要脚踏实地，经过学习、实践、再学习、再实践，使自己的知识变得渊博起来，只有这样，才能成为一个真正的杂家。

第三章
韩国文学作品汉译

一 文学翻译的特征

文学翻译包括诗歌、小说、戏曲等各种体裁。600多年前,意大利诗人但丁在《飨宴》中提出,任何具有音乐感觉的作品在翻译成其他语言时,其乐感都会遭到不同程度的破坏。100年后,布鲁尼却提出,只要精通源语和目的语,所有语言都可以被翻译成外语。[1] 但丁和布鲁尼在世界翻译史上首开文学作品可译性与否问题探讨的先河,此后的几百年间,无论是西方,还是在中国,文学作品是否可译的问题一直都是学者们争论的焦点。进入20世纪90年代,美国著名翻译学家纽马克指出,翻译过程中,意义的走失不可避免。[2]

在文学作品翻译过程中,译者不仅要传达原作的意义,同时还要在译文中再现原作形式上的特征。译者为了力求不损害原作的艺术性,实现成功的翻译,需要采取适当的翻译策略。为了能在译文中再现原文的美学效果和意义,译者会根据具体的翻译目的,行使自己的权力,这是由译者自身所具有的伦理特性所决定的。意大利的那句名言,"所谓翻译就是叛逆"说的就是这个道理。

---

[1] 谭载喜:《西方翻译简史》,第40~43页。
[2] 同上,第215页。

从另一层面上来说，文学作品原作的意义本身具有一定程度的模糊性。这种特性，会对译者的翻译造成一定的困难。同一部作品，因为不同译者的不同阐释，会出现截然不同的理解，产生完全不同的译文。在这种情况下，作为译者，不仅要充分理解原文的意义，同时还要领会原作中所蕴含的原作者的创作意图。每一个民族都有自己独特的语言体系、价值观、传统、文化和情感，这一点在文学作品中显现得尤为突出。因此，原作语言中所蕴含的民族情感和文化在转换为另一种语言的过程中，很多时候不能实现一一对应的对等转换。因此可以说，在文学翻译过程中，译者的职责并不是单纯意义层面上的转换，而是将某个文化系统中所生成的原文转换成同目的语文化相适应的内容。

二 文学翻译策略

一般情况下，文学作品的翻译分为异化和归化两种。所谓异化是着力彰显原作中的语言特色和文化差异；而所谓归化，则是完全掩盖原作语言的特色和文化上的差异，让读者完全意识不到自己阅读的是译作，感觉自己阅读的是目的语的原创。但从当今文学翻译的总体情况来看，纽马克提出的交际翻译则是翻译出版界普遍认同的翻译策略。换句话说，读者希望自己阅读的被译介的文学作品，仿佛是译者用目的语进行的原创。[①] 根据这一趋势，韩国文学翻译院的김윤진指出，译者在翻译过程中，如果一味注重对等，采取直译，往往致使读者难以理解；如果一味追求译文的可接受性，则容易成为改写。但从交际翻译的观点来看，以译文的可接受性为准则的翻译策略似乎更加具有优势。[②] 김석희指出，所谓好的翻译是从

---

① 변선희,「문학 번역의 특징에 관한 소고」,「통번역학연구」, 2000, pp. 103-120.
② 김윤진,「문학번역 평가에서의 관점의 문제」,「이화여자대학교 통역번역대학원 제 1 회 국제학술대회 및 제 4 회 한국문학 번역출판 국제워크숍 발표집」, 2005, pp. 22-28.

读者的角度界定的，读者认为易读、易理解的翻译则可以称作是优秀的翻译。① 这就告诉译者，在翻译的过程中，不要过于局限于原文，为了翻译目的的需要，对原文进行一定程度上的叛逆性改写和操纵也是可以理解和接受的。

第一节　韩国文学作品汉译中的不可译因素

中韩建交以来，两国关系取得了飞跃性的发展。当今世界，无论是整个国际关系的发展，还是东北亚局势和韩半岛问题的处理，认识和理解韩国及韩国文化都显得尤为重要。进入21世纪以来，席卷整个亚洲的韩流热潮，引起中国人对韩国和韩国文化的进一步关注，正是在这种时代背景下，中国国内对韩国文学作品的译介活动迅速开展起来。当然这同韩国文化自身"走出去"的对外宣传策略密不可分。

韩国文学翻译院常年设立韩国文学作品译介项目，截至2013年上半年，共有145部② 韩国作品被翻译成汉语，其中朴婉绪的作品5部，金河仁4部，赵昌仁4部，朴景利3部，殷熙耕3部，申庆淑3部，黄晳暎3部等。③ 2009年，韩国文学翻译院在北京举办了"首届韩国文学翻译论坛"。论坛上，中国人民文学出版社全宝民主编指出，中国人民文学出版社十分愿意出版韩国文学翻译院和韩国大山财团推荐的翻译作品，但韩国翻译作品的质量参差不齐，有的作品翻译质量极为低下，严重违背了韩国文学翻译院和韩国大山财团的期望。④

文学翻译并非仅仅是单纯语言层面上意义的传递，更要将源语文化背景下生成的原文转换成符合目的语文化的内容。每种语言都

---

① 김석희,「미메시스：번역서 가이드북 2000」,「열린책」, 1999, pp.33-34.
② 参照韩国文学翻译院网站数据统计, http://www.klti.or.kr/ku_01_01_011.do。
③ 권금숙,「한국속담 중국어 번역 연구」, 2012 북경외국어대학교 박사논문, p.65.
④ 금지아,「은희경 장편소설 [마이너리그] 中譯有感」,「중한 통번역학 및 통번역 교수법 국제 학술회의 논문집（中韩翻译学及翻译教学国际学术会议论文集）」, 2011, p.55.

有自己独特的构词特征和意义搭配，将一种语言转换为另外一种语言，源语的特征和意义都会出现不同程度的走失。当今的翻译学界，普遍以读者的接受为主要目标，读者容易理解的、在文化和语言上不会感到隔阂的译文，通常被认为是好的译文。韩国语同汉语由于在结构上存在着很大的差异，将韩国文学作品翻译成汉语，不可避免地会出现各种走失。

现如今，随着全世界范围内翻译活动的蓬勃发展，对翻译作品、翻译现象等翻译活动的阐释与评价，即通常所说的翻译批评，逐渐受到语言学界、文学界和翻译学界学者们的广泛关注。翻译批评的根本任务是引导翻译朝着健康的方向发展。翻译实践需要引导，翻译现象需要辨析，翻译作品需要评介，翻译队伍需要扶持，所有这些都离不开翻译批评。尤其是在韩国文学作品汉译数量迅速增加，翻译质量备受指责的情况下，开展翻译批评对保证翻译实践的健康、理性发展，具有十分重要的意义。

一　什么是翻译批评

1972年，霍姆斯在提出"翻译学"的学科名称时，正式把翻译学的研究范围划分为纯翻译学和应用翻译学两大类。从那时起，翻译批评便成为应用翻译学中不可或缺的一个重要组成部分，成为将翻译理论和翻译实践连接在一起的一个重要环节。

许钧、穆雷认为，翻译批评的首要任务是促进翻译质量的提高，保证翻译事业的健康发展。[①] 从广义上说，翻译批评是理解翻译与评介翻译；从狭义上说，翻译批评是对翻译活动的理性反思与评价，既包括对翻译现象、翻译文本的具体评价，也包括对翻译本质、过程、技巧、手段、作用和影响的总体评价。此外，国内外很多学者对于翻译批评的定义作出了各种界定。德国翻译理论家威尔士指出，翻译批评是对翻译作品从整体上作出的客观评价，其中包含肯

---

① 许钧、穆雷：《翻译学概论》，第281页。

定的要素，也包含否定的要素。① 中国学者邵成军认为，翻译批评作为翻译学的一个分支，是批评者运用翻译理论及其他相关理论，对译文、译事、译者、译评等进行的评论，目的是提高译文质量与人才培养的水平，推动翻译学的发展。诸多国内外学者都从宏观的角度对翻译批评的定义、范围和任务作出了探讨，但笔者认为，从微观上来说，对于作品翻译质量的评价永远都是翻译批评的根本任务。②

二 翻译批评主体

历史上关于翻译批评主体的论争可以追溯到19世纪的英国。伦敦大学教授弗朗西斯·纽曼指出，译作必须与原作具有相同的感染力，检验相同感染力的是学者而不是读者。诗人、评论家马休·阿诺德不同意纽曼关于译作由学者评判的观点，他提出，衡量译作的标准主要是一般读者的反应而不是学者。③ 中国学者温秀颖将文学评价的主体分为读者、专家和学者（批评家）三个部分。他指出，从事文学批评的学者，大部分具有文学修养，拥有一定的专业知识，但他们中有的人通晓外语，有的却不然。他们大多凭借个人兴趣对翻译作品进行评价。读者进行翻译评价，往往不阅读原文，只针对译文进行感性评价，通常缺乏深度和公正性。而专家、学者出身的翻译批评家，大多是学识渊博的大学教授、语言专家、出版社编辑或者是各专业领域的专家，他们可以从学术研究的视角进行公正的评价。但有时他们也因为过多使用专业术语，评价缺乏活力和个性。④ 还有一种情况，就是翻译家自身从事翻译批评，他们有的是对自己的译作进行评价，有的是对他人的译作进行评价。如果对自

---

① W. Wilss, *The Science of Translation : Problems and Methods*，上海外语教育出版社，2001，第216页。
② 邵成军:《翻译批评管窥》,《外语与外语教学》2003年第3期，第60页。
③ 谭载喜:《西方翻译简史》，第134~136页。
④ 温秀颖:《翻译批评——从理论到实践》，南开大学出版社,2007，第73~75页。

己的译作进行评价，通常是在翻译工作结束后，探讨个人在原文选择、翻译技巧、翻译规范、翻译效果等方面的得与失。如果对他人的译作进行评价，有时是正面的，有时也是负面的。他们往往考虑到翻译家的社会地位，作出一些正面的评价，避免彼此间产生纠纷。①

上述三种翻译评价的主体可谓各有千秋，世间万物都有其多面性，翻译批评也是如此。在研究翻译作品时，不但要重视一般读者的感性评价，同时还要重视专家、学者的理性评价。如果没有读者的感性评价，翻译批评会成为没有基础的空中楼阁，相反，如果没有学者和翻译家的理性评价，翻译批评也会缺乏理论深度。只有将这三种翻译批评相结合，才会起到互补的积极效果。

三 韩国文学作品汉译研究的相关盘点

迄今为止，国内外关于韩汉文学翻译评价的研究如下。

中国方面，郑继永探讨了韩国儿童漫画作品翻译的特征以及汉语翻译时需要注意的几点问题，并指出，韩国漫画作品的汉译不仅要符合自身独特的结构形式，还要从全局出发，从读者的角度出发，符合漫画的脉络情节，充分体现汉语的优势和读者本位思想。这也是迄今为止中国国内韩国语界第一篇涉及韩中文学翻译的论文。②

韩国方面，孙志凤从文学翻译技巧的角度，提出韩国文学作品汉译中的14种评价标准，即极端误译、轻度误译、漏译、添加、表述不当、过度直译、过度意译等；③ 金胜一在翻译小说《客人》（黄皙暎著）的基础上，指出原文内容意义转换成汉语的过程中存在的诸多问题；④ 琴知雅以自己翻译的《汉城兄弟》（殷熙耕著）为蓝本，

---

① 温秀颖：《翻译批评——从理论到实践》，第81~82页。
② 郑继永：《韩国儿童漫画文学作品的特征及汉译》，《解放军外国语学院学报》，2003，第73~77页。
③ 손지봉,「문학 번역 평가 기준에 관하여」,「국제회의 통역과 번역」, 2006, pp.87-105.
④ 김승일,「[손님 (客人)]의 중국어 번역에 대한 나의 소회 (所懷)」,「이화여자대학교 통역번역대학원 제4차 학술대회：한국문학의 세계화」, 2008.

指出实际翻译过程中遇到的各种难题,并提出一系列解决方案。①

截至 2010 年,关于韩国文学作品汉译的研究只有 3 篇,都是译者在个人翻译经验的基础上,分析翻译中出现的各种问题,并提出解决对策。

2011 年,韩国期刊《中国语文学》上刊登了최은경撰写的《韩国小说汉译的美学要素再现问题——以申庆淑的〈单人房〉为例》。文中,최은경指出,韩国文学作品的汉译工作迅速发展,但针对文学翻译方法论的深度研究还未得到开展。在这一背景下,최은경探讨了薛舟和徐丽红合译的《单人房》,从美学角度探讨文学作品在实际翻译实践过程中所出现的问题,以及美学效果是否能够实现对等转换的问题。②

如此可见,对于韩国文学作品汉译的研究,主要集中在译者和学者层面,而且绝大部分是译者从个人的经验出发,探讨翻译技巧。在译者充当翻译批评主体的情况下,大多谈论如何在译文中同时实现对原文的忠实和让读者接受;相反,在学者充当翻译批评主体的情况下,主要从词对词、句对句翻译的角度出发,甄别译文中的误译现象。

四 文学作品的可译性与否

在五四时期,中国国内的学者们曾对文学作品的可译性与否问题进行了一系列的探讨。1921 年,郑振铎在《小说月报》第 3 期上发表《译文学书的三个问题》一文,提出"思想"完全能译,"艺术的美"也充分能译,连诗的艺术的美——除韵律外,也能够再现于译文中。关于这个问题,沈泽民在《小说月报》第 5 期上发表文章,表示虽然不反对翻译,但认为"文学书不可译"。而沈泽民的哥哥

---

① 금지아,「은희경 장편소설 [마이너리그] 中譯有感」,「중한 통번역학 및 통번역 교수법 국제 학술회의 논문집」,2011,pp. 135-151.
② 최은경,「우리만 소설의 중국어 번역에서 나타나는 미적 요소의 재현 문제—신경숙의 [외딴방](單人房) 을 중심으로」,「중국어문학」,2011,pp.225-253.

沈雁冰则发表《翻译问题》一文，支持郑振铎的观点。①

中外翻译史上，学者们对于文学作品的可译性与否问题进行了诸多争论，他们各持己见，站在不同的立场上，有的坚持文学作品不可译，有的主张文学作品可译。尽管这一争论至今仍无定论，但学者们彼此相反的见解可以让我们看到，文学作品翻译无法做到十全十美，忠实性和可接受性这两个层面始终有着不可调和的矛盾，原文中本民族语言特有的文学艺术性无法在译文中百分之百再现。

韩国学者김윤진指出，如果从语言学层面来考察美学效应，那么纯粹意义上的翻译是不可能实现的。因为每种语言都有自己固有的形态特征和意义结合，从一种语言转换到另一种语言，原来的语言结合必然要遭到破坏。同一个单词其所指和能指在另一种语言中会发生变化，词汇本身所包含的象征性意义在另一种语言中也会不复存在，在一种语言中被认为流畅的表达转换成另一种语言时通常会失去原来的流畅性。由此可见，翻译并非是一种纯粹的语言转换，而是言语层面的转换，不可能将原文的语言体系原封不动地转写到译文中。韩国语和汉语作为两种语言体系的语言，在转换过程中必然存在很多不可译的因素。② 최은경指出，薛周和徐丽红翻译的《单人房》中，语言上的误译极少，应该算得上是比较忠实原文内容的翻译，但原文和译文之间的鸿沟依然存在，而且语言和文化的差异使得这种鸿沟的存在成为必然。③ 那么，韩国文学作品汉译过程中到底有哪些不可译因素呢？

1. 拟声拟态词

韩国语是表音文字，汉语是表意文字，由于韩汉两种语言属于

---

① 陈福康：《中国译学理论史稿》，第216页。
② 김윤진，「문학번역 평가에서의 관점의 문제」，「이화여자대학교 통역번역대학원 제1회 국제학술대회 및 제4회 한국문학 번역출판 국제워크숍 발표집」，2005，p.26.
③ 최은경，「우리말 소설의 중국어 번역에서 나타나는 미적 요소의 재현 문제—신경숙의 [외딴방](單人房)을 중심으로」，「중국어문학」，2011，p.243.

不同的语言体系，从拟声拟态词的数量上来看，韩国语的拟声拟态词数量远远多于汉语的拟声拟态词，声音和样态的分类更细。韩国语中仅拟声词就有1900个，汉语中拟声词只有800个左右"。[①] 曹金波指出，日语中常用的拟声拟态词为2000~3000个，数量之多仅次于韩国语，位居世界第二。[②] 可见韩国语是世界上拟声拟态词最发达的国家。

笔者对韩国小说《船歌》《狂炎奏鸣曲》《荞麦花开时》《小渔村》[③]4部作品中出现的54个拟声拟态词的汉语翻译情况进行统计发现，将韩国文学作品中出现的拟声拟态词翻译成汉语时，译者往往采用意译（添加说明性语言）、对等转换（用汉语中的拟声拟态词替代）、省略不译等策略。《船歌》一书中共出现拟声拟态词54处，其中通过添加说明性语言进行意译处理的有10处；采用省略策略的有23处，采用对等转换策略的有31处。

例如：
（1）낮게 뭉글뭉글 엉키는 분홍빛 구름으로서 우리와 서로 손목을 잡자는 그런 하늘이다.
红红的云彩在低空连成一片，仿佛要拉住我们的手。[④]
（2）평양성 내에는, 겨우 툭툭 터진 땅을 헤치며 파릇파릇 돋아나려는 버들의 어음으로 봄이 온 줄 알 뿐, 아직 완전히 봄이 안 이르렀지만……

---

① 장진,「한중 의성어 대조 연구」, 고려대학교대학원 국어국문학과 석사논문, 2009.
② 曹金波:《日语拟声拟态词后续省略研究——以用于句尾的「ABAB」型为例》,《外语与外语教学》2011年第1期，第70页。
③ 2010年，吉林大学权赫律教授选取韩国著名的近现代文学作品，编著了《韩国文学名著韩中对照系列》丛书。本书中所选取的作品出自系列丛书之一《船歌》,《船歌》一书中收录了《船歌》《狂炎奏鸣曲》《荞麦花开时》《小渔村》4部作品。这4部作品的汉语翻译分别由吉林大学金晶教授、韩国梨花女子大学金惠林教授、韩汉文学翻译家李春晖担任。
④ 权赫律:《船歌》, 吉林大学出版社, 2010, 第2~3页。

平壤城内的春色尚不浓厚，还只能通过埋在土里的嫩草芽，即将发出的柳树芽，才能感受春天微弱的气息。①

（3）담뱃내는 무럭무럭 하늘로 올라간다.
我吐出的烟，袅袅地飘向了空中。②

在上述例句中，第一个例句中的"뭉글뭉글"无法在汉语中找到对等转换，译者采用了意译的翻译策略，翻译成"连成一片"；第二个例句中的"톡톡"在汉语中也无法找到对等翻译，而"파릇파릇"虽然可以翻译成汉语的"绿油油地"，但译者在翻译时为了保持译文在语言上的流畅，并没有采取词对词的翻译，而是将整个句子作为一个整体来处理，在译文中删除了"톡톡"和"파릇파릇"这两个拟态词，用"嫩草"一词来表现"파릇파릇"的语感；第三个例句中的"무럭무럭"被对等替换成汉语中的"袅袅"。

据笔者统计，上述 4 部作品中的 54 处拟声拟态词在汉译过程中，采用省略策略和对等转换策略的频率几乎相同，但采用意译策略的却并未占多数。韩国语中的拟声词虽然大部分可以和汉语进行对等转换，但拟态词在翻译成汉语时，大部分只能采用省略或意译的翻译策略。韩国语中的拟态词相对于汉语中的拟态词数目众多，在汉语翻译时，译者通常将表示相同声音的拟态词用同一个汉语词汇代替。例如，在《船歌》一书的四部作品中，出现了"하하하하""깔깔""껄껄""킥킥대다"这四个表示笑声的拟声词，但译者在翻译时，只有"킥킥대다"一词被翻译为"嗤嗤"，其余的三个均被翻译为"哈哈"。此外，在四部作品中，共出现了 3 处表示走路样态的拟态词——"더벅더벅"、"터벅터벅"、"뚜벅뚜벅"，其中"더벅더벅"一词共出现两次，这三个拟态词

---

① 权赫律：《船歌》，第 4~5 页。
② 同上，第 4~5 页。

只有样态上的细微差别，意思差异并不大，三位译者在翻译时全都采用了省略策略。阅读原作的读者可以从这些意义相类似的拟声拟态词中感受到细微的情感差异，但是由于这些细小的语感差别在汉语中无法完美再现，中国的读者无法获得同原文读者完全相同的感受。

2. 文字游戏

"文字游戏"来源于英语中的"language-game"，这个术语是德国语言哲学家维特根斯坦率先提出的。文字游戏属于娱乐文化的范畴，从本质上看是文化结构中行为文化层的基本组成部分，是文化民族性、时代性的鲜活体现。[①] 在中国，文字游戏是指以语言和文字为素材的一种游戏，包括接话柄、造新词等。韩国语中的文字游戏包括造新词、隐语、俏皮话、同音异义语、文字猜谜、利用汉字发音等多种类型。[②]

文字游戏不仅在日常生活会话中被经常使用，在文学作品中也经常可见。김경희对24部韩国文学作品的语言游戏使用情况进行调查统计发现，被调查的24部作品中共出现53处语言游戏。其中徐廷仁的<달궁>中出现17处，<무자년의 가을 사흘>9处，<베네치아에서 만난 사람>12处，<분열식>3处，<잠적>8处，李炳注的<쥘부채>1处，李沧东的<하늘灯>1处，黄顺元的<별과 같이 살다>2处。调查结果显示，语言游戏并不是在所有的作品中都会出现，根据不同作家的创作风格和创作需要，往往会集中出现在某一部特定的作品中。[③]

上述文学作品中出现的语言游戏大致有如下几种类型。[④]

[①] 樊庆彦:《〈红楼梦〉中的文字游戏及其文化意蕴》，《红楼梦学刊》2007年第4期，第146页。

[②] 성호주,「한국어의 언어유희 - 동음이의어의 말놀이를 중심으로」,「한국학논집」, 1983.

[③] 김경희,「문학번역에서의 언어유희 번역에 관한 고찰」,「국제회의 통역과 번역」, 2007, p.7.

[④] Ibid. p.8.

类型	语言游戏数量	类型	语言游戏数量
发音类似	18	汉字词	5
同音异义	14	意义对照	2
联想作用	5	缩略语	4
生僻音效果	5	合　计	53

从上表可以看出，韩国文学作品中，根据发音类似制造语言游戏的情况较多，其次是使用同音异义语的情况。文学作品中的语言游戏通常是根据本民族语言的特点创造出来的，它凝聚了一个民族语言的魅力和奥妙，同时也展示了作者独具一格的写作风格，具有在其他语言中无法复制的特点。那么，在这种情况下，译者在传达原作意思和再现原作风格问题上应该如何做到两全呢？

殷熙耕的小说《汉城兄弟》中有下面这样一段内容：

"유고"가 무슨 뜻이냐? 눈 뜨자마자 정신없이 버너와 코펠을 챙기고 겨우 얼굴에 물만 찍어 바르고 나온 데다 버스 안에서 줄곧 졸았던 나로서는 조국의 질문이 갑작스럽기만 했다. 글쎄, 유고슬라비아말이야? 아니면 이광수의 미발표 원고라도 발표되었나?

对上面内容，译者在译作中采取了如下处理：

译文："变故"是什么玩意儿？这一问也把我弄懵了。我一大早起来，就往背包里装煤气炉和简易电饭锅，三把两把塞好，就急急忙忙出来了。坐上公共汽车还一直在打瞌睡，到现在还没有缓过劲来呢，所以也就糊里糊涂地应了一句：边鼓就是中国戏剧里边敲的小鼓呗。①

---

① 금지아,「은희경 장편소설 [마이너리그] 中譯有感」,「중한 통번역학 및 통번역 교수법 국제 학술회의 논문집」, 2011, p.146.

在上面的译文中，译者充分发挥了"유고"一词多义的语言特点，"유고"不仅有"有故（有特殊事情）"的意思，还是"南斯拉夫"的缩略语，同时也有"遗稿"的意思。原文在三个不同的地方，分别使用了"유고"这个词的三个词义，把祖鞠对"유고"这个词的无知和对主人公"我"的敷衍表现得淋漓尽致。但如果为了准确传达原文的意思，采用直译的策略，则会丧失原文的风格特点。

为此，译者在译文中同样借用了汉语中"变故"和"边鼓"发音相近的特点，不仅展现了文字游戏的生动效果，同样也将原文要表达的意图形象地展现出来，使译文在表达上不仅实现了同原文的"形似"，同时也再现了原文的"神韵"。

语言游戏的翻译不仅受到语言上的制约，同时还要符合目的语的文化规范，满足出版社的期望规范和读者的期待与要求。通常情况下，译者会采取如下策略：

（1）删除语言游戏；
（2）不再现风格，只传达意思；
（3）直译；
（4）直译，用括号或脚注附加说明；
（5）再现语言游戏的幽默和修辞；
（6）用平白的语言转写语言游戏；
（7）创造新的语言游戏。①

从上述内容可以得知，在翻译语言游戏时，译者要想创造一个完全相同的语言游戏，既展现语言意义，又再现语言风格，几乎是一个无法实现的梦想。为了解决语言、文化、文本内容之间的制约，译者们必须最大限度地发挥个人的创造性。김순미认为，在翻译过程中，为了避免向读者传达错误信息、制造完全不符合目的语

---

① 김순미,「충실성과 창의성 개입 사이의 딜레마—언어유희 번역을 중심으로」,「통역과 번역」, 2010, p.57.

表达的语句,译者在必要的情况下,可以对原文进行一定程度的改写。[①] 但在笔者看来,语言游戏是原作者写作风格的体现,是原作语言表达的精华所在,由于韩国语和汉语之间的语言差异,并非所有的文字游戏都可以在汉语中完美再现。作为一部优秀的文学作品,其内容和形式是不可分割的统一体,作为一个优秀的译者,应该尽可能创造新的语言游戏,体现原作的语言风格。但原文语言游戏的意义和语感差别在译文中无法同样被表达出来,成为韩国文学作品汉译中又一个不可译要素。

3. 方言

韩国将首尔及周围京畿道地区使用的语言定为标准语,其他地方使用的语言归属为方言。韩国有庆尚道方言、全罗道方言、咸镜道方言、平安道方言、忠清道方言和济州岛方言。除济州岛方言外,其余的方言除了同韩国标准语在语调和个别词语使用上有所不同外,不存在语言理解上的障碍。因为韩国语是表音文字,各地区的方言都可以用文字记录,根据文字书写上的不同,能够大致判断出是哪一个地区的方言。因此,韩国作家在进行文学创作时,往往愿意在对话中使用方言体现浓厚的乡土气息,表现人物性格和身份特征。

但中国与韩国大不相同,中国地域辽阔、人口众多、民族多样,方言数量不计其数。有的方言不仅同汉语的普通话在发音、语调和单词使用上有很大差别,而且连语言结构也同汉语普通话大不相同。这就于无形之中,为韩国文学作品的汉译制造了难题。

金胜一指出,在翻译韩国作家黄晳暎的《客人》这部作品的过程中,一直因为两个问题内心十分纠结。一是如何能够如实地把握和传达原作者的创作意图,二是如何翻译原文中使用的方言和一些描述性语言。在翻译策略上,金胜一表示,在整个翻译过程中,总体上来说尽可能采用了忠实原文的翻译策略,在很多无法忠实原文的情况下,也采用了意译的策略,使译文符合中国人的思维模式。

[①] 김순미,「충실성과 창의성 개입 사이의 딜레마—언어유희 번역을 중심으로」,「통역과 번역」, 2010, p.58.

但在翻译原文中具有乡土气息的语言时，为了能让中国读者产生共鸣，费劲脑汁。①

小说《小渔村》中有这样一段对话：

原文：
"왁！"
해순이였다.
"이거 새댁이 앙이가？"
"새닥이 우짠 일고？"
"제사라고 왔나？"
"너거 서방은？"②

译文：
"嘿！"
是海顺。
"你这不是新媳妇儿吗？"
"新媳妇咋回来了？"
"回家祭祀的？"
"你家男人呢？"

在原作中，作者使用庆尚道方言，将海顺和淑子妈二人的形象栩栩如生地展现出来。在译文中，译者为了能够真实再现人物的乡土气息，特意选用了"咋""男人"这样的字眼。这几个单词虽然能够让中国读者感受到小说人物的身份特征，但其展示出的文化内涵却远远不如原文。

此外，在小说《船歌》中还出现了如下内容：

---

① 김승일，「［손님（客人）］의 중국어 번역에 대한 나의 소회（所懷）」，「이화여자대학교 통역번역대학원 제4차 학술대회：한국문학의 세계화」，2008，p. 38.
② 权赫律：《船歌》，第160页。

原文：

"그 놈의 쥐 어디 갔나？"

"흥！쥐？ 훌륭한 쥐 잡댔구나！"

"형님, 정말 쥐가……"

"쥐？ 이놈！ 형수하고 그런 쥐 잡는 놈이 어디 있니？"

（중략）

그는 아내를 거꾸러뜨리고 함부로 내리쫓었다.

"정말 쥐가…… 아이 죽갔다."

"이년！ 너두 쥐？ 죽어라！"

그의 팔다리는 함부로 아내의 몸에 오르내렸다.

"아이 죽갔다. 정말 아까 적은이（시아우）왔게 떡 자시라구 내 놓았더니……"①

译文：

"那个可恶的老鼠, 能跑到哪儿去呢？"

"哼！老鼠？干的好事儿！"

"大哥, 真有老鼠……"

"老鼠？有你这样跟嫂子抓老鼠的吗？"

（中略）

他又开始对妻子拳打脚踢。

"真的有老鼠！哎呀, 打死我啦！"

"你这婊子！你就是老鼠？我打死你！"

他的拳脚无情地落在妻子的身上。

"哎呀, 打死我啦。刚才弟弟过来, 我给他拿糕点吃, 没想到……"

对照上面的原文和译文可以看出, 原文中, 哥哥、嫂子及弟弟三个人物的形象跃然纸上。哥哥和嫂子使用方言, 是没有多少文化

---

① 权赫律：《船歌》, 第 26~28 页。

知识的乡下人，而弟弟使用首尔标准语，接受过一定程度的文化教育。但将这一段内容翻译成汉语后，通过人物语言所体现出的那种人物之间身份、文化上的差异荡然无存。

　　由此可见，在译介韩国文学作品的过程中，方言是一个很难解决的问题。大部分的韩国文学作品中都会出现方言，这些方言在翻译成汉语时，应该采用哪个地区的方言与之对应，而且这些发音和语调略有差别的方言如何能够用汉字表现出来，可以说是韩国文学作品汉译过程中最为棘手的问题。很多译者都会像李春晖译者一样，为了尽可能地再现原文效果，使用几个有乡土气息的词汇，但这种处理方式，虽然可以传达原文的意思，却无法完全诠释原文的意境。

4. 敬语

　　韩国语中，利用一定的语法形态或特殊词汇，表示说话人与句子的主语或听话人尊卑关系的语法范畴被称为"敬语"。敬语是韩国"长幼有序"思想在语言中的反映，具有完整的敬语体系是韩国语中一个非常突出的语法特征，相对于汉语来说，韩国语的敬语要复杂得多。韩国语的敬语法分为"主体敬语法""听者敬语法""词汇敬语法"三大类。其中听者敬语法又细分为正式体和非正式体两大类。[1]

　　但今天的汉语中，除了"您""请""府上""拜访"等为数不多的几个词语外，只是采用一些比较谦逊的表达，向对方表示自己的尊敬。那么，针对这一问题，在韩国文学作品的汉语翻译中，译者是如何处理的呢？

　　笔者从作品《小渔村》中，选取了下面两段对话：[2]

原文：
숙이 엄마네 집 앞에서 해순이는,
"성님, 내 짓 좀 줄까?"

---

[1]　王丹：《大学韩国语语法》，北京大学出版社，2012，第168~169页。
[2]　权赫律：《船歌》，第132、161页。

숙이 엄마는,
"준 사람에게 빰 맞게……"
译文：
到了淑子家的门口,海顺说：
"嫂子,分给你点吧？"
淑子妈说：
"那不得挨那人巴掌啊……"

原文：
해순이 아낙네들에 둘러싸여 비로소,
"성님들 잘 기셨소？"
했다.
"너거 시어머니 봤나？"
해순이는 고개만 끄덕였다.
译文：
海顺被女人们围在了中间,才说：
"嫂子们都好吧？"
"见了你婆婆没？"
海顺只是点了点头。

  上述对话中,海顺称呼中年女子为"성님",可以看出,无论是第一段对话中的"淑子妈",还是第二段对话中的"女人们",都比海顺年纪大。但在第一段对话中,海顺对淑子妈说话时采用了基本阶,体现了海顺和淑子妈之间的亲密关系。而在第二段对话中,海顺对其他女人说话时,则使用了对等阶,由此可以看出,海顺同这些人的关系略显生疏。
  但是在译文的对话中,从文字使用上无法判断出海顺和淑子妈以及同其他女人的亲疏远近关系。仅从对话文字表达的内涵意义上,通过谈话的语气和态度,可以感受到海顺和淑子妈的关系略微亲密。

由此可见，由于中韩语言体系的差异，韩国语中的敬语在汉语中无法完全再现。

5. 诗歌

如果源语文本所具有的形式上的特征，即一些声音语言及表达形式同源文本的意义具有十分密切的联系，这一类的源语文本通常被看做是不可译的。说到声音语言及表达形式同源文本意义结合的紧密程度，诗歌便是最好的例子。无论是传统的韵律诗，还是现代意义上的自由诗，其语言所演绎的乐感及整体形象除了传达源文本的意义外，还会让读者产生一种共鸣，增强诗意效果。[①] 金岳霖先生说："诗差不多是不能翻译的"，钱钟书先生亦认为"译诗是很困难的"。他引用西方一句话说，诗即是"翻译中失去的东西"。[②] 这就是因为在翻译的过程中，译者究竟应该遵循原文的科学性，还是表现原文的艺术性这一问题。前文谈过，在翻译过程中，译者应该充分认识到翻译的辩证统一关系，尽可能地追求科学性与艺术性的辩证统一。然而在鱼和熊掌不可兼得的情况下，有的译者会追求科学性，有的译者则会侧重追求艺术性。例如：韩国作家金东仁的小说《巫女图》分别于1994年和2002年被翻译成汉语：[③]

原文：

엇쇠 귀신아, 물러서라.

여기는 여주 비루봉 상상봉헤.

깎아 질린 돌 베랑헤, 쉰 길 청수해,

---

① 김윤진,「문학번역 평가에서의 관점의 문제」,「이화여자대학교 통역번역대학원 제1회 국제학술대회 및 제4회 한국문학 번역출판 국제워크숍 발표집」, 2005, p.49.

② 杨洁：《试论中国古典诗歌若干形式在法译诗句中的转换问题——汉字多义性、文字游戏及典故带给法译古典诗的困惑》，《西安外国语学院学报》2001年第3期，第104页。

③ 금지아,「은희경 장편소설 [마이너리그] 中譯有感」,「중한 통번역학 및 통번역 교수법 국제 학술회의 논문집 (中韩翻译学及翻译教学国际学术会议论文集)」, 2011, p.56.

너희 올 곳이 아니니라.
바른 손혜 칼을 들고 왼손혜 불을 들고
엇쇠 잡귀신아, 썩 물러서라. 뒷뒷!

张连奎的翻译：
游妖野鬼连避退，毗卢真神来就位。
陡峭山峰清水湖，非尔妖怪能停住。
右手持刀左手火，驱走妖怪打走魔，去！去！去！

韩梅的翻译：
嗯哼，杂鬼啊，快快逃走，这里是瀛洲界卢峰的最高峰，
有陡峭的悬崖，深深的绿水，并非你等该来之地，
我右手提刀，左手执火，嗯哼，杂鬼啊，快快躲闪，呸呸！

  上面关于《巫女图》的两段译文可谓各有千秋。韩梅的翻译选择了忠实原文内容的对等翻译，但改变了原文的诗意，看上去像是一段对话文。相反，张连奎的翻译再现了原文的韵律和乐感，能够让译文读者领略到相似的感受，但原文第一句中所表达的对妖魔鬼怪的呵斥和驱赶，在译文中却没有体现出来。即便如此，北京大学张敏教授依然对张连奎的翻译给予了很高的评价，认为他很好地再现了诗的节奏和乐感。[①] 由此可见，对于诗歌翻译来说，内容的忠实性和译文的艺术性，好似不可兼得的鱼和熊掌，给诗歌翻译留下了无法弥补的遗憾。

  文学作品的可译性和不可译性自古以来一直是翻译理论家们探讨的主要问题之一。在现实生活中，很多理论上被认为是不可译的作品实际上被翻译成各种语言，普遍被认为不译的诗歌也被翻译家们通过不同的策略译介到国外。为了让译文既忠实于原文的内容，同时又不失原文的风格，译者们时而归化，时而异化。但文学作品

---

① 금지아,「은희경 장편소설 [마이너리그] 中譯有感」,「중한 통번역학 및 통번역 교수법 국제 학술회의 논문집 (中韩翻译学及翻译教学国际学术会议论文集)」, 2011, p.56.

同其他的科技作品、法律作品等不同，在翻译过程中存在着一定的不可解决的遗憾。作为文学翻译者，尽自己最大的努力，将那些看似不可译的文本，转化成忠实性和艺术性兼备的内容，这也便是译者职业伦理所在。

第二节　韩汉翻译中的哲学辩证统一

1988年，江苏教育出版社出版了黄龙撰写的《翻译学》，成为中国大陆唯一标明"翻译学"的著作。在《翻译学》这本书中，黄龙指出，翻译受矛盾统一规律的支配。就交际工具而言，矛盾的双方为两种异语；就表达形式而言，矛盾的双方为口译和笔译；就所用机制而言，矛盾的双方为人脑和电脑；就具体内容而言，矛盾的双方为理论原则与实践手段；就所涉范畴而言，矛盾的双方为社会科学与自然科学。因此，翻译是用双边语言（包括符号语言）通过人脑或电脑，就自然科学与社会科学，从理论与实践上进行口笔译等价交流的对立统一体。①

此后，孙致礼先生在《文学翻译应该贯彻对立统一原则》中，探讨了文学翻译的辩证统一规律。② 并在多年从事英美文学翻译实践的基础上，进一步加深了对翻译辩证法的认识，提出文学翻译中充满各种矛盾，包括科学性与艺术性的矛盾；保持"洋味"与避免"洋腔"的矛盾；"神似"与"形似"的矛盾；直译与意译的矛盾；"克己"意识与"创造"意识的矛盾，译者风格与作者风格的矛盾；忠于作者与忠于读者的矛盾；整体与细节的矛盾；"归化"与"异化"的矛盾；得与失的矛盾等。③ 在两位学者的启发下，笔者认为，

---

① 陈福康：《中国译学理论史稿》，第455页。
② 孙致礼：《文学翻译应该贯彻对立统一原则》，《外语研究》1993年第2期，第61~64页。
③ 孙致礼：《坚持辩证法，树立正确的翻译观》，《解放军外国语学院学报》1996年第5期，第43~49页。

在韩中翻译实践的过程中，译者为了出色地完成翻译任务，同样要遵循翻译的哲学辩证统一。

1. 科学性与艺术性的辩证统一

无论在中国还是在西方，很多翻译理论家都认为，翻译既是一门科学，也是一门艺术。早在1954年，茅盾就曾经指出，艺术创造性的翻译要建立在"严格的科学研究"的基础上。实践证明，缺乏艺术性的译作是没有感染力的、不讲科学性的译作。只有将艺术与科学融为一体，才算得上是优秀的翻译。

在中国国内韩中翻译理论研究领域，中央民族大学的太平武教授从对比语言学的角度探讨韩汉翻译实践中的翻译原则，主张"翻译的科学性"。太平武教授认为，通过对比语言学的学习可以找到两种语言之间的相同点和不同点，研究二者之间的对应关系，可以更加准确地把握两种语言的特征以及两种语言之间的转换关系，从而为翻译教学提供理论指导。[①]

与之相反，北京大学的张敏教授则是倡导翻译艺术性的代表。张敏教授认为，走出科学性方法论的框架，追求语言艺术境界的美感，则更可以彰显翻译的艺术性和创造性，并提升翻译效果。[②] 针对这一问题，具有丰富翻译经验的北京大学琴知雅教授提出，在译文中全面展现原作的内容、文体、原作者想要表达的内涵以及带给原文读者的感动是每一个译者希望达到的终极目标，但一种语言不可能完全对等地被翻译成另外一种语言，因为在一个国家语言的表面意义下蕴含着那个国家、民族的文化传统，尤其是翻译具有韵律的作品更是如此。[③] 前文提到，600多年前，意大利诗人但丁提

---

① 태평무,「번역이론과 실천에서 제기되는 일부 규칙에 대한 탐구」,「중한번역연구의 학술적 오리엔테이션」, 2011, p.69.
② 장민,「중한번역연구의 학술적 오리엔테이션」, 2011, p.50.
③ 금지아,「은희경 장편소설 [마이너리그] 中譯有感」,「중한 통번역학 및 통번역 교수법 국제 학회의 논문집（中韩翻译学及翻译教学国际学术会议论文集）」, 2011, p.143.

出了"任何具有韵律的作品都不能被翻译为其他语言"的主张,成为"文学作品不可译性"的代表。但丁之所以做此判断,就是因为他看到的是翻译中的艺术性。布鲁尼作为"文学作品可译性"的代表,看到翻译中的科学性。历史的实践告诉我们,无数优秀的文学作品已经被译介到其他国家,同样也有很多的作家和作品因为译作而名声大起、广为人知。实践告诉我们,文学作品是可译的,不仅是可译的,优秀的作品更会因为译作而得到流传和永生,其关键原因就是在翻译过程中,译者遵循了科学性与艺术性相结合这一辩证关系。

韩国作家黄晢暎的长篇小说《客地》中出现了很多民谣和童谣,在这部作品的中文翻译本中,译者苑英奕进行了如下尝试:[1]

原文:
이선달네 맏딸애기 밀창문을 밀채놓고,
저게가는 저선볼랑 앞을보니 신선보요 뒤를보니 글선본데,
이내집에 와가주고 잠시잠관 노다가나 가이시소.

译文:
李善达家,长女老大,推开窗户,
一眼看见,路上公子,前面看去,是位绅士,后面看去,是位书生,
进来我家,休息片刻,玩过之后,再走不迟。

在这篇译文中,译者不但将原文要表达的意思充分地表达了出来,同时还注意到原文作为民谣所具有的特点。原文是韩国人民在劳动过程中为了调动劳动者的积极性而哼唱的一首民谣,全文采用四字对仗的形式。译者首先在译文中准确传达了原文要表达的意思,可以说遵循了翻译的科学性,另一方面,译者还保留了原文作为民

---

[1] 苑英奕:「문학 번역 과정에서의 몇가지 곤혹」,《韩国经典文学翻译研究学术研讨会论文集》,大连外国语大学韩国语系 2012 韩国经典文学翻译研究学术研讨会,2012,第 3 页。

谣的韵律形式，在译文中采用了同原文相同的四字对仗，又体现了翻译的艺术性。

孙致礼曾经说过，译者要充分认识到翻译的双重特性，既不宜做单一的"科学派"，也不宜做单一的"艺术派"，而应该集科学和艺术于一身，做一个"科学的艺术派"。因此，译者在韩汉翻译实践中也要遵循"科学性"和"艺术性"两手都要抓、两手都要硬的原则，做到"科学"和"艺术"的和谐统一。①

2."易"与"难"的辩证统一

中韩两国地处东北亚地区，自古以来一衣带水，拥有友好往来的交流史。中国的儒家思想传播到韩国，对韩国社会产生了深远的影响。佛经也途经中国被翻译到韩国，成为韩国的第一大宗教。汉字在韩国语言文字和翻译发展的历史上占据着重要的地位。今天的韩国语中依然有52.1%②的汉字词。英国学者弗斯说，两种语言的文化越接近，社会环境越相似，翻译的困难就越小，源语和目标语言之间的桥梁就越容易构架。③在韩汉翻译中，尽管汉语属于亚太语系，韩国语属于黏着语系，但由于彼此相似的文化和友好交流的历史以及汉字词的存在，韩国语和汉语之间的翻译存在许多便利的条件，即"易"的要素。

然而，事物都有两个方面，在"易"的同时，韩汉翻译也不乏"难"点。就像弗斯强调的那样，在任何两种语言的翻译中，甲语言中某些意义的表达方式是不可能翻译成完全对等的乙语言的。④尤其是韩国语属于表音文字，可以生动地再现各种不同的声音和语调以及感情的起伏。这一点在转换成表意文字的汉语时，确实是一大难题。

---

① 孙致礼：《文学翻译应该贯彻对立统一原则》，《外语研究》1993年第2期，第62页。
② 2004年版《우리말 큰사전》统计数据。
③ 谭载喜：《西方翻译简史》，第204页。
④ 同上。

金胜一在翻译小说《客人》的过程中遇到了如下的"难事"。①
（1）无法用恰当的汉语词汇表达原文的语感。
原文：생솔가지 타는 냄새.
译文：烤生木的气味。
原文：설핏 잠이 깬 듯 싶었다.
译文：给吵醒了。
（2）汉语无法完全表达韩国语的原意。
原文：어둑신했다.
译文：黑下来了。
（3）原文读者和译文读者无法拥有相同的感受。
原文：숯관이나 잔뜩 먹은 음성으로 말했다.
译文：那黑影用十分沙哑的声音低声说道。
（4）没有合适的汉语表达，不得已采用音译。
原文：홀아비 죽어 하무자귀야 총각 죽어 모달귀야.
译文：光棍哈姆子鬼，小伙梦连鬼。

那么，译者是如何克服韩汉翻译过程中出现的这些"难点"，从而得到比较完美的译文的呢？金胜一谈到自己的翻译策略时说，在翻译过程中，一直担心是否能够让中国读者获得同韩国读者相同的感受。翻译工作结束后，他同北京外国语大学的苗春梅教授进行了商讨，将自己觉得难以理解和翻译的韩国固有名词、韩国通俗语向苗教授解释，同苗教授商量后找到一个彼此认可的恰当词语，最终定稿。一句话，金胜一教授所采用的翻译策略便是源语译者和目标语译者合作翻译。关于中韩两国译者共同合作翻译，解决韩汉翻译难点问题上，还有一个十分成功的案例。2002年，琴知雅教授同韩振乾教授（已故）合作，在韩国文学翻译院的资助下，翻译了韩国作家殷熙耕的小说《汉城兄弟》。这本小说出版后，获得了社会

---

① 김승일,「[손님（客人）]의 중국어 번역에 대한 나의 소회（所懷）」,「이화여자대학교 통역번역대학원 제4차 학술대회：한국문학의 세계화」, 2008, pp. 38-39.

各界的广泛好评。2004年4月,中国作家出版社发行了1万册,后来又加印了3000册,北京大学韩国学研究中心还为此召开了该书的出版纪念会。①

笔者认为,作为一个从事韩汉翻译的译者,相对于其他语种之间的翻译,韩国和中国、韩国语和汉语之间的亲缘关系的确给韩汉翻译提供了很多的"易",但却不能因为"易"而过度自信,忽视了"易"中存在的"难",最终要想成功翻译一个作品,还需要同母语译者进行合作,彼此切磋,让更多的"难"在两国译者的合作中慢慢消融。

3."音译"和"意译"的辩证统一

任何语言之间的语际翻译都不可避免会碰到固有名词的翻译问题。碰到一个外来词,译者可以采用音译、意译、译借或者在目标语中采用一个意义类似的名称,或者译借与音译相结合,或者采用释义的方法等。② 中国古代翻译大师玄奘在著名的"五不翻"理论中强调,"中国没有的物名、为宣扬佛教需要的场合"这些要不翻,而所谓的不翻就是采用"音译"。③ 这里玄奘所说的中国没有的物名就是通常意义上的外国语言中的"固有名词",在为宣扬佛教需要的场合所使用的词汇,同样也是佛教术语中的"专门用语",其来源于印度,属于印度语中的固有名词。其实自古以来,对到底什么情况下应该使用"音译",什么情况下应该使用"意译",古今中外的翻译理论家们都进行了不断的探讨,过多地使用"意译",担心无法准确表达原文的意境,过多地使用"音译",又担心会出现"翻译腔"。在"音译"和"意译"这一矛盾面前,韩汉翻译又何尝不是如此呢?

中韩建交以来,韩国文化不断传入中国,随着20世纪90年代

---

① 금지아,「은희경 장편소설 [마이너리그] 中譯有感」,「중한 통번역학 및 통번역 교수법 국제 학술회의 논문집(中韩翻译学及翻译教学国际学术会议论文集)」,2011, p.143.
② 谭载喜:《西方翻译简史》,第215页。
③ 陈福康:《中国译学理论史稿》,第34页。

末韩国影视剧在中国大陆的大量播出,韩国的饮食文化受到中国人的青睐,现在中国各个城市都能看到韩国餐馆,很多中国人也十分喜欢品尝韩国菜肴。这就不免对如何翻译韩国菜肴、让中国客人理解韩国菜肴的实际内容提出了一个严峻的课题。金惠林指出,一个国家的饮食是一个国家历史上形成的固有文化财产,受气候条件、生态环境等独特自然环境的影响,同其他国家的饮食显著不同,具有固有的传统特性,因而在翻译一个国家的饮食名称时,应该更多地考虑到文化因素的影响。[1]

  金惠林对<김혜림의 중국어 통역번역 사전><한식 메뉴 외국어표기 길라잡이>及<맛있고 재미있는 한식 이야기>三本书中韩国料理名称的中文翻译进行考察发现,韩国料理名称在翻译成汉语时,大多采用"意译"的翻译原则,有时在意译名称后面再用英语标记原来韩国语的发音。例如:三本书中都在翻译"불고기"时写作"韩国烤肉(bulgogi)"。在这里将"불고기"翻译成"烤肉"体现了这道菜肴的特点,是用火烤制而成,另一方面加上"韩国"二字,充分体现了这道菜肴是正宗的韩式烤肉,区别于一般普通的中国烤肉;其次,为了保护韩国固有的传统文化,在菜肴的后面还用英语标注了原来韩国语的发音。[2]《金惠林韩汉翻译词典》一书中关于其他韩国饮食名称的介绍如下:[3]

갈비찜	kalbi-jjim	炖排骨
동치미	dongchimi	腌萝卜、萝卜水泡菜
비빔밥	bibimbap	拌饭
떡국	dduk-guk	年糕汤
만두국	mandu-kuk	饺子汤
해물전골	haemul-jeongol	海鲜火锅

---

[1] 김혜림,「한중간 음식명 번역 양태 비교」,「통역과 번역」, 2012 (14), p.52.
[2] Ibid., pp.57–65.
[3] 金惠林:《金惠林韩汉翻译词典》,世界图书出版公司, 2008,第52~54页。

곰탕	gom-tang	清炖牛骨汤
설렁탕	sollung-tang	雪浓汤
식혜	shikhye	酒酿、蜜糯汤
약과	yakkwa	蜜麻花、油蜜饼
약식	yakshik	八宝饭

不仅饮食文化如此，在与其他文化相关的韩汉翻译中，也主要采取意译为主、音译为辅的翻译策略。其原因是，汉语属于表意文字，韩国语属于表音文字，在可能的情况下，尽量使用意译更便于中国读者理解。特别是韩国语的发音大多由辅音、元音、收音三部分构成，音译成汉语不仅很难再现韩国语原来的发音，还很难表现韩国菜肴中所蕴含的文化内涵。有些词语因为在汉语中无法意译，只好将其音译，但也要遵守汉语的外来词语音译规则。史有为指出，将外国词语音译成汉语需要考虑到五项参与因素：音节结构、词语长度、文字特点、族群心理、使用时间。笔者认为，在韩汉翻译实践中，对于韩国语音译为汉语最有指导性意义的大致有如下三点：音节结构要充分照顾汉语"声韵调"音节结构的特点，不能主观或超前地制造一些无声调的词或复辅音之类的结构；要考虑最适合汉语的词长度是1~4音节，不能过长；要充分考虑到汉字的表意性，选择适合词语色彩的文字，使文字间不发生有害于正确理解词语的语义关系。[①] 此外，为了让中国读者能够轻松理解固有名词的意义，最好在后面略加解释，如"판소리：盘瑟俚 / 判索里（韩国传统歌唱形式）"。

4. "汉字音译"与"韩国语音译"的辩证统一

尽管说韩汉翻译过程中，对韩国语固有名词的翻译大多采用意译的形式，但无论如何音译也在所难免。由于韩国语中汉字词占52.1%，很多的韩国固有名词都有自己原来的汉字标记。例如"냉

[①] 史有为：《汉语外来词》，商务印书馆，2003，第196页。

면"一词,其汉字本身就写作"冷面",因而在翻译成汉语时,依然使用韩国语原来的汉字标记"冷面"。而"약과"一词,虽然本身汉字写作"药果",但在翻译成汉语时,如果直接采用韩国语原来的汉字标记,中国读者依然无法理解这道菜肴的含义,因而要进行意译。由此可见,在到底应该使用"汉字音译",还是应该使用"韩国语音译"的问题上,遵循汉语表达习惯是关键。

此外,绝大多数韩国人的名字也有汉字标记,那么应该如何将韩国人的名字翻译成汉语呢? 2000年12月4日《参考消息》第一版刊登了一篇报道,题为《朝韩亲人依依惜别》。报道中写道,韩国红十字会副会长奉斗旺(音)说,韩国将加紧努力,兴建一座永久性的团聚中心;2月2日《人民日报》第三版的《朝韩离散家属喜相逢》一文中写道:以韩国大韩红十字会副总裁奉斗玩为团长的韩国离散家属访问团,今天下午2时乘坐大韩航空公司专机抵达平壤。[①]关于同一件新闻中韩国红十字会副会长名字的报道,中国的两家报纸选择了不同的翻译方式,《参考消息》写作"奉斗旺"(音)是按照韩国语的发音进行了"韩国语音译",而《人民日报》则遵循韩国人名字汉字标记进行了"汉字音译"。

很多人应该还记得,2005年以前,在汉语中韩国的首都叫做"汉城",名字来源于大韩民国成立之前这座城市的韩文名字"한성"的汉字标记。但2005年初,时任韩国汉城市市长的李明博举行记者招待会,宣布把汉城市的中文译名改为"首尔","汉城"一词不再使用。当时,李明博市长解释说,绝大多数国家都将"서울"按照与英文标记"Seoul"相似的发音来称呼,随着韩中两国的往来与交流日益频繁,"汉城"名称造成的混乱越来越多。汉城市多年广泛征求意见,确定用新的中文译名"首尔"取代"汉城"。对于韩国首都中文名称的更改,有的学者认为,韩国更改"서울"的中文译名是

---

① 李无忌、韩强:《英韩互译中的韩国语专有名词音译问题》,《东疆学刊》2001年第2期,第110页。

一种在文化交流中渴望获得话语权的表现。① 但在笔者看来,韩国首都的韩文写做"서울"(Seoul),该发音没有对应的汉字标记,按照汉语中外国固有名词的翻译规则,使用"首尔"二字作为城市的名称不仅能够维护韩国固有文化,同时也符合一定的翻译规范。

因此,笔者认为,"汉字音译"与"韩国语音译"这对矛盾是韩汉翻译中固有的,在处理这一矛盾的过程中,作为译者,应该辩证地去处理。如果原来的韩国语中已有自己的汉字标记,如果这个汉字标记符合中国人的语言习惯,那么应该尽可能地使用"汉字音译",但如果"汉字音译"无从知晓,那么就要使用"韩国语音译"。无论是媒体翻译,还是国际会议口译,通常会遇到韩国人名的翻译,在翻译之前最好弄清对方名字的中文标记。当然也不乏现在很多韩国年轻人的名字使用韩国固有词的情况,比如韩国影星"김하늘""장나라",这种情况下,就不得不进行"韩国语音译"处理,翻译成"金荷娜""张娜拉"。但在进行"韩国语音译"处理时,要遵守汉语的外来词翻译规范,同时也不能违反韩国固有的传统习俗。例如,2000年12月2日《参考消息》第一版刊登了题为《半世纪后的拥抱——朝韩离散家属平壤相聚场记》的消息,该文报道:"75岁的辛东吉(音)在与他100岁的老母亲余斗姬(音)团聚时声音颤抖着说……"。② 在这则报道中,"余斗姬(音)"这个姓氏翻译得并不恰当,因为在韩国人中没有"余"这个姓氏,按照汉语翻译来推测,这位韩国老母亲的姓在韩国语中应该是"유",那么对应的汉语应该写作"刘"。尽管有时韩国人名字的汉字标记无法查询,但如果对其进行"韩国语音译"处理,一定要符合韩国的传统文化,将韩国人的姓氏翻译成"余",便是对韩国固有文化的背离。

---

① 刘万生:《从"汉城"到"首尔":经济发展改变话语权——权力话语理论视角下"汉城"中文译名变更对我国的启示》,《宜宾学院学报》2009年第3期,第92页。
② 李无忌、韩强:《英韩互译中的韩国语专有名词音译问题》,《东疆学刊》2001年第2期,第110页。

5. 忠实性与可读性的辩证统一

20世纪初，英国学者波斯盖特在他的《译论与译作》一书中将翻译分成两大类，一类是"后瞻性翻译"，一类是"前瞻性翻译"。所谓"后瞻性翻译"就是说译者总是着眼于原作者，因为翻译的目的是传授原文知识；所谓"前瞻性翻译"就是译者心中始终装着读者，采用自由的方法，使用常见的表达形式，到处修修补补。[①] 虽然波斯盖特提出的"后瞻性翻译"和"前瞻性翻译"的分类方法距今已经100多年，但对于我们今天的翻译实践依然具有一定的指导意义。具体来说，波斯盖特提出的"后瞻性翻译"就是以忠实原文为原则，在翻译过程中采用直译的翻译策略，以求能够如实传达原文的内容和意义，即追求译作的"忠实性"；而"前瞻性翻译"则一般采用"意译"的翻译策略，希望读者能够获得同原作读者相同的感受，感觉到译文没有翻译腔，似乎不是翻译文本，而是直接采用目标语撰写的源文本，即追求译作的"可读性"。因此可以说，无论是从翻译策略来看，还是从翻译方法和翻译目的来看，对于译者来说，忠实性与可读性都是翻译活动中一对不可调和的矛盾。过于重视对原文词、句的忠实性，就会使目标语读者无法理解，翻译也就失去了意义；相反，如果过于重视译文的可读性，就会对原文内容进行大量改写、删除，成为译者的原创，这同样是对译者伦理的背离。那么在翻译中应该追求翻译的"忠实性"，还是追求翻译的"可读性"呢？

韩国学者신지선指出，翻译儿童文学作品时，应该以考虑译文的可读性为首要目的。作为一部好的儿童作品译文，应该让儿童能够容易阅读和理解。因而句子不能太长、太复杂，对于原文中出现的那些目标语儿童读者所不了解的地名、专门术语，都要添加注释。[②] 我国译者郑继永指出，翻译儿童作品要达到真正的"传情达

[①] 谭载喜：《西方翻译简史》，第181页。
[②] 신지선,「아동문학 영한 번역 규범 연구 : 가독성과 가화성을 중심으로」, 세종대학교 대학원 박사논문, 2005, pp. 63-108.

意",译文必须体现"译者本位",符合儿童的心理和语言习惯,在风格上译出"孩子气",使译文简单易懂、逻辑合理。对此,郑继永列举了他本人的译作——韩国漫画《富国的富孩子、穷国的穷孩子》中的例子。①

原文:로켓을 쏘아올려 달에도 갈 수 있고 뿌리에서는 감자가, 가지에서는 토마토가 열리는 식물도 만들어 낼 수 있는 정도로 과학이 발달한 시대입니다.
译文:科学技术如此发达,人们可以乘坐火箭飞上遥远的月球,也可以制造出根部生长土豆、上面结出西红柿的植物。

原文是一个由长状语构成的句子,结构并不复杂。但是,如果依照原文的格式进行翻译,可能会使句子过长,超出少年儿童的语言接受和分析能力。为符合儿童的语言习惯,译者将长句转化为短句,并对原文的逻辑关系进行了调换。

此外,在《汉城兄弟》中有这样一处内容:

原文:승주와 조국은 출정 전의 관우와 장비, 혹은 저팔계와 사오정처럼 천하를 들었다 놓았다 하면서 술잔을 기울였다.
译文:升洲和祖鞠就像并肩作战的关羽和张飞,或者说就像一起除妖斩魔的猪八戒和孙悟空,两个人推杯换盏,喝了个天昏地暗,翻江倒海。

在原文中,出现了几个人物,"关羽"、"张飞"、"猪八戒"和"沙悟净",但在译文中译者却将"沙悟净"换成了"孙悟空",这是对原文的改写,还是译者为了追求译文的可读性,而进行的创造性叛逆呢?对此,琴知雅教授采访了《마이너리그(汉城兄弟)》的

---

① 郑继永:《韩国儿童漫画文学作品的特点及汉译》,《解放军外国语学院学报》2003年第5期,第76~77页。

原作者殷熙耕获知,《西游记》中的两个人物是随意选取的，没有任何所指意义。但韩振乾教授认为，沙悟净是和尚，饮酒对于看着《西游记》长大的中国读者来说无法接受。因此将"沙悟净"改成了"孙悟空"。① 从这里可以看出，无论是青年译者郑继永，还是知名学府的资深教授，都主张在韩汉翻译实践中把"可读性"放在第一位，那这是不是说对于原文的忠实便可以忽略不论呢？

　　이은숙指出，翻译是让不懂外语的读者能够阅读用外语撰写的原著的行为，译者作为精通源语和目的语的中间人，其主要责任便是在准确传达原文意图的同时，又能够为目的语读者着想，让译作通俗易懂。② 在21世纪全球化这个翻译的全盛时期，译者忠实的伦理观遭到前所未有的解构。所谓"忠实性"，并不是传统意义上对原文样态的忠实，即词对词翻译，是以看似不忠的手段，对原文语言的某种"背叛"，是在新的文化语境和解释空间里，以另一种语言使原文的意义获得再生，达到另一个层次的忠实。③ 这里"另一个层次的忠实"便是译作的"可读性"。由此可见，译文的"忠实性"与"可读性"并不是翻译中互相矛盾的两个极端，而是你中有我，我中有你，二者互为补充，是一对辩证统一的有机体。

6. 形似和神似的辩证统一

　　"形似"和"神似"是矛盾统一体的两个方面。20世纪二三十年代，我国学者陈西滢首先提出翻译的三种境界，即形似、意似和神似，"形似"忽略原文的风格，连内容都无法真实传达；"意似"要超过"形似"的直译；而"神似"则是一个望尘莫及的标准。对此，同一时期的学者曾虚白进行了反驳，强调好的翻译要注意"神韵"，神韵是作品给予读者的一种感应，是读者心灵的共鸣作用所

---

① 금지아,「은희경 장편소설 [마이너리그] 中譯有感」,「중한 통번역학 및 통번역 교수법 국제 학술회의 논문집 (中韩翻译学及翻译教学国际学术会议论文集)」, 2011, p.144.
② 이은숙,「문학번역 평가의 문제：충실성과 가독성을 중심으로」,「통역과 번역」, 2008 (10), p.88.
③ 许钧：《翻译论》, 第334页。

造成的一种感应。① 此后，我国著名翻译家傅雷主张在翻译时要"重神似而不重形似"，傅雷的这一主张在中国翻译界产生了十分深远的影响，在一定程度上推动了中国文学翻译事业的发展，但却过于强调矛盾的对立，忽略了矛盾的辩证统一。为此，孙致礼先生认为，理想的译文应该是"神形皆似"。② 在实际的翻译活动中不难发现，在很多情况下译者很难再现原文的语言意义，做到"形似"。因为在实际的韩汉文学作品翻译过程中可以看到，很多作家在写作的过程中在语言使用技巧上大下功夫，向读者玩起了"文字游戏"。此时此刻，语言超越了它本身所具有的作为交际手段的功能，根据自身音韵和形态的特点，使原文意义更加丰富、生动。但是文学作品中的这些"文字游戏"因为同展现作品整体语感、主题思想有十分密切的联系，在翻译中必须"神形具备"，彰显"文字游戏"的魅力。③

一部优秀的文学作品，其内容和形式是不可分割的统一体，作为一个优秀的译者，不仅应该准确传达原文的思想内容，而且应该尽量翻译出原文的形象语言，体现出原文的优美形式。当然，因为韩国语和汉语之间的语言差异，并非所有的文字游戏都可以在汉语中完美再现，韩国语中的一些诗歌、民谣，在进行汉语翻译时一方面体现诗歌的韵律，另一方面还要完美表达原文的意境，做到"形神皆备"对于译者来说是一个十分严峻的挑战。在这种形神二者不能兼得的情况下，"重神似"比笼统地讲"重形似"更加科学。④

---

① 陈福康：《中国译学理论史稿》，第 318~324 页。
② 孙致礼：《1949~1966：我国英美文学翻译概论》，第 45 页。
③ 유석호，「언어의 유희성과 번역의 한계」，「번역문학」，2002（10），p.59.
④ 孙致礼：《1949~1966：我国英美文学翻译概论》，第 45 页。

|第四章|
韩国语词汇汉译的语言学理论基础

第一节 构词法与韩国语词汇的汉译

一 韩国语及汉语的常用构词法

韩国语的构词法具体情况如下。

1. 派生法

派生法是一个单词派生出其他单词的方法,其中又分为内部派生法、外部派生法和特殊派生法三种形式。

(1)内部派生法

内部派生法是一个单词的内部发生变化,而产生出另一个或其他多个不同意义的单词。[①]

例如:"불(火)"演变成"붉다(赤)""밝다(明)""벌겋다(深红)""빨갛다(大红)"。

(2)外部派生法

外部派生法是单词内部不发生变化,由单词的词根加上接头词和接尾词构成新的单词。

---

① 林从纲:《韩国语概论》,北京大学出版社,2007,第166页。

例如：잠꾸러기（爱睡觉的人）= 名词"잠"（觉）+ 接尾词"꾸러기"（有某种不良习惯的人）

又如：군살（赘肉）= 接头词"군"（多余的、外加的）+"살"（肉）

此外，韩国语中很多的使动态和被动态都通过添加后缀的方式构成，由词汇派生的被动形式可以通过在动词词干上添加被动后缀"이""히""리""기"来构成，同样，使动形式通过在动词词干上添加使动后缀"이""히""리""기""우""추"来构成。

例如：

① 被动　보다（看）　　보이다（被看、看见）
　　　　풀다（解开）　풀리다（被解开、松开）
② 使动　죽다（死）　　죽이다（使……死、杀死）
　　　　익다（熟）　　익히다（使……熟、弄熟）

（3）特殊派生法

特殊派生词是依据元音交替或辅音交替构成的。

例如：뚱뚱하다（胖）和통통하다（胖乎乎）就是分别由辅音"ㄸ"和"ㅌ"交替以及元音"ㅜ"和"ㅗ"交替构成的一组近义词。

2. 合成法

合成法是由两个或两个以上的单词组成新单词的一种形式，有时组成新词后，会产生新的意义，并非是原来两个单词合成后的意义。体词、谓词、副词都可以通过合成的方式构成。

（1）构成体词

① 并列关系

例如：안팎（里外）= 안（里）+ 밖（外）
　　　이것저것（这个那个）= 이것（这个）+ 저것（那个）

② 修饰关系

例如：칼날（刀刃）= 칼（刀）+ 날（刃）
　　　강물（江水）= 강（江）+ 물（水）

③ 冠词形 + 接尾词

例如：먹을거리（吃的东西）= 먹다（吃）+ 을 + 거리（表示

材料的接尾词）

젊은이（年轻人）= 젊다（年轻）+ 은 + 이（表示人的接尾词）

（2）构成谓词

① 体词 + 谓词

例如：재미있다（有意思）= 재미（意思）+ 있다（有）

　　　욕먹다（挨骂）= 욕（脏话）+ 먹다（吃）

② 谓词（词干 + 아/어/여）+ 谓词

例如：쫓아내다（赶出去）= 쫓다（驱赶）+ 아 + 내다（出）

　　　줄어들다（减少）= 줄다（缩减）+ 어 + 들다（进）

（3）构成副词

① 体词 + 体词

例如：여기저기（到处）= 여기（这儿）+ 저기（那儿）

　　　밤낮（不分昼夜）= 밤（晚上）+ 낮（白天）

② 副词 + 副词

例如：더욱더（更加）= 더욱（更）+ 더（更）

3. 转化法

转化法是在原有单词的基础上，通过转换语尾或者添加词缀使单词从一种词类转化为另一种词类，从而使该词具有新的意义和作用，成为一个新词。

（1）名词→动词

例如：일（事）+ 하다（做）→ 일하다（工作）

　　　공부（学习）+ 하다（做）→ 공부하다（学习）

（2）形容词→副词

例如：깨끗하다（干净）+ 게 → 깨끗하게（干净地）

　　　좋다（好）+ 게 → 좋게（很好地）

（3）动词→名词

例如：볶다（炒）+ ㅁ/음 → 볶음（小炒）

　　　자다（睡）+ ㅁ/음 → 잠（觉）

　　　읽다（读）+ 기 → 읽기（阅读）

말하다（说）+ 기→말하기（会话）

（4）名词→形容词

例如：자유（自由）+ 롭다→자유롭다（自由的）

사랑（爱）+ 스럽다→사랑스럽다（可爱的）

（5）名词→副词

例如：정말（真）+ 로/으로→정말로（真的）

참（真）+ 로/으로→참으로（真的）

4. 缩略法

缩略法是将单词的音节省略或简化而产生的词。

例如：수학능력시험→수능（高考）

모범학생→범생（模范生）

5. 拟声拟态法

模拟事物声音或样态造词的方法叫做拟声拟态法。

（1）拟声法

例如：쭉쭉이（安抚奶嘴）："쭉쭉"是婴儿吮吸时发出的声音。

멍멍이（小狗）："멍멍"是小狗叫的声音。

（2）拟态词

例如：삐죽이（指代爱生气的人）："삐죽"是撅嘴的样子。

6. 类推构词法

类推构词法是仿造原有的同类词，类推产生出对应词或近似词。

例如：외국인（外国人）

내국인（本国人）

7. 临时造词法

有时为了特殊的需要不得不临时造一些新词，这种构词方法被称为临时造词法。

例如：자기부상열차（磁悬浮列车）

이동통신（移动通信）

8. 借用外来词法

韩国语中除了有大量的汉字词和固有词外，还有 7% 左右从其他国家语言中吸收来的外来词。

例如：아이스크림（冰淇淋）=icecream

　　　트럭（卡车）=truck

9. 外语单词释意重组法

韩国语中有很多外来语，仔细观察可以发现，一部分的外来语并非真正的英语单词，而是韩国人根据英语单词的原意，任意组合创造出的新词。这类词被称为콩글리쉬（kongish），即韩式英语。但这类 kongish 并非翻译中的异化翻译，也并非翻译腔，而是作为一个新的词语在韩国语中被固定下来。

例如：핸드폰（手机）=hand+phone

　　　아이쇼핑（购物时只看不买）=eye+shopping

10. 借用数字法

通过借用具有某种约定俗成含义的数字构成词语的方法被称为借用数字法。[①]

例如：세븐일레븐（7-Eleven）：韩国连锁便利店名，早 7 点开店，晚 11 点闭店，因而得名"세븐일레븐"。现在韩国一些大学生毕业前夕，为了准备各种资格考试或研究生入学考试，在学校图书馆从早到晚学习，也被称为"세븐일레븐"。

11. 换成法

换成法就是把专有名词变成普通名词、动词、形容词等的方法。

例如：섬유（纤维）：原本是代表一种面料的专有名词，现在变成"纺织"行业的代名词。如："섬유산업""섬유품""섬유직물"分别要翻译为"纺织业""纺织品""针织品"。

二　韩汉词汇构词法的差别

尽管韩国语中有大量的汉字词，但由于韩国语和汉语属于不同的语言类型，其构词规则和方法上也存在着一定的差别。

[①] 何家宁、刘绍龙、陈伟：《英汉词语互译研究》，武汉大学出版社，2009，第 95 页。

1. 吸收同化功能有别

韩国语是表音文字,对外来词的吸收同化功能很强。在吸收外来语的过程中,可以很随意地使用"拿来主义"。而汉语更多地受到汉字的影响,在外来语的处理上,绝大多数采用意译的方式,即便采用音译,谐音音译也占据了很大的比重。如"simmons",汉语翻译成"席梦思",既相似地表达了英语的翻译,又使用有代表意义的汉字"席""梦""思",让人产生联想。因此,在构词上,韩国语的外来词主要依赖音译,而汉语的外来词主要依赖意译。在汉语中当同一个单词的音译和意译先后产生时,尽管音译在前,却往往被意译取代。例如现在广泛使用的"电子邮件"一词,意译来自于英语的"e-mail",音译可以说成"伊妹儿",但在现实生活中,人们更愿意使用"电子邮件"这种说法。①

2. 韩国语转化法与汉语的兼类有别

韩国语构词中转化法的使用较为普遍,而汉语构词法却不把转化看作是一种构词类型。原因是韩国语的转化是指词类的转化,而汉语中的许多词是兼类的,谈不上转化和不转化的问题,韩国语的转化词相当于汉语的兼类词,虽然词性不同,但形态基本相同。例如汉语中"工作"一词,既可以作为名词使用,也可以作为动词使用,而韩国语中对应的"일"只能作为名词使用,如果要用作动词,必须在后面添加动词"하다",组成新的动词"일하다"。

3. 被动、使动的派生有别

汉语的被动词和使动词无论在构词还是在意义上都比较简单,需要在动词前面加上一个"被""使"等词,便可以表示其被动或使动的意义。而韩国语的被动和使动,则需要在词干上添加不同的词缀,组成新词。而且韩国语中很多的动词变为被动和使动后,还会出现很多引申的含义。

例如:

---

① 何家宁、刘绍龙、陈伟:《英汉词语互译研究》,第96页。

（1）被动

动词	被动	引申义
밀다（推）	밀리다（被推）	压后、滞后
열다（开）	열리다（被开）	敞开
끊다（断）	끊기다（被断）	停、停止

（2）使动

动词	使动	引申义
웃다（笑）	웃기다（使笑）	逗……笑
먹다（吃）	먹이다（使吃）	喂……饭
입다（穿）	입히다（使穿）	给……穿衣

从上面的两个表中可以看出，韩国语被动和使动的含义比中国使用的更为广泛，很多韩国语被动词和使动词有自己的引申义，而这些引申义对应的汉语意思在汉语中常常作为独立词汇使用，并没有体现它原来被动和使动的特点。

三 构词法对韩国语词汇汉译的启示

了解构词法可以更好地理解单词的含义，尤其是碰到自己没有学习过的生僻词汇，通过构词法则可以推测出单词的意思。

1. 韩国语汉字词的中文对译

韩国语中有大量的汉字词，但并非每一个汉字词都可以按照汉字一一对应进行翻译。然而很多的汉字商标词，为了保持语言的完整、使原来的意思不受到破坏，常常采用一对一的中文对译法。例如："삼성"翻译成"三星"、"현대"翻译成"现代"、"기아"翻译成"起亚"、"쌍용"翻译成"双龙"。

2. 根据构词方式推测词义

构词法是理解单词含义的基础，知道"종합병원"是由"종합"和"병원"两个单词结合而成的合成词，就能推测出其意思是"综

合性医院"。知道"기차역"是由"기차"和"역"两个词结合而成的合成词，就能推测出其意思是"火车站"。

3. 体现构词差异

将韩国语词汇翻译成汉语时，要注意韩国语词汇和汉语词汇的构词差异。韩国语的被动词和使动词引申意义比较丰富，在翻译成汉语时不能简单地只在动词前面加上"被"和"使"，要根据语言环境，选用适当的词义进行翻译。比如"머리가 풀렸어요"这句话，不能单纯翻译成汉语"头发被解开了"，而要根据语言环境，翻译成"头发松了"。如果单纯按照"풀다"的被动"풀리다"的原意"被解开"来翻译，则不符合汉语的语言习惯，难以让中国读者理解。此外，"아이를 어머니에게 맡겼어요"这句话，"맡기다"是"맡다"的使动词，不能单纯翻译成"使……保管"，而要翻译成引申义"托付……照顾"，最终的译文应该是"把孩子托付给妈妈照顾"。因此可以看出，韩国语的被动词、使动词在翻译时，更重要的是要弄清每个词的引申含义。

4. 略加解释

翻译不但是语言转换，也是文化交流，文化趋同性是人类社会发展的大趋势。中韩两国文化具有极大的相似性，两国语言也因为汉字词的存在而有着交集。但无论如何，由于文化差异的存在，中韩两国的跨文化交际依然存在不少障碍和困难。前文提到，韩汉翻译过程中，"难"和"易"是一对辩证统一的有机体，翻译中的可译性虽然占据主流，但翻译中的不可译性也不容忽视。翻译中最大的困难往往不是语言本身，而是语言所承载的文化意蕴。从词汇层面来说，由于生活环境迥异，人们在词汇的选择方面也存在着很多的差异，这种差异最突出的表现就在于词汇空缺，即源语词汇所承载的文化信息在译语中没有对应。韩国语和汉语属于两个不同的语系，构词方式差别巨大，另一方面，尽管两个国家同时处于汉字文化圈，深受儒家思想的影响，但依然存在着或多或少的文化差别。如中国人过年吃饺子，韩国人却要喝年糕汤；中国人将"尧舜禹"视为祖

先，而韩国人则将"단군（檀君）"视为开天始祖（"단군"是汉字词，可以直接使用汉字，翻译成"檀君"）。但碰到"김치（泡菜）"和"떡（糕）"这类文化词汇，问题就不那么简单了。作为韩国人生活中占据重要地位的这两种食物，它们根据使用的材料和做法的不同，拥有很多不同的种类，在翻译时很难用汉语一一对译。"汉字富有内涵使汉语构词无法摆脱释意，但当两三个汉字不能解释时，增加汉字字数就超越构词，成为定义或解释，于是构词需要的简洁性与释意需要的精确性便会出现无法避免的冲突。"在这种源于单词的含义无法同汉语翻译在覆盖面上达到同步伸缩的情况下，虽然精确性不得不让位于简洁性，但是意思翻译不可避免地发生一定程度的扭曲。[①] 因此，为了让读者能够更好地理解，最好在后面附带一定的解释，例如"백김치"翻译成"白泡菜（不放辣椒或少放辣椒的泡菜）"比较合适。

第二节　同音异义现象与韩国语词汇的汉译

一　同音异义

同音异义是指两个或两个以上单词形式相同但意义不同的语言现象。

韩国语中的同音异义有两种情况，一是同音同形异义，即发音和标记方法完全相同，但意义不同；二是同音异形异义，即标记方法和意义不同，但发音完全相同。

1. 同音同形异义

韩国语中的同音同形异义语大部分都是因为汉字词而出现的。汉字词来源于汉语，汉语单词具有表意文字的特点，在书写上可以分辨出来。韩国由于从20世纪70年代开始几乎不使用汉字，全部

[①]　何家宁、刘绍龙、陈伟：《英汉词语互译研究》，第100页。

使用韩文标记,因而很多的学习者会因此产生混淆。其次韩国语的固有词汇中也有部分的同音同形异义语,在固有词中,这些词汇曾经在发音上有长短音的区别,但在现代韩国人的生活中,出于语言习惯已经取消了长短音的差异,造成一部分同形异义语。此外,除名词外,动词和形容词中也有很多的同形同音异义语。下面就根据这些同形同音异义语的音、形、义具体进行分类。

(1)汉字词同音同形异义:标记法、发音相同,但意义不同,两个意义均为汉字词。例如:

수면→水面、睡眠

성인→圣人、成人

무력→武力、无力

가정→家庭、假定

(2)固有词同音同形异义:标记法、发音相同,但意义不同,两个意义均为固有词。例如:

눈→雪、眼睛

밤→夜、栗子

(3)固有词和汉字词同音同形异义:标记法、发音相同,但意义不同,两个意义中一个为固有词词义,一个为汉字词词义。例如:

말→马(汉字词)、话(固有词)

사과→谢过(道歉的意思,汉字词)、苹果(固有词)

(4)标记、发音相同,但词性、意义不同。例如:

이르다(动词,到、到达)/ 이르다(动词,说、告诉)/ 이르다(形容词,早)

싸다(动词,打包、卷)/ 싸다(形容词,便宜)

(5)标记、发音和词性相同,但变化形式和意义不同。例如:

이르다(动词,到、到达)→이르렀다(过去式)

이르다(动词,说、告诉)→일렀다(过去式)

묻다(动词,埋)→묻었다(过去式)

묻다(动词,问)→물었다(过去式)

2. 同音异形异义

在韩国语中还存在很多标记方法不同，但发音相同的单词，这些词语的意思当然也大不相同。在韩国语中这种词汇占有很大的比重，其产生原因大致有如下两种情况。

一是由于韩国语收音的书写形式不同造成的。韩国语中同一个发音的收音有几个不同的标记方法，因而发音相同、标记方法不同，这种词中固有词居多。例如：

낫（镰刀）、낮（白天）、낯（脸）

빗（梳子）、빚（债）、빛（光）

另外一种出现在大多数的汉字词身上，由于韩国语中存在大量的连音现象和辅音同化现象，从而导致标记方法不同，但发音相同。例如：

국문（国语）、궁문（宫门）

십리（十里）、심리（心理）

二　同音异义现象对韩国语词汇汉译的启示

翻译时，同音异义现象的单词都必须通过上下文语境推理，来区分彼此之间的意义差别。

1. 汉字词同音同形异义

例如"충분한 수면이 건강에 좋다"一句中，通过后面出现的"건강에 좋다（有益健康）"这一表达，可以推断出"수면"表示"睡眠"而非"水面"。这句话可以翻译为"充足的睡眠有益健康"。

2. 固有词同音同形异义

韩国语中有句惯用语"첫 눈에 반했어요"，有一定韩国语基础的人都知道它的意思是"一见钟情"，这里"눈"代表的意思是"眼睛"，但如果前面出现这样一个语境，"어제 밤에 첫눈이 내렸어요. 저는 이 아름다운 첫눈에 반했어요"，通过前文的"어제 밤에 첫눈이 내렸어요（昨天晚上下了第一场雪）"，就可以推测出这里的"눈"并非通常我们所说的"眼睛"，而是自然现象"雪"，因此"첫눈에 반했어요"的意思不再是"一见钟情"，而是"被这美丽的初雪迷住了"。

3. 固有词和汉字词同音同形异义

在"어제 수퍼에서 사과를 샀습니다"一句中,"사과"作为一个名词,它虽然有"苹果"和"道歉"两个意义,但考虑到后面出现的动词"사다(买)",可以判断出这句话中的"사과"表示"苹果",而非"道歉",因此这句话最终要翻译为"昨天在超市买了苹果"。韩国语词汇无数,但固有词和汉字词同音同形异义的情况并不多见。这类词汇在韩国语中仅有为数不多的几个而已。在实际生活中,常常巧用这类单词同音同形异义的特点,引申出一些意味深长的表达。例如,因为"사과"既有"道歉"又有"苹果"的意思,因此在韩剧中也常常可以看到,向对方表示道歉时,由于难以启齿,会给对方送上一个苹果。又如,韩国有一句俗语"발 없는 말이 천리 간다(好事不出门,坏事传千里)",在这句话中,"말"前面有一个修饰语"발 없다(没有脚)",因此会让人误认为这里的"말"表示"马",而非"话",将这句话直译为"没有脚的马走千里"。但了解韩国文化的人会知道,其实这里是利用"말"的汉字词义(马)和固有词(话)同形、同音的特点,将"话"比喻成"马",因此这句话的字面意思为"不长脚的话可以走千里",引申为"好事不出门,坏事传千里"。

4. 标记、发音相同,但词性、意义不同

如"무궁화 식당의 음식 값이 싸요. 남은 음식을 싸 갔어요"一句中,前后共出现了两个"싸다",二者虽然标记、发音以及变化形式完全相同,但从语法结构上来看,前面一个是"음식 값이 싸다",后面一个是"음식을 싸다",前面一个是"主语+形容词"的结构,名词后面使用主格助词"이",而后面一个却是"宾语+动词"的结构,名词后面使用宾格助词"을",因此可以判断出两个单词的词性和意义截然不同。"싸다"作为形容词使用时,其意义为"便宜",而作为动词使用时,其意义为"打包"。因而这句话应该翻译为"无穷花饭店的饭菜价钱很便宜,把吃剩的饭菜打包带走了"。

5. 标记、发音和词性相同，但变化形式和意义不同

这类词因为词性相同，无法通过语法结构来辨别，只能通过上下文语境和前后搭配的词语来区别。如"보물 상자를 어디에 묻었는지 친구에게 물었다"一句中出现了两个"묻다"，但加上表示过去的先语末语尾"았/었/였"后，形式上发生了变化。前面一个是"상자를 어디에 묻었다"，后面一个是"친구에게 물었다"。我们知道"묻다"有两个意义，一个是"埋"，另一个是"问"，表示"埋"的时候应该和场所名词搭配，后面往往会出现埋藏的具体东西；表示"问"的时候，则应该搭配询问的对象。这句话中"상자（箱子）"便是具体埋藏的东西，"어디（哪儿）"则是具体的场所，后面的"친구（朋友）"则表示询问的对象。因此到这里便可以明确，前一个"묻다"的意思是"埋"，后一个"묻다"的意思是"问"。整句话应该翻译为"我问朋友把宝藏箱埋到哪里去了"。

6. 同音异形异义词

无论是出于收音标记不同的同音异形异义，还是出于汉字词音变的同音异形异义，无疑都会对翻译造成干扰。由于收音标记不同造成的同音异形异义在翻译时，需要通过前后搭配和语境来区别词义，最直接的方法则是根据收音和后面出现的助词区别词义。如"낮에 일을 열심히 한다"一句中，尽管"낮（白天）"有同音异形词"낫（镰刀）"和"낯（脸）"，但同时间助词"에"连音后，发音变成"나제"，因而可以知道这里说的是"白天"，因此整个句子翻译为"白天努力工作"。此外，由于汉字词音变出现的同音异形异义尽管标记不同，但由于发音完全相同，而且很多单词的词性也完全相同，因此要想区别它们彼此之间意思的差别，无法根据形式来判断，只能通过一定的语境进行推理。例如，"국문과 학생이다"一句中，因为后面出现了单词"학생（学生）"，因而可以判断，这句话中的"국문"指的是"国文"（相当于汉语中的语文），而非"宫门（궁문）"。

第三节　多义词与韩国语词汇的汉译

1. 多义词的定义

多义词是指一个词具有两个或两个以上意义的语言现象，是词义演变的结果。一个词刚刚出现的时候，只是用作一定的事物、现象、性质或行为的名称，意义总是单一的，其后在语言的发展过程中不断获得新的意义，便形成了一词多义。从社会语言学的角度来说，词义的变化和社会发展密切相关，随着社会的发展，新事物、新思想、新观念不断产生和变化。为了真实地反映这些变化和发展，每种语言的词汇都通过新造、借用其他语言、给原有的词添加新意三种方式不断丰富。其中给原有的词汇添加新意这一方法是最简单而经济的，因为各种语言无论造多少新词或从其他语言借用多少，词汇总量总是有一个限集，不可能一个单词一个义项，总会有一个词义引申出其他意思。而且一个单词的词义不能是一成不变的，而是随着客观世界的发展变化而不断变化。从某种意义上讲，词义变化的过程就是产生一词多义的过程。[1]

2. 多义词的类型

韩国语的多义词大致有以下几个类型。

（1）原始意义与引申意义

例如：

손（手）：

① 형의 손이 동생보다 커서 형은 동생의 장갑을 낄 수 없다.（哥哥的手比弟弟的手大，所以哥哥戴不了弟弟的手套。）

---

[1] 何家宁、刘绍龙、陈伟：《英汉词语互译研究》，第102页。

② 그 여자가 손이 커서 돈을 물 쓰듯이 쓴다.（那个女人大手大脚，花钱如流水。）

③ 이 일을 하는 데 친구의 손이 필요하다.（做这个工作需要朋友的帮助。）

④ 선생님이 저의 작문을 손봐 주셨다.（老师帮我修改了作文。）

⑤ 저는 그 사람과 손을 끊었다.（我和那个人断绝关系了。）

以上例句中出现的"손"一词，①指代身体器官，②指代抽象意义的手，③指帮忙的人，④指能力，⑤指交际关系。

（2）抽象意义与具体意义

例如：

길（路）：

① 길이 넓다.（路宽。）

② 바른 길을 걸어라.（走正道吧。）

③ 그 길밖에 없었다.（没有别的路可走。）

以上例句中的"길"一词，①指代具体的路，②指代方向，③指方法或办法。①指代具体意义，而② 和③都表示抽象意义。

（3）字面意义与比喻意义

例如：

눈（眼睛）：

① 눈이 예쁘다.（眼睛漂亮。）

② 그물의 눈이 작다.（网眼很小。）

③ 저울의 눈금을 봐라.（看秤星吧。）

以上例句中①为"눈"的字面意义"眼睛"，②和③作为比喻

意义将"眼"比作"网眼""秤星"等。①

3. 多义词对韩国语词汇汉译的启示

多义词在翻译时既要确定源语词语的确切含义，又要选择恰当的目的语词语来表达。翻译时要意识到词语和其意义并非一一对应，一个单词有时会有很多不同的含义。因此要根据语境，从各个方面考虑词语各种可能的意义，然后再把词语的各种意义还原到原句中，找出确切的表达。

"먹다"一词有各种意义，具体例句如下。
① 그는 밥을 먹었다.（他吃饭了。）
② 오늘 친구에게서 욕을 먹었다.（今天被朋友骂了。）
③ 저 사람이 나이를 많이 먹은 것 같다.（那个人好像年纪不小了。）
④ 돈을 먹고 비리 사실을 눈감아 준다.（拿了钱，对贪污受贿的事睁一只眼闭一只眼。）
⑤ 벌레를 먹은 사과가 더 맛있다.（有虫子的苹果更甜。）

汉语中也有很多多义词，如"煮"这个词，根据煮的具体东西，其对应的韩国语翻译也不尽相同。

例如：
① 어머니가 부엌에서 행주를 삶고 계신다.（妈妈正在厨房煮抹布。）
② 저는 라면을 잘 끓인다.（我很会煮方便面。）

由此可见，多义词是一种常见的语言现象，在翻译时一定要根据上下文语境，选择确切的翻译。

---

① 林从纲：《新编韩国语词汇学》，北京大学出版社，2007，第270页。

又如："멋"是一个表现韩国特色的固有词，在词典中，"멋"具有多重意义，它的原意是"美"，后来引申为"高风亮节""英姿"等。《高丽亚那》中文版1998年秋季号曾经以"멋"为主题出了一辑专集。分别登载了崔胜范的《조선시대 선비의 멋》、崔公镐的《계절의 멋과 풍류，부채》、金奉烈的《한국 건축의 멋 - 시각적 안정성의 원리》以及女作家朴景利的《생명과 영혼의 율동으로서의 멋》几篇文章，最后在进行中文翻译处理时，分别将这几篇文章的题目翻译如下：

《조선시대 선비의 멋》→朝鲜王朝时代士大夫的风采
《계절의 멋과 풍류，부채》→扇子——季节的风姿与风流
《한국 건축의 멋 - 시각적 안정성의 원리》→韩国建筑的风格——视觉上的稳定性原理

而最后一篇女作家朴景利的文章，由于没有找到贴切的汉语表述，无论如何都只能意会不能言传，因此直接用韩文标出，将题目翻译为《멋，生命和灵魂的节律》。由此可见，不同场合的"멋"，含义不同，其翻译也不同。①

第四节　搭配理论与韩国语词汇的汉译

1. 搭配理论

（1）定义

搭配通常是指语言成分之间的横向组合关系或共现关系，即哪些词可以与另一些词搭配使用或共同出现在同一个句子中。② 换句话说，搭配指的是一种制约，即某一个目的语必须和某一个动词一

---

① 沈仪琳：《韩文汉译实用技巧》，第140~142页。
② 何家宁、刘绍龙、陈伟：《英汉词语互译研究》，第106页。

起使用，换成其他词便不符合语言习惯。

（2）特点

约定俗成是语言的一大特点，有时我们看来这样的搭配并不合理，但却是人们在长期生活实践中约定俗成的一种说法，被同一个语言社团成员所接受，① 如果替换为其他，则影响沟通和交流。例如：

큰 코 다치다→捅娄子

깨가 쏟아지다→生活过得甜蜜

국수를 먹다→办喜酒

上述这些表达如果仅从字面上直译其意思，很难让中国人理解，而且即便知道这些表达的深层含义，也很难理解为什么要这样搭配。但这确实就是韩国语中一种约定俗成的语言表达方式，改动其中任何一个单词，都无法表示其意义。

（3）作用

语言之所以具有无穷无尽的表达功能，就是因为丰富的词语之间可以互相搭配，组合成许多更加生动的表达。词语搭配为一种语言提供了形象、生动、准确的表达法，也为研究一种语言提供了大量的材料。因此，对于一个词的意义和用法进行分析的最好方法便是观察它的搭配。②

2. 搭配理论对韩国语词汇汉译的启示

词语间的搭配组合也是一个社会约定俗成的表达方式，由于语言、文化以及思维方式的不同，即使同一个概念、同一个事物、同一种行为，不同的语言会以不同的搭配形式来表达。这也是韩国人学习汉语、中国人学习韩国语和韩汉互译的困难所在，也是我们常

---

① 何家宁、刘绍龙、陈伟：《英汉词语互译研究》，第106页。
② 同上，第107页。

常说的那些不符合目标语表达习惯，即所谓"翻译腔"出现的根本原因。翻译时，要遵从目标语的搭配原则，不能按照源语的表达生搬硬套，过度逐词对译和死译。例如：

나이가 많다→年纪大
나이가 어리다→年纪小

"나이가 많다"不能按照单词字面的意思翻译成"年龄多"，而要根据汉语的习惯翻译成"年纪大"，同样在将汉语"年纪小"翻译成韩国语时，也不能不加思索地使用"많다（多）"的反义词翻译成"나이가 적다（年龄少）"，而是要按照韩国语的固定搭配翻译成"나이가 어리다（年幼）"。

又如，韩国语中很多的动词对应汉语有很多不同的说法：

탁구를 치다→打乒乓球
피아노를 치다→弹钢琴
손뼉을 치다→拍巴掌
북을 치다→敲鼓

上述搭配中的"치다"在韩国语中虽然都表示"撞击"的意思，可以泛泛地翻译成"打"，但当与表示撞击对象的宾语搭配出现时，就不能仅仅用一个"打"概括，而要遵守汉语的搭配规则，分别翻译为"打乒乓球"、"弹钢琴"、"拍巴掌"、"敲鼓"。由此可见，一个动词"치다（打）"在不同的语言搭配组合中，可以对应很多的汉语词汇"打、弹、拍、敲"等。有时我们常常会听到韩国朋友问："你会打钢琴吗（피아노를 칠 줄 알아요）？"虽然听后会觉得这种问法滑稽可笑，但从中可以看出问这句话的韩国人之所以会闹出这种笑话，就是因为不了解汉语的搭配规则，直接将韩国语中的"피아노를 치다"逐词对译成汉语的"打钢琴"。

搭配是组词成句的主要方式，因此翻译时应按照语言本身的搭配规律，根据语境采用与之相匹配的搭配，这样才能使译文地道、流畅。

第五节 词义变化与韩国语词汇的汉译

1. 词义变化

随着社会的发展进步，词语无论从数量上还是从形式上都发生着巨大的变化，其中一个变化方式便是旧词产生新意。例如："길"原本指"路"，后来慢慢引申为"办法、方法"。总体来说，韩国语词汇的变化主要有词义的扩大、缩小以及转移三种。

（1）词义的扩大

指词语从原先表达外延狭窄的概念扩大到表达外延宽广的概念。[1] 例如韩国语中的"어머니"原本指"妈妈"，扩展后现在不仅指代"自己的妈妈"，还可以称呼其他人的妈妈，表示尊敬。又如，"사모님"原本指代"老师的妻子"，但现在扩展为"对年长女性的一种尊称"。

（2）词义的缩小

指词语从原先表达外延较为宽广的概念缩小到表达外延较为狭窄的概念。[2] 例如："애인"原本指代"自己所爱的人"，但今天的韩国语中意思大大缩小，仅仅指代"结婚前的恋人"。

（3）词义的转移

词义的扩大和缩小，其词语所指代事物的类别都没有发生变化，但如果词义发生转移，那么就是失去了本来的意义，这也是词义变化的一种重要方式。[3] 例如："양반"原本指代"朝鲜时期的贵族阶层"，但在今天的韩国语中却指代"品行端正、人格高尚的人"，有时也有贬义。

---

[1] 何家宁、刘绍龙、陈伟：《英汉词语互译研究》，第134页。
[2] 同上。
[3] 林从纲：《韩国学概论》，第215页。

2. 词义变化的途径

韩国语词汇的意义在变化过程中沿着一定的途径进行，主要有隐喻、换喻、提喻三种。

（1）隐喻

由于两个事物在特征上存在相似之处，用一个事物的词来指代另一个事物叫做隐喻。例如：

다리（人的腿）→상다리（桌子腿）

귀（人的耳朵）→바늘귀（针鼻）

똥（屎）→똥배（啤酒肚）

쥐꼬리（老鼠尾巴）→쥐꼬리（工资少得可怜）

꿈（梦）→꿈（希望、梦想）

기둥（柱子）→기둥（支柱）

（2）换喻

两种事物存在着某种现实关系，借用一种事物的名称来代替另一种相关事物的名称，或由一种概念来代替另一种相关的概念，叫做换喻，汉语中称作借喻。例如：

아침（早晨）→아침밥（早饭）

집사람（家人）→아내（妻子）

한잔하다（来一杯）→술을 마시다（喝酒）

손씻다（洗手）→절연하다（绝缘）

（3）提喻

指用局部代替整体，或用整体代替局部，用特殊代替一般，或用一般代替特殊。例如：

서울（首尔）→수도（首都）

선생（老师）→남자 존칭（对一般男子的尊称）

3. 词义变化对韩国语词汇汉译的启示

在语言变化中，词汇变化最为明显。随着词汇变化，词义也跟着发生变化。了解词源，掌握词义变化是翻译的一个重要手段。根据词义变化的规律，翻译时，应该综合考虑，准确把握词义；从表达的角度上，应该选择恰当的词语意思。例如：

서울에 가야 과거도 본다 →不入虎穴，焉得虎子
서울 가서 김서방 찾는다 →大海捞针

上面两个俗语分别都是由单词"서울"构成的。我们知道，"서울"有两个含义，本意是今天韩国的首都"首尔"，引申义指代"首都"。在古代，"서울"指的是"京城"的意思。第一个按字面意思说的是，"只有去了'서울'，才能考科举"。因为"科举"是封建社会的一种考试制度，由此可以推测到，这里的"서울"并非今天意义上的"首都"或"首尔"，而是指代古代的"京城"，因而这句话字面上应该翻译为"只有去了京城，才能考科举"，内涵意思为"只有到达目的地，才能实现自己要办的事情"，相当于汉语中的俗语"不入虎穴，焉得虎子"。另一个句子，按字面意思说的是"去'서울'找姓金的女婿"，这句话表达的引申意思是"连地址、名字都不知道，就盲目地去找姓金的女婿"，相当于汉语中常说的"大海捞针"。"김서방"是现代韩国语中的一种称谓，因而可以推测出这里的"서울"并非古代意义上的"京城"，而是指代今天韩国的行政首都"首尔"。

第六节 语境理论与韩国语词汇的汉译

1. 语境的定义

语言的使用离不开一定的环境，语言也只有在一定的语境中才

能实现自身的意义，脱离语境的单词只是行尸走肉，毫无内涵。语境是人们在言语交际过程中与理解某一特定的交际话语或文本有关的一切主客观因素的总和。语境可分为狭义和广义两种，狭义的语境指的是上下文，即词、短语、语句或篇章的前后关系；广义的语境指的是使用某个语言项目时的广阔的社会背景。[①] 翻译中有必要保持源语和目标语语境上的一致性，语境一致是指"翻译某个源语词项时，在译入语中采用最符合具体语境的表达形式，而不是在所有语境里采用同一个表达形式"。

2. 语境的种类

语境大致可以分为语言语境、情景语境和文化语境三大类。

（1）语言语境，即句子的上下文、词语搭配以及发音规则、语法结构等语言知识。

（2）情景语境，即语言发生的时间、地点、言语行为参与者之间的关系。

（3）文化语境，目的语所涉及的政治、经济、文化、社会、宗教背景。

3. 语境的作用

语境对于词语起着十分重要的作用，王秉钦说过，词语真正的生命不在字典里，而是在活的语言之中。因此，对于词语运用，语境有如下作用。

（1）决定词义

前文提到韩国语中有很多的多义词，尤其是在辨别多义词词义时，必须要将该词置于语言环境之中。没有语言环境，意思便会模糊不清，因此语境的第一个作用便是帮助确定词义。例如："향수"一词，有"乡愁"和"香水"两个意思，在脱离语言环境的情况下，"아련한 향수"到底指的是"隐隐的乡愁"，还是"淡雅的香水"呢？又如，"의식"有"意识""衣食"和"仪式"等多重含义，

---

① 何家宁、刘绍龙、陈伟：《英汉词语互译研究》，第137页。

如果没有上下文语言环境,"백성들의 의식을 개선하다"这个短语应该怎么翻译呢?是应该翻译成"改善百姓意识"还是应该翻译成"改善百姓衣食"呢?①

(2)消除歧义

在句子中碰到多义词或短语,如果理解不慎就会产生歧义。例如上面提到的"아련한 향수"和"백성들의 의식을 개선하다",脱离语境,我们就弄不清楚"향수"指代"乡愁"还是"香水","의식"指代"意识"还是"衣食",难免会对句子的理解产生歧义。相反,如果给出一个语境,我们就会很容易辨别出"향수"的意思是指代"乡愁"。例如,"풀벌레의 울음소리가 새삼 아련한 향수를 일깨웠다(草虫的鸣叫声重新唤醒了我隐隐的乡愁)"。

(3)体现词的用法

语境可以展示词语的具体用法以及它们的搭配,使我们看到词汇的实际运用情况。例如:

①그는 총을 가지고 사냥하러 갔다.(他带着枪去打猎了。)

②우리는 큰 힘을 가지게 되었다.(我们获得了很大的力量。)

③인형 하나는 동생을 주고 다른 하나는 내가 가졌다.(一个娃娃给了弟弟,一个自己留下了。)

④두 나라의 친선은 오래고도 깊은 역사적 뿌리를 가지고 있다.(两国友好交流的历史源远流长。)

在上述四个句子中,都有一个共同的动词"가지다"。"가지다"的本义是"拿、带",例句①使用的是"가지다"的本义"拿着、带着"。而例句②中,"힘을 가지다"的原意为"有力气",鉴于前后文的语言环境,为了让前后词组搭配符合语言习惯,将"가지다"翻译为"获得"。例句③中,"가지다"表示"有",其中包

---

① 沈仪琳:《韩文汉译实用技巧》,第140~142页。

129

含着的深一层含义是"那个归他，这个归我"，表达一种"归属"的意思。而例句④中，按照原文的整体意义和译文句子成分的变化以及词语修饰的要求，不需要把"가지다"的本义生搬硬套地翻译出来。① 因此，通过这些语境，可以了解到"가지다"可以和很多单词实现很多的固定搭配，即"총을 가지다（带枪）"、"힘을 가지다（获得力量）"、"물건을 가지다（拥有东西）"、"뿌리를 가지다（扎根）"。

（4）体现词汇的文化差异

文化差异往往在词语中也会体现无余。如：中国北方人形容个子矮小，常说"长得像个土豆"，而在韩国则用"땅콩（花生）"来形容身材矮小。中国人表示意想不到的好事，常常说"天上掉馅饼"，而韩国人则用"떡（糕）"来表示飞来的洪福。正如吕叔湘先生所说的："词语要嵌在上下文里才有生命，才容易记住，才知道用法。"②

4. 语境理论对韩国语词汇汉译的启示

从事翻译工作碰到的第一件事便是定夺词义，是否能将词语翻译得传神、地道是一个译者翻译水平的体现。翻译词语不能仅靠查阅字典，更重要的是需要掌握翻译中词义的变化特点，根据语境，寻求两种语言对等表达的规律。同一个词在不同的句子中，会由于语境的关系，出现很多不同的意思。而这些由语境产生出来的语用变化和语用意义，在词典中是查不到的。

（1）语言语境对韩国语词汇汉语翻译的启示

例如：

①설문대는 제주 최초의 잠수이기도 했다.

②오래전부터 잠수에 의해 바다가 가진 특수한 자원을 확보, 이용할 수 있었다.

---

① 张敏、朴光海、金宣希：《韩中翻译教程》，北京大学出版社，2005，第65页。
② 吕叔湘：《中国人学英语》，商务印书馆香港分馆，1975，第9页。

| 第四章 | 韩国语词汇汉译的语言学理论基础

"잠수"在韩国语中有"潜水"和"潜嫂（海女）"两个完全不同的概念，上面两个例句中出现的"잠수"根据上下文的语言环境，有的应该解释为"海女"，有的应该解释为"潜水"。例句①中出现了一个专有名词"설문대（设文台）"，"설문대"是神化故事中韩国济州岛的创世女神，因此如果知道这个专有名词的意思，就会很容易知道这个句子中出现的"잠수"指的是"海女"，整个句子应该翻译为"设文台也是济州岛最早的海女"。而例句②中，后面出现了"바다가 가진 특수한 자원을 확보, 이용할 수 있다（确保、利用大海所拥有的特殊资源）"，由此可以判断出这里所说的"잠수"指代"潜水"这一项工作，因而整个句子可以翻译为"从很早以前就靠潜水来确保获得海洋的特殊资源并对它加以利用"。由于韩国语中汉字词所占比例较大，在文章中多义词屡屡出现，因此要想确切地弄清词语在文章中的真实意思，依据上下文语境十分重要。[①]例如：

ㄱ：내일 저녁 같이 먹자. 근사한 데서 내가 쏠게.
ㄴ：왜?
ㄱ：그냥, 기분 내자고.

上面这个例句中，"저녁"和"쏘다"都是多义词，"저녁"有"晚上"和"晚饭"两个含义，而"쏘다"原本表示"射击"。但通过"저녁을 같이 먹다（一起吃晚饭）"这一词语搭配可以知道这里所提到的"저녁"指代的是"晚饭"的意思。句子后面提到"근사한 데서（在一个环境高雅的地方）"，前面说"一起吃饭"，后面又说在"环境高雅的地方"，那么通过这一语言环境，就可以推测出后面的"쏘다"在这里并非使用的是本义"射击"，而是使用了引申义"请客"。

---

① 沈仪琳：《韩文汉译实用技巧》，第 140~142 页。

（2）情景语境对韩国语词汇汉语翻译的启示

例如：

① ㄱ：음식 맛은 어때요?
　　ㄴ：기가 막히네요.
② ㄱ：정말 기가 막혀. 어떻게 나한테 그럴 수가 있어?
　　ㄴ：왜? 무슨 일이 있었어?

上面两个例句中都出现了同一个词组"기가 막히다"，"기가 막히다"大体上有两个含义，一个是生气的时候使用，表示"气得七窍生烟"，而另一个意思则用于表示"好得无与伦比"，相当于汉语中的"绝了"。这两个例句分别从发生的情景语境上来分析，例句①说的是"饮食"，而且谈话的场所可能发生在"饭店"，也有可能发生在自己家中，总之都是在用餐的过程中，在饭桌前进行的对话。因此可以推测出，这里"기가 막히다"是表示称赞"饭菜做得很好"，翻译为"绝了，太棒了"。而例句②中，通过两个人对话的语气，可以听出第一个人是在十分生气的情况下说出了"기가 막히다"这个词组，因此可以翻译为"气死我了"。

（3）文化语境对韩国语词汇汉译的启示

当然，除了语言语境和情景语境外，文化语境对于词语的翻译也起着不可忽视的重要作用。虽然韩国和中国都处于汉字文化圈，文化交流源远流长，两国文化拥有很多的类似性，但无论如何还是存在着或多或少的差异。这些差异就需要译者在翻译一些文化词汇时极为谨慎，要在表达原意的基础上，符合目标语的语言习惯。否则让目标语使用者无法理解，致使翻译失败。

前文提到"김치（泡菜）"和"떡（糕）"在韩国人的饮食生活中占据着十分重要的地位，这一重要现象也渗透到语言中来。例如：韩国人常常说"떡 줄 사람은 생각도 안 하는데 김치국부터 마신다"，如果按照字面意思直译成"给糕的人连点儿想法都没

有,自己就开始喝泡菜汤",那么中国人读者根本无法理解这句话的意思,因此这就要分析这句话所产生的文化背景。"김치"是韩国具有代表性的发酵食品,在韩国人的饮食文化中占有极其重要的地位,过去冬天因为没有白菜,韩国人都以"김치"为主要菜肴,糕是韩国人红白喜筵中必不可少的食品,吃糕的时候通常与"김치국"一起食用。因此这句话从字面上看表示的意思是"别人还没有想到要给,自己却已经开始默默等待",其含义是"别人还没有想到给自己做什么,自己却已经开始期盼",因而按照汉语的语言习惯翻译成"自作多情"。根据这一原理,"누워서 떡 먹기"不能按照字面单词原意翻译成"躺着吃糕",而要翻译成"易如反掌"。此外,"한 살을 먹다"不能翻译成"吃了一岁",而要翻译成"长了一岁"。

由于中韩两种语言所处客观环境的差异,语言中出于文化差异而产生的表达差异屡见不鲜,有时很难找到一一对应的翻译,但无论如何在翻译时都要本着一个原则,那就是在达意的同时,还要符合目标语的表达习惯。这一点在下面的内容中还将详细阐述。

第七节 文化词汇学与韩国语词汇的汉译

一 文化词汇学

文化词汇(Cultural vocabulary)是指在一个地区、民族或国家特有的文化现象中产生,或经过其领域内重大事件的引用而产生的一种崭新的、代表性的词汇。例如,"BINGO"一词起源于美国20世纪60年代盛行的一种猜谜游戏,用"BINGO"来表示"我完成了字谜",后来引申为"猜中了!答对了!"等,表示强烈肯定的含义。因此可以说,"BINGO"便是起源于美国这一地域所特有的文化现象而产生的新词,具有地域独特性和文化性。再如汉语中"躲猫猫"一词,原本指小孩子玩的一种游戏,但如今,"躲猫猫"在汉语

中指代虚假、欺骗、蔑视群众智商,用不可能的理由来掩饰事实的真相。又如"깨소금"一词在韩国语中原本指代"芝麻盐",但韩国人根据"芝麻"本身特有的香喷喷的味道,将其与"幸福的生活"联系起来。因此在今天的韩国语中,"깨소금"表示"新婚夫妻的幸福和甜蜜"。与文化词汇相对立的是非文化词汇,例如"桌子"或"椅子",无论在任何语种内,它都指代一种物体,不具备文化性和独特性。

1. 语言与文化

语言是人类交际的工具,是文化的重要组成部分。语言作为世界各民族文化的载体,与文化之间是相互制约和影响的关系。语言记录文化,文化是语言的内容;文化也影响语言,通过语言来体现。词汇作为语言之内核,与文化的结合更为紧密。美国语言学家萨比尔在《语言论》中指出:"语言的词汇,忠实地反映了它所服务的文化。"语言与文化密不可分,萨比尔说:"语言有一个环境,使用语言讲话的人们属于种族,也就是说,属于一个由于身体特征不同而与其他集团分开的集团。语言不能脱离文化而存在,不能脱离社会继承下来的各种做法和信念。"[①]

正因为语言和文化的关系如此密切,人们进行言语交流时就离不开一定的文化。然而,由于各民族的历史沿革、文化冲突、社会制度、生活环境和生活方式等方面各不相同,人们在进行交流时,必然会产生"文化冲突"。比如,在阅读韩国语文章时,有时每个句子中每一个单词的词义都十分明确,句子结构也一目了然,但仍然无法理解句子的整体意思。例如:

ㄱ:텔레비전에서 보니까 이 가수 팬이 무척 많더라.
(在电视上发现这个歌手的歌迷很多。)
ㄴ:응, 대단한 "오빠 부대"를 거느리고 있지.

---

① 何家宁、刘绍龙、陈伟:《英汉词语互译研究》,第144页。

第四章 韩国语词汇汉译的语言学理论基础

（是啊，率领着一个很大的"哥哥部队"。）

在上面这个例句中，"ㄴ"说的话按字面意思可以翻译为"率领着一个很大的'哥哥部队'"，但不了解韩国文化的读者尽管能够理解"哥哥"和"部队"的意思，却依然无法弄清"哥哥部队"的真实含义。其实熟悉韩国大众娱乐文化的人会知晓，韩国的很多歌手都拥有自己的粉丝俱乐部，很多的韩国女学生喜欢自己的偶像，在观看演唱会时对自己心仪的偶像大喊"哥哥"，从此"哥哥部队"这一词语应运而生。由此可见，如果缺乏文化背景知识，即使能够传达目标语的表层意思，也无法进入深层交流，无法真正实现交流的目的。

2. 韩国语和汉语文化内涵词语的关系模式

通过上面的例句不难看出，不同语种间词语的意义差异主要在于词语的文化意义，这是因为同一个词在不同的文化中所承载的文化内涵有所不同。[①] 韩国语和汉语文化词语的关系形式如下。

（1）彼此没有对应词

韩国语中"온돌"和"김치"等词语是在韩国人延续了千百年的生活习惯中衍生出来的，是一种同中国截然不同的生活方式和饮食习惯，因此在汉语中无法找到相对应的词语。尽管中国的北方也有"火炕"，中国的北方人冬天也吃"酸菜"，南方人也吃"泡菜"，但同韩国的"온돌"和"김치"仍然含义不同。又如，对韩国小说《사랑방 손님과 어머니》题目的翻译，汉语将其翻译为《厢房里的客人和妈妈》，包括韩国小说《商道》的中文译本中，对于"사랑방"的处理也翻译为"厢房"，但"사랑방"在韩国语中是指作为一家之主的男主人的起居室，而汉语中的"厢房"指代"正房前面两旁的房屋"，其词语概念和位置与"사랑방"相距甚远。[②] 可见这些没有完全对应词语的翻译往往无法翻译得十分贴切。

[①] 何家宁、刘绍龙、陈伟：《英汉词语互译研究》，第144页。
[②] 沈仪琳：《韩文汉译实用技巧》，第145页。

（2）指代不同的事物或概念

在韩国语中，很多词语看似同汉语中的词语指代同一个现象，但仔细研究发现，它们所指代的两个事物之间依然存在很多差异，这种现象绝大部分出现在韩国语的汉字词上。如："학원"一词汉字写作"学院"，表面上看起来同汉语中"学院"的意思等值，但事实并非如此。韩国语中的"학원"指不具备设立学校条件的私立教育机构，主要进行知识、技术、文艺、体育等方面的教育。从这一概念看来，韩国语中的"학원"仅仅相当于汉语中的"补习班"、"课外辅导班"、"特长班"等。而汉语中，有很多大学的名字依然用"学院"来表示，如"北京第二外国语学院"、"西南民族学院"等。

（3）对事物或概念的表达繁简有别

物质概念的载体，有繁简高低之分，一个民族固有的传统文化，在长期繁衍生息的过程中，也会根据其特征和功能等，出现很多细微的分类。例如："酒"在中国的传统文化中占有很重要的地位，根据酒的味道不同，可以细分为"酱香型""窖香型""醇香型""浓香型""米香型"等，这在世界各国的文化中都是绝无仅有的。韩国也是如此，汉语中有"粘糕"这个单词，但在韩国则根据制作方法和使用材料的不同将其细分为"인절미（切糕）""시루떡（蒸糕）""백설기（白蒸糕）""송편（豆馅糯米面蒸饺）""꿀떡（甜糕）"等很多种类。

（4）基本意义大致相同，但派生意义有别

语言学上把词语最原始的意义叫做本义，把由原始意义延伸出来的意义叫做派生意义。韩国和中国由于地理上一衣带水，自古以来中国文化对韩国有着深远的影响。韩国语中的汉字词大多来自于汉语，基本意义大致相同，但随着千百年来两国文化的发展变化，其延伸出来的派生意义却略有差别。

例如，韩国语中的"교수"一词，同汉语的"教授"基本意义十分相近，但他们的含义却有所不同。韩国语中"교수"指在大学中研究和教授学问的学者，包括正教授、副教授和讲师。而在汉语

中,"教授"则是大学中教师编制职称的一种体现,普通的讲师级别不能被称为"教授"。

3. 文化词汇列举

由于生活环境、社会文化、历史地理变迁、风俗传统等的差异,韩国语的词语和汉语的词语不可避免地会出现很多差异。现介绍以下几种差异类型。

(1) 传统文化

韩国人提到"곰(熊)"会马上联想到韩国人的开天始祖"단군(檀君)",甚至于韩国人亲切地将"熊"称之为"韩国人的母亲",但中国人提到"熊"只会联想到"笨头笨脑"的形象。此外,韩国人喜欢白色,韩民族素有"백의민족(白衣民族)"之称,白色对于韩国人来说是一种圣洁的象征,而在汉语中提到白色,人们往往会联想到丧事等不吉利的事情。

(2) 社会政治、经济背景

韩国和中国的社会体制有很大的差异,二战结束后两个国家都经历了社会变迁和经济发展,特别是到 1992 年中韩建交之前,两国在政治、经济、人员往来上出现了几十年的断层,从而造成两个国家在社会词汇的使用上各不相同。尽管韩国也是汉字文化圈,使用大量的汉字词,但这些汉字词等值对译成汉语时,由于中国人不了解韩国的政治、社会背景,无法弄清其中的含义。例如:"새마을운동"一词,翻译成汉语是"新农村运动",指代"1970 年代朴正熙总统下令实施的地区发展运动",但不了解韩国社会发展背景的中国人不可能知道"새마을운동"一词的意义。又如,2009 年在韩国发生的"촛불시위",翻译成汉语是"烛光示威",但不了解韩国社会背景的人,仅从字面上也无法了解"촛불시위"对韩国社会造成的深刻影响。

(3) 生活习俗

众所周知,客观事物不可能是完全相同的,生活习俗也会因为家庭、地区、民族的不同而异彩纷呈,同时也正是这种差异带来了文化的多样性。韩国语中由于生活习俗而出现的文化词汇绝大部分

都是一些固有词，这些固有词是韩国人几千年生活的积累和沉淀，也是韩民族文化的精髓，更是独一无二的，因而在汉语中无法找到对译词。如前文提到的"온돌"、"김치"，又如，"막걸리（稠酒）""버선（布袜子）""저고리（韩式上衣）""강강수월래（圆圈舞）"等，这些词大多遍布于韩国人的衣、食、住、行、娱乐等生活的各个方面。

二　造成中韩两国文化内涵词语意义差异的原因

1. 客观物质世界中的差异

客观物质世界中的差异是指语言所指的客观对象不同。语言反映客观现实，韩国人和中国人所处的客观世界不可能完全相同。如韩国传统歌唱形式"판소리"因为在汉语中找不到等值翻译，只好将其音译，有的翻译成"盘瑟俚"，有的翻译成"盘索里"。至于韩国的传统游戏"윷놀이"的翻译方法更是五花八门，有的翻译成"掷骰游戏"，有的翻译成"尤茨"，至今未找到一个定论。

2. 社会背景、文化传统、价值观念的差异

中国和韩国社会体制不同，生活习惯、饮食文化方面也存在很大的差异，因此那些具有民族文化特色的词语很难在另一种语言中找到合适的等值翻译。例如，中国是社会主义国家，社会主义体制下延伸出来的一些特色词汇，如："集体主义""五讲四美三热爱"等词语翻译成韩国语时，往往会出现理解上的困难。

可见，客观环境和社会文化背景的不同使得韩国语和汉语两种语言词汇的文化内涵出现极大的不同。语言是一种文化符号，由于韩国和中国的历史变迁、文化传统、生活习惯拥有很多的相似性，韩国语和汉语中词语的文化内涵有类似的一面，这类文化词语在翻译中可以找到彼此的对应；但另一方面韩国和中国由于社会体制、宗教信仰、生活环境等因素的影响，有一些富含文化内涵的词汇则无法找到一一对应的翻译，从而为文化词汇的翻译带来极大的困难。

三　文化词汇学理论对韩国语词汇汉译的启示

翻译是跨文化交际的一种重要手段，在翻译所传递的各种信息中，文化是十分重要的一项内容。不同的文化环境赋予词语的文化意义大不相同，认识这种差异对于翻译来说极为重要，因为翻译本身就是跨文化间的交流。因此在翻译过程中通常遇到的问题并非语言本身，而是如何根据文化差异对译文进行调整，以便使译文更加准确、地道和传神，使译文更能被读者理解和接受。[①]

在翻译时，对文化词语的处理上，除了分析词语的基本词义外，还要对词语内含的文化信息进行深层剖析。韩国文化词汇大体上可以分为两种形式，一种是固有词，一种是汉字词。其中汉字词大致分两种情况，一种和汉字标记的字面概念相吻合或基本吻合，一种和汉字标记的字面有很大的差异，这就需要我们在翻译时，具体问题具体分析。[②]

1. 固有词

（1）借用

2005年11月9日在韩国釜山APEC峰会闭幕式上，各国元首都身穿韩国传统的"두루마기"出现在记者面前，对于"두루마기"这种纯粹的韩国传统服饰，当天中国媒体的报道中出现了两种不同的称谓，有的音译为"杜鲁马基"，这有可能是不通晓韩国语的记者转译西方记者的报道，但另外一批通晓韩国语的中国记者在报道中说，各国首脑身穿"韩式长袍"。"韩式长袍"的说法很符合中国人的语言和思维习惯，能够和中国传统长袍产生一种联想，而且前面加上"韩式"二字，又表示这种"长袍"有别于"中式长袍"。根据这种方法，韩国语中的"탈춤""미닫이""비빔밥"等分别被翻译为"假面舞""推拉门""拌饭"。

---

① 何家宁、刘绍龙、陈伟：《英汉词语互译研究》，第147页。
② 沈仪琳：《韩文汉译实用技巧》，第148~181页。

（2）造词

韩国语中还有一部分固有词在汉语中没有对应或相似的表达，处理这类词语只能采取造词的办法。

例如：韩国人常吃的"김밥"，从字面上看，"김밥"是"紫菜"和"饭"组成的合成词。如果按照合成词的翻译方式，译成"紫菜饭"似乎又不符合这种饮食的特点，因此根据"김밥"是用紫菜将米饭包起来食用的特点，造了一个新词，即"紫菜包饭"。

（3）音译

像韩国传统的民间曲艺形式"판소리"这样的词汇，因无法找到和汉语的对应，无法重新造词，因此《高丽亚那》创刊号中在翻译时对此做音译加注处理，即"盘瑟俚（韩语发音 pansoli）：朝鲜民族特有的曲艺形式"。但由于汉语在翻译时尽可能采用意译，因此在对韩国语词汇的汉语翻译处理上，音译现象并不多见。

综上所述，处理韩国语固有词翻译时，要注意几点：一是要注意统一，二是表达要尽量接近汉语的表达习惯，三是尽可能取简舍繁，四是对比较难懂的词语添加注释。

2. 汉字词

韩国语中以汉字词构成的文化内涵词汇数量庞大，这些词汇的翻译看似简单，但实际上也有其复杂的一面，在翻译中切忌"拿来主义"、照搬汉字。

（1）同义

韩国语以汉字词的形式构成的文化词汇中，如果汉字词的汉字标记和汉语的汉字繁体字书写完全吻合，则在翻译时比较简单，只需使用韩国语汉字进行等值对译即可。例如："가야금"翻译为"伽倻琴"，"냉면"翻译为"冷面"，"삼계탕"翻译为"参鸡汤"等。

（2）转义

当韩国语词标记的汉字与汉语中使用的汉字在意思上差异较大时，则要使用转义译法，切忌借用韩国语的汉字标记直接等值对译，要转化为汉语中通用的表达。例如："대학원"这一词语的汉字标记

为"大学院",翻译成汉语时要翻译成"研究生院";韩国的行政单位中有"동"的概念,其汉字标记为"洞",翻译成汉语要转义为中国对应的行政单位"街道(即现在的社区)";韩国饮食中有一种菜肴名为"신선로",汉字标记为"神仙炉",翻译成汉语时要转义为"火锅";同样"문화재"这一单词虽然汉字标记为"文化财",但翻译成汉语时则要转义为"文化遗产"。转义是译者翻译水平的一种体现,恰如其分的转义会让翻译更加传神,让读者一目了然地理解原文意思。反之,如果不善于利用转义,翻译就会词不达意,造成翻译的失败,同时这也是很多韩国作品中出现"翻译腔"的根本原因所在。

综上所述,不同的文化间存在着差异,这也是当今文化词汇学以及跨文化交际学所关注的课题之一。文化差异其实是不同文化间的人认识世界时在时间和空间上的差异,一个东西在特定的时间和空间中,不会引起别人注意,一旦有了距离,出现差异,就成了文化。[①]文化是在一个国家社会发展变化中慢慢形成和沉淀下来的产物,语言在文化中得以体现,离开了文化的语言便失去了生命力,变得毫无意义。一个词是一个文化世界的浓缩。翻译不仅仅是语言和文字之间的转换,更是文化的转换,译者便是两种语言和文化之间的媒介。要想成功地做好翻译工作,同时要具备两个要素,一是语言知识,二是文化背景知识。即,除了对源语和目标语拥有熟练的驾驭能力之外,还要深谙使用源语和目标语两种语言的民族的文化。

虽然韩国和中国都处于汉字文化圈,文化交流源远流长,韩汉翻译从总体来说有很多"易"的因素,但文化差异造成的"难"点依然不容忽视。因此,译者在翻译时应该小心谨慎、仔细斟酌,不仅要准确表达韩国语的原意,还要反映语言中内含着的韩国文化。정연일指出,作为一名合格的译员,要对对方国家的文化有一个很

[①] 《怎样从普通语言学理论角度看文化语言学、文化词汇学》,《北大中文论坛》,http://www.pkucn.com/viewthread.php?tid=118928。

深的感性认识和理性认识。[①] 因此，作为韩汉方向的译者，相对于其他的学习者，对韩国语种的文化词汇更应该有一个更高层次的了解。

第八节　语言变体理论与韩国语词汇的汉译

语言的社会变体和差异是社会语言学研究的重要问题，也是翻译涉及社会语言学的一个重要方面。

一　语言变体理论

语言变体又称语言或言语变异、语言或言语异体。语言变体是社会语言学研究的重要课题，是由具备相同社会特征的人在相同的社会环境中所普遍使用的语言表现形式。"语言变体"是一个内涵很宽泛的概念，大至一种语言的各种方言，小至一种方言中某一项语音、词汇或句法特征，只要有一定的社会分布的范围，就是一种语言变体。语言变体受复杂的社会因素的制约，社会语言学对语言变体的研究一般认为，讲话人的社会阶级和讲话风格是语言变体的重要基础，而讲话人的性别对语言变体也产生重要影响。

同一种语言受其使用者在时间分布、空间分布以及社会分布等方面的影响，具有鲜明的时代、地区和社会特征。因此，我们可以把语言分为时域性语言、地域性语言和社会性语言这三大语言变体。

1. 时域性语言

时域性语言是同一种语言由于其使用者在时间分布上的差异而产生的语言变体的总称。语言总是随着时代的发展而发展变化的，因此，同一种语言在不同时代具有不同的时代特征。我们教科书上所提到的"古汉语"、"近代汉语"和"现代汉语"等都是汉语的时域性方言。韩国语的时域性方言——古代韩国语、中世韩国语和现

---

① 정연일,「통번역사의 한국어」, (주) 이지북스, 2006, p.138.

代韩国语之间也存在着相当大的差别。

2. 地域性语言

地域性语言是同一种语言由于其使用者在空间分布上的差异而产生的语言变体的总称,也是一般意义上的。一般来说,一种语言的使用者在空间分布上的差异越大,差异产生的可能以及差异的程度就越大。韩国尽管国土面积仅有 99600 平方公里,但依然存在许多地域性方言,如"庆尚道方言""全罗道方言""济州岛方言"等。不过,除"济州岛方言"外,其他的方言大部分都能听懂。

3. 社会性语言

社会性语言是指出于安全、宗教、娱乐、职业、自我认同等原因而聚集在一起或者被划归为一类的特定人群所使用的,由这种语言中的某些特定词汇、语法所组成的,甚至是具有某些语音特点的,可以作为这一人群区别于其他人群的特征之一的语言变体的总称。社会性方言又可以根据社会因素的不同方面,如按照种族、性别、职业、年龄、社会心理、人际关系等进一步划分。

二 韩国语中的社会性语言变体

韩国语中存在三大语言变体,一类是体现社会地位、亲疏远近的敬语与非敬语,另一类是体现性别差异的男性用语和女性用语,还有一类是书面语和口语。下面,笔者将从社会语言的角度,来考察韩国语的语言变体以及语言变体的翻译处理问题。

1. 社会语言学层面的语言变体 [①]

(1) 说话人与听话人、作者与读者的相互关系

韩国语存在着大量的终结语尾,同汉语相比,通过敬语的使用情况,可以推测和区分说话人与听话人之间的相互关系。例如:

김 : 책을 써서 남기시지요?

---

① 정연일,「통번역사의 한국어」, pp.35-43.

나 : 써서 남겨봐야, 내 나이가 되지 않은 교사들은 무슨 뜻인지 알아먹지 못할 것이고, 알아먹을 만한 교사들은 나처럼 학교를 떠난 뒤일 것이니, 이거야말로……자네 윤편을 아는가?
김 : 몇 회 졸업생인데요?
나 : 제 (濟) 나라 환공 (桓公) 과 같은 시대 사람이면 몇 회 졸업생인가?
김 : 죄송합니다.

출처 : 이윤기〈숨은 그림 찾기〉

从这段对话中出现的"교사""학교""졸업생"等词语可以推测出，这是老师和学生之间的一段交谈。"김"对"나"说话时采用尊敬的"해요"体，而"나"对"김"说话时采用非尊敬的"해"体，这样可以判断出"김"是学生，"나"是老师。

"길상아！"
길상이 걸음을 멈추고 보니 그 곳은 부엌 뒷문 쪽이었다. 봉순네가 팔짱을 끼고 부엌 뒷문을 향해 서 있었다.
"문의원께서는 아즉 안 가셨제?"
"야."
"머하시노?"
"사랑에서 말심하고 계십니다."
봉순네는 팔짱을 낀 채 초조한 안색을 띠고 바깥쪽을 한번 내다보듯 하더니,
"간난할매 진맥이나……마님께 말심다리야겠는데……길상아."
"야."

출처 : 박경리（2001）〈토지〉제 1 부

通过这段对话中出场人物在说话时使用的敬语情况可以判断出，

两个出场人物彼此身份差距悬殊。"길상"作为仆人,对主人说话使用敬语形式,回答问话时,说"야"。相反,主人对仆人"길상"说话,则采用十分随便的非尊敬口吻。

2. 文章体裁

在韩国语中,书面语和口语有着严格的语用特征,口语在表达中可以使用"합쇼""해요""해"体的终结语尾,也可以使用"해라"体的终结语尾,但书面语却只能使用"해라"体的终结语尾。即使是对同一件事情的阐述,都会根据接受者的不同,而采用不同的表达形式。如果接受者是听众,会采用口语体终结语尾;如果接受者是读者,则会采用书面语体的终结语尾。例如:

①박세리가 연장전까지 가는 대접전 끝에 미국 LPGA 칙픽 A 체리티 챔피언십에서 우승을 거머쥐었다. 이에 따라 박세리는 세이프웨이 대회에 이어 올해 미 LPGA 대회에서 시즌 2승째를 기록했다.

출처:〈조선일보〉2003.4.28

②한국독서학회는 독서 이론 정립 및 독서 교육, 독서 자료 개발 등 독서 문화 향상을 위한 사업을 추진하고자 1995년 8월에 창립된 학회입니다. 그 간 11회의 학술대회를 개최하였고 학술지〈독서연구〉를 8회 발간하였습니다.

上述文章①是为了向读者客观报道朴世里获得美国高尔夫巡回赛冠军这一事实,因而使用了非尊敬的"해라"体,体现出一种客观性。相反,文章②则是将信息公开传递给听众或读者,以此来维系说话人和听者、作者和读者之间的特定关系。即便文章②并非声音语言,而是以文字语言的形式传达出来,但同样显示了一种对话式的表达形式。

3. 性别

长久以来，很多社会语言学界的学者都从社会语言学的层面论证了性别对语言使用的影响。김규현和서경희指出，男性和女性在谈话过程中所使用的语言风格截然不同。[1] 例如：

하영 : 근데, 책상이 하나 있는데 이건 완전히 국민학교 삼학년이 쓰는 책상이에요.
미경 : 엉 : //
하영 : 그니깐 이건 반이야. 진짜 (.) 난 거짓말 안 해. 이건 반. 사이즈가 이거 반이야. 반도 안 돼.
미경 : 그럼 매킨토시… 못 놔 : …, 마우스 움직여야 되니까 :
하영 : 요것밖에 안 돼.
준호 : 하나 사셔야 되겠네.
하영 : 예.

从上面的对话可以看出，"미경（女）"和"준호（男）"针对"하영"的问题进行探讨时，采用了完全不同的答复方式。"미경"处处显示出对"하영"的一种关心，积极参与对"桌子太小，无法放电脑"这件事的讨论，并配合"하영"的意见，表示自己看法相同。因此，"미경"在说话时，故意拉长音，"엉 :，못 놔 :，되니까 :"，一方面表示自己完全同意，另一方面又在某种程度上显示自己的同情心。然而，"준호"在说话的时候，却一针见血、立竿见影地表达了自己的观点。

在韩国，20~30 岁的女性在日常对话终结语尾的使用方面，常常能够显示出对听话人的一种体恤情怀。向对方提问时，常常使用"-어"或者"-니"，而不使用"-냐"，显示一种温柔体贴的情感；

---

[1] 김규현, 서경희 :「대화조직상의 성별 차이 : 평가와 이해 확인을 중심으로」,「사회언어학」, 1996（4）, p.85.

表达命令时，使用"-어"的频率相对于"-어라"要高；向听话人表达请诱时，主要使用"-자"，而男性则常常使用"-지"的形式。①

三 语言变体理论对韩国语词汇汉译的启示

翻译所处理的是具体使用的语言，必然以各种语言变体的形式出现。语言变体可以对译者理解原文内容、分析出场人物之间的关系起到一定的辅助作用。因此在翻译时，译者要考虑到各种语体方面的特征，尽量做到忠实原文，并符合目标语表达习惯。

1. 敬语与非敬语的翻译

中国和韩国同属于东方礼仪之邦，受儒家思想的影响，在语言的使用上有尊卑之分，中国古代敬语数量众多，现代汉语中从前繁琐的敬语大多被淘汰了，现在常用的敬语词汇中代表性的有"您""请""劳驾"等。在现代社会的交往中，汉语的敬语大部分用于较为郑重的场合，例如外事活动、商务往来、信函往来中。用敬语表达对对方的敬意，同时显示说话人的谦逊有礼。同汉语相比，现如今韩国人生活中使用的敬语数量要远远多于汉语，形式上也比汉语要复杂得多。正因为这样，在翻译时决不可以随意忽视韩国语的敬语，要尽量地遵从韩国语的语气，郑重地翻译出源语的意思。汉语中有对应的敬语词汇和表达时，要尽量使用敬语，没有对应的词汇和表达，要使用郑重语体，尽量做到再现原文的风格。例如：

① 연세가 어떻게 되십니까? （对长辈）
② 몇 살이에요? （对孩子）

---

① 김순자,「여성화자의 화행 수행에 관한 연구」, 한양대학교 박사논문, 2001.

在上面这两句针对不同谈话对象的提问中，谈论的都是"年龄"这一话题，但由于例句①是针对长辈的询问，而例句②是针对孩子的询问。因而在翻译成汉语时，例句①要翻译成"您高寿？"，例句②要翻译成"你几岁"或"你多大了"。又如：

③ 댁이 어디십니까?
④ 말씀을 잘 들었습니다.

例句③中"댁"是"집（家）"的敬语，尽管汉语中也曾经用"府上"来表示对"家"的尊敬，但在今天的汉语中这一表述逐渐不被人使用，如果牵强地使用"府上"一词，翻译成"您府上哪里？"反而会让人觉得翻译得不贴切、不自然。同样例句④中"말씀"是"말（话）"的敬语，而汉语中并没有对应"话"的敬语，因此这两句话在翻译时，要灵活处理，使用郑重的表达，来表示自己的谦逊。例句③翻译成"您住哪里"，例句④翻译成"谢谢您的发言"。

2. 男性用语与女性用语的翻译

从个人语体来看，一个人说话时的语境，包括说话的内容、对象、场合以及说话的目的和动机等，都可能影响语体的使用。韩国语与汉语不同，在韩国语中，男性用语与女性用语有着明显的差别，这是韩国语的重要特点之一。汉语中男性用语和女性用语的区别主要表现在，女性在词汇上倾向于使用委婉语、语气词和情感词，较少使用禁忌语，而男性较多使用粗俗语。因此，翻译时要抓住这些差异，准确把握和表达每个角色的言语风格。

3. 书面语与口语的翻译

就书面语和口语而言，在翻译时，也要力争在语体方面尽可能对应。例如前面提到过的例子：

原文1：2주만 있으면 3학년이에요. 선생님은 이 때 기분 어떠셨어요?

译文：再有两周我就三年级了，老师您现在心情怎么样呢？

原文2：2주만 있으면 3학년이다. 선생님께서는 이 때 기분이 어떠셨을까 싶다.

译文：再有两周就要升入三年级，不知老师现在心情如何。

韩国语口语体翻译成汉语时，汉语的表达要符合口语表达的习惯，力求自然贴切。书面体翻译成汉语时，要选择一些郑重的表达方式，必要时可以使用文言词汇，使得表达更加精炼。

|第五章|
韩国语词汇的汉语翻译

第一节　韩国语的汉字词及其翻译

一　汉字词在韩国语中的重要地位

在太平洋西岸地区，从东北到西南，日本列岛、朝鲜半岛和中南半岛环绕着中国大陆，构成了一个古老的汉字文化圈。朝鲜半岛是汉字文化圈中的一个重要地区，在汉字文化的传播和汉字文化圈的形成方面起到了重要的作用。同其他国家比较，韩国吸收汉字文化的时间最早，使用汉字的时间也最长。韩国直到15世纪中叶才创制了"한글（韩文）"，而且在"한글"创制之后，直到19世纪末，汉字的使用才有所减少。尽管日本、越南等国的语言中也存在大量的汉字词，但韩国语中的汉字词数量最多，读音系统最强，在全盛时期达到80%以上。《韩国语词汇使用频度调查》显示，在被调查的56096个单词中，汉字词39563个，占总数的70.53%。[①] 可见韩国语汉字词的翻译是韩汉翻译中的一个重要环节。

---

① 신은희,「문화 전환으로서의 번역 : 중한 번역 사례를 중심으로」, 부산외국어대학교 통역번역대학원 석사논문, 2005.

二 韩国语汉字词的类型

汉字词起源于汉语,是从汉语中借用的特殊词汇,在语音、语义和语法结构上同汉语有很多共同之处,但随着过去一千年间韩国语中的汉字词同韩国文化的融合,汉字词在韩国语言文化发展变化过程中,也发生了很大的变化,有很多汉字词无论是构词方式,还是包含的意义都与汉语有很大的出入,[①] 汉字词的具体类型如下。

1. 同汉语完全对等的同音同形同义语

在韩国语的汉字词中,有很大一部分同汉语词汇在发音、标记和意思方面完全一致。一般我们把两种语言的概念意义和情感意义完全相同称作二者具有绝对同义关系(절대 동의 관계)。韩国语的汉字词中,这种同汉语词汇具有绝对同义关系的同音同形同义语占85.98%。[②]

例如:

경제(經濟)——经济
정치(政治)——政治
국가(國家)——国家
외교(外交)——外交
강산(江山)——江山

2. 同汉语标记不同的同义异形语

一部分的韩国语汉字词标注同汉语的对应词之间存在细微差别,这些词尽管在标记上同汉语略微有所差异,但作为中国人看到这些词汇大体上可以猜测出词语的意思。

例如:

[①] 金儿英、孙志凤:《韩中同事同译考察》,「논문집」,1998(12)。
[②] 김진아,「한국에서 사용되는 한자어를 통한 중국어 어휘 습득이 중국어 학습에 미치는 영향」,「통역번역연구」,2005(9).

（1）汉字使用上略有差异

유치원（幼稚園）——幼儿园
국민（國民）——人民
고속도로（高速道路）——高速公路
주차장（駐車場）——停车场

（2）字数比汉语有所增加

소아과（小兒科）——儿科
지하철（地下鐵）——地铁
우체국（郵遞局）——邮局
생산량（生產量）——产量

（3）顺序颠倒

운명（運命）——命运
평화（平和）——和平
동서고금（東西古今）——古今东西
산해진미（山海珍味）——山珍海味

3. 同汉语标记相同但意思不同的同形异义语

一般情况下，韩国语中的汉字词与汉语的含义基本相同，但也有例外的情况。这些往往是译者在翻译过程中准确理解原文意思的绊脚石。

例如：

방학（放學）——放假
연출（演出）——导演

물건（物件）——东西
기차（汽車）——火车

4. 源自其他语言的汉字词

韩国语中还有一些特殊的汉字词，虽然也是由汉字构成的，但其意义与汉语没有必然的联系。这类词中有一部分是韩国人自创的汉字词，有一部分是从日语中借用而来的。

例如：

（1）韩国人自创的汉字词

동생（同生）——弟弟、妹妹
사촌（四寸）——堂兄弟、堂姐妹
종종（種種）——有时候
차차（次次）——逐渐

（2）从日语中借用的汉字词

역할（役割）——作用
영화（映畵）——电影
각오（覺悟）——思想准备
인사（人事）——打招呼、问候

三 韩国语汉字词的汉语翻译

1. 同音同形同义语的翻译

韩国语汉字词中同汉语存在绝对同义关系的词语在翻译时可以本着完全对应的原则进行对等翻译。

例如：

原文：한국 유학생은 최근 겨울 여름 방학을 이용하여 해외로 여행을 자주 간다.

译文：韩国留学生最近经常利用寒暑假去国外旅行。

在上面这个句子中，"유학생""최근""이용""여행"四个汉字词同汉语属于同音同形同义语，因而在翻译上无需特殊处理，可以完全照搬。在韩国语中这类词占有很大的比重，按照词性来分，大致情况如下。

（1）名词

성적——成绩

전화——电话

동물——动物

녹음——录音

내용——内容

가정——家庭

교실——教室

학교——学校

（2）动词

참관하다——参观

참가하다——参加

감사하다——感谢

검사하다——检查

처리하다——处理

안심하다——安心

청소하다——清扫

연구하다——研究

동의하다——同意

(3) 形容词

건강하다——健康
우수하다——优秀
복잡하다——复杂
활발하다——活泼
안전하다——安全
총명하다——聪明
행복하다——幸福
위대하다——伟大
중요하다——重要

(4) 副词

충분히——充分地
보통——普通
적극적으로——积极地
소극적으로——消极地

2. 同义异形词的翻译

范琦慧对韩国语中的汉字词进行考察，发现其中相对同义词占3.19%。① 这里所说的相对同义词便是本书在此要讨论的同义异形词，即意义相同，但在标记方法上同汉语略有差别的词汇。这类词在翻译上对于中国译者来说并不会造成很大的障碍，但有时一方面会因为不了解韩国语汉字标记的意义，无法推测出汉语应该如何表达；另一方面即使知道韩国语汉字标记的意义，有时也可能找不到汉语的对等翻译。例如："선진국（先進國）"和"발전

---

① 김진아，「한국에서 사용되는 한자어를 통한 중국어 어휘 습득이 중국어 학습에 미치는 영향」，「통역번역연구」，2005 (9).

도상국（發展道上國）"这两个单词，很多中国译者仅仅凭借汉字词的标记，将"선진국"翻译为"先进国家"，殊不知汉语中更为恰当的表达为"发达国家"，而且即使知道"발전도상국"的汉字标记为"發展道上國"，但推测不出其指代的是汉语中的"发展中国家"。

3. 同形异义语的翻译

统计发现，部分异义语占 7.82%，[①] 这里所说的部分异义语便是韩国语中同汉语的标记略有相似，但用法和意义却完全不同的汉字词。例如："표현"一词汉字标记为"表现"，但在汉语中对应的翻译则是"表达"，汉语中的"表现"对应的韩国语单词应该是"나타내다"。这类汉字词在韩国语翻译成汉语的过程中，是译者的软肋，译者们常常会按照汉字词的标记原封不动进行照搬，词不达意，阻碍语言的交流。例如：

原文：남편은 나에 대한 그의 애정을 표현한다.
译文 1：丈夫表现他对我的爱情。

在这句话中，"애정"和"표현"都属于同形异义汉字词，汉字标记为"愛情"和"表現"，但在翻译时不能照搬汉字，而要使用对应的汉语"感情"和"表达"。因而最终的翻译为：
译文 2：丈夫表达他对我的感情。
又如：
原文：월요일 아침에 교통이 가장 복잡하다.
译文 1：周一早上交通最为复杂。
译文 2：周一早上交通最为拥挤。

原文：그 학생은 아주 전망이 있다.

---

① 김진아,「한국에서 사용되는 한자어를 통한 중국어 어휘 습득이 중국어 학습에 미치는 영향」,「통역번역연구」, 2005（9）.

译文1：那个学生很有展望。
译文2：那个学生很有前途。

原文：우리 아버지는 정보 회사에서 일하신다.
译文1：我爸爸在情报公司工作。
译文2：我爸爸在信息公司工作。

以上例句中"복잡""전망""정보"虽然汉字标记为"複雜""展望""情報",但在实际翻译中要使用对应的汉语"拥挤""前途""信息"。

除上述词语外,还常常容易出现问题的同形异义汉字词有:"신문(新聞)""경리(經理)""선생(先生)""고등학교(高等學校)"等,他们对应的汉语为"报纸""会计""老师""高中"。这类词语在翻译时因为同汉语的标记完全相同,但表达意思有很大出入,会为译者造成很大的困难,因此在翻译时关键是要避免受到汉字标记的干扰,仔细辨别原句意思,从上下文语境、文化语境和情景语境的角度弄清对应的汉语表达,将源语的意思表达准确、顺畅。

4. 源自其他语言的汉字词的翻译

统计发现,韩国语的汉字词中完全异义语占3.01%,[①]这里所说的完全异义语是尽管使用汉字标记,但同汉语没有任何关系,大多是借用日语的汉字词。这类词无法通过汉字标记来推测词语的意思,需要借助于工具书翻译成现代汉语中的对应语。例如:

原文1：축구 시합을 구경했습니다.
译文：看了足球比赛。
原文2：음식을 주문했습니다.
译文：点餐了。

[①] 김진아,「한국에서 사용되는 한자어를 통한 중국어 어휘 습득이 중국어 학습에 미치는 영향」,「통역번역연구」, 2005（9）.

上面的两个例句中,"시합"和"주문"汉字标记为"试合"和"注文",这两个单词都是从日语中借用的,同汉语没有必然的联系,在翻译时要转换成汉语的对应词语"比赛"和"订、点"。

第二节　韩国语数量词的汉语翻译

一　数词

表示数量和顺序的词叫数词,数词分量数词和序数词两种。

1. 量数词

表示数量的数词叫做量数词。量数词有两种,一种是汉字量数词,另一种是固有量数词。

(1)汉字量数词

일(1),이(2),삼(3),사(4),오(5),육(6),칠(7),팔(8),구(9),십(10)

이십(20),삼십(30),사십(40)……백(百),천(千),만(万),억(亿),조(兆)

(2)固有量数词

하나(1),둘(2),셋(3),넷(4),다섯(5),여섯(6),일곱(7),여덟(8),아홉(9),열(10)

스물(20),서른(30),마흔(40),쉰(50),예순(60),일흔(70),여든(80),아흔(90)

2. 序数词

表示顺序的词叫序数词。韩国语中的序数词也有两种,一种是汉字序数词,另一种是固有序数词。

(1)汉字序数词

由接头词"제"加汉字量数词构成。

제일(第一),제이(第二),제삼(第三),제사(第四),제오(第五),제육(第六)

（2）固有序数词

除"첫째"外，都由固有量数词加接尾词"째"构成。

첫째（第一），둘째（第二），셋째（第三），넷째（第四），다섯째（第五），여섯째（第六）

二 量词

韩国语中有大量的数依存名词，这些词同汉语中的量词大体相同，因此在中国国内的韩国语界也常常被称作量词。因为受汉字词的影响，韩国语中有很多汉字词量词，这些汉字词量词尽管在书写上和汉语的量词属于同形量词，但有的同汉语意思完全相同，有的有部分差别，还有的意思完全不同，在进行汉语翻译时要引起足够重视。

1. 中韩两国意义相同的同形量词

韩国语中有很多量词不仅使用汉字词标记，而且在意义上也同汉语完全相同：[1]

量词	在韩国语和汉语中的意思
동—栋	房屋和建筑物的量词
병—瓶	承载东西容器的量词
조—组	人或物归类的量词
폭—幅	图画或纺织品的量词
환—丸	中药的量词
곡—曲	音乐或歌曲的量词
세—岁	年龄的量词
호—户	居住人家的量词

2. 汉语比韩国语使用范围更广的同形量词

汉语中的量词同韩国语相比数量更多，使用方法更为广泛，尽

---

[1] 李恩敬，「中国语量词研究——한국어와의 비교를 중심으로」，이화여자대학교 교육대학원 석사논문，2000.

管有很多量词在中韩两国语言中同时存在，但在汉语中的使用范围更广，这种量词在韩汉同形量词中占有很大比重：①

量词	在韩国语中表达的意义	在汉语中表达的意义
개—个	表示具体单个的事物	①情物（人、动物）；②具体单个事物 ③抽象事物
국—局	围棋、象棋比赛	①象棋比赛；②其他球类项目比赛
문—门	只限指代大炮	①事、业务；②大炮；③科目、学问、技术等
절—节	文章歌曲的段落	①火车车厢；②文章段落；③物体中间断开的部分
조—条	规章制度内容的分类	①细长的东西；②抽象事物（消息、法律条文）；③生命
좌—座	房屋、佛像的量词	①山；②建筑；③桥梁；④下面有支撑的物体（佛像、塔）
장—场	指代话剧	①文体活动；②历经时间过程的事（梦、雨、官司）；③话剧
편—片	人参称重的量词	①薄的东西；②表示风景、气氛、心意的量词

3. 韩国语比汉语使用范围更广的同形量词

在韩汉同形量词中，也不乏韩国语的使用范围远远超过汉语使用范围的量词：②

量词	在韩国语中表达的意义	在汉语中表达的意义
대—代	①代人；②细长的东西（烟、箭）	几代人
명—名	泛指人的量词	只用于指代有身份的人
촌—寸	①量衡长短；②亲戚关系	度量衡长短
통—桶	①桶承载的量词；②表示一定的大小	用桶承载的量词
타—打	①物品12个；②高尔夫或棒球的打数；③一定时间内打字的速度	物品12个

---

① 李恩敬,「中国语量词研究——한국어와의 비교를 중심으로」, 이화여자대학교 교육대학원 석사논문, 2000.
② Ibid.

4. 韩国语和汉语意思部分相同的同形量词

一部分的韩国语量词从汉语中借入使用后，在自身语言发展变化的过程中，又出现了很多派生的意义，从而使得韩国语和汉语中有一部分的同形量词，意思并不完全相同：①

量词	韩汉共同使用的意思	韩汉使用上的差别
건—件	事情、文件的单位	韩：事情、事故的发生次数 汉：服装、装饰品、家具、行李等
권—卷	书的量词	韩：电影胶片的长度单位、书本的量词 汉：卷状的物品（书、磁带、胶带）
대—台	机器、钢琴、电器的量词	韩：交通工具的单位 汉：舞台演出的量词
부—部	书籍的量词	韩：印刷品的单位 汉：电影、电话、交通工具以及传记的量词
장—张	薄的物品（纸、饼）	韩：玻璃、肥皂、毯子、T恤衫等的量词 汉：椅子、床、桌子、脸、嘴等的量词

5. 韩国语和汉语意思完全不同的同形量词

所谓"韩国语和汉语意思完全不同的同形量词"，就是尽管韩国语量词在标记上同汉语量词完全一致，但意思完全不同。②

量词	韩国语中使用的意义	汉语中使用的意义
매—枚	薄且有两面的物体（纸、树叶等）	小而扁圆的物体（棋子、硬币、勋章等）
잔—盏	装载杯子里的酒或饮料的量词	灯的量词
면—面	报纸的页数、图形的面的量词	有两面的物体（镜子、旗帜等）、见面次数
석—席	国会议席的座位数	筵席、酒席或谈话的量词

---

① 李恩敬,「中国语量词研究——한국어와의 비교를 중심으로」, 이화여자대학교 교육대학원 석사논문, 2000。
② Ibid.

三　数量增减的翻译处理 ①

1. 数量增减的翻译

（1）表示增减的量

韩国语公式：数量或百分比 + 가 / 이或를 / 을 + 增加 / 上升 / 下降 / 减少

汉语公式：增加 / 上升 / 下降 / 减少 + （了）+ 数量或百分比

例如：

原文：1GW 규모의 화력발전소에서 연간 600 만 T 의 이산화 탄소가 배출되는 데 이 기술을 적용하면 <u>약 20%~30% 를 줄일 수 있다</u>.

译文：大约可以减少 20%~30%。

又如：

原文：근년에 굴은 양식되어 생산량이 갈수록 많아지고 있다. 1990 년부터 1994 년까지 <u>양식 면적이 23.9% 증가했고 생산량은 62.7% 증가했다</u>. 1994 년부터 1997 년까지 <u>양식 면적과 생산량이 각각 53.9% 와 88.6% 늘어났다</u>.

译文：养殖面积增加了 23.9%，产量增加了 62.7%。
养殖面积和产量分别增加了 53.9% 和 88.6%。

（2）表示增加后的总数

韩国语公式：数量或百分比 + 로 / 으로 + 增加 / 上升 / 下降 / 减少

汉语公式：增加 / 上升 / 下降 / 减少 + 到 + 数量或百分比

例如：

原文：어떤 지역의 가리비 생산량은 옛날의 kg 당 160~250 개 로부터 kg 당 300 개 이상으로 떨어졌다.

译文：下降到每公斤 300 个以上。

---

① 李龙海、李承梅：《韩汉翻译教程》，上海外语教育出版社，2009。

又如：
原文：올해 양계닭이 지난해의 4 배로 늘어났다.
译文：增加到去年的 4 倍。

四 量词的翻译处理

1. 对等法
将韩国语的量词用对应的汉语量词对等替换。
例 1：사과가 한 근에 3000 원입니다.
　　　1 斤 3000 韩元。
例 2：한국어를 개설한 대학은 200 개나 됩니다.
　　　大学大概有 200 所。
例 3：시장에서 생선을 두 마리 샀습니다.
　　　买了 2 条鱼。
例 4：한국어 사전이 두 권 있습니다.
　　　有两本。

2. 倒置法
韩国语数量词的表达通常有两种形式，一种是"名词+数词+量词"，一种是"数词+量词+의+名词"。其中前一种形式被使用的频率较高，在翻译成汉语时，要将名词和数量词的位置前后倒置。

例如：
종이 한 장——一张纸
술 세 병——三瓶酒
옷 한 벌——一套衣服
사람 두 명——两个人
손님 한 분——一位客人
例 1：교실에 학생 30 명과 선생님 두 분이 있다.
　　　有 30 名学生和 2 位老师。
例 2：혼자서 맥주를 다섯 병 마셨다.

喝了5瓶啤酒。

3. 添加法

韩国语的数词可以不带量词，直接使用数词加名词的形式，例如"한 사람"，而汉语中往往不能省略量词，总是以一个数量短语的形式出现，因此要翻译为"一个人"。此外，在韩国语中，如果数量和次数为"一"，表达时往往不体现数量，而汉语却截然不同。在汉语中，任何一个动词后面出现的宾语，都需要有数量词的修饰，因此诸如此类的韩国语句子翻译成汉语时一定要添加量词。

例1：남들은 천연기념물이라며 백로를 좋아하지만, 주민들에게는 애물단지예요. 아침·저녁으로 역겨운 냄새 풍기죠.
每天早晚都散发出一种难闻的恶臭。

例2：새로 나온 "새집·새차 증후군 제거 스프레이"다.
是新上市的一种"祛除新房、新车综合症喷雾剂"。

例3：이번 올림픽이 "대중화（大中華）선포식"이나 진배없기 때문이다. 일부 중국인은 "성당（盛唐）시대의 재현"이란 말도 사용한다.
此次奥林匹克盛会等于是一次"中华人民共和国大宣誓"，一部分中国人称之为"唐朝鼎盛时期的一次再现"。

例4：그는 퇴직금과 회사가 얹어준 약간의 위로금을 몽땅 털어 자본금 8000만원의 회사를 설립했다.
他拿出自己全部的退休金和公司补发的少许补偿金，创建了一家注册金额8000万韩元的公司。

上述例句在翻译成汉语的过程中，添加了韩国语原文中所没有的数量词"一种""一次""一家"，使得翻译后的语句更加自然，符合汉语的表达习惯。

此外，汉语中的量词数量远远多于韩国语，很多韩国语句子本身没有量词，而翻译成汉语时却需要使用添加法添加量词。在翻译

时具体情况大致如下：①

착한 마음——一颗善良的心

글씨를 잘 쓴다——写一手好字

한국어를 유창하게 잘 한다——说一口流利的韩国语

혼사——一门婚事

재산——一笔财产

호의——一番好意

목숨——一条命

담장——一堵墙

웃는 얼굴——一副笑脸

진실한 마음——一片真心

지긋한 나이——一把年纪

4. 一对多

由于韩国语的量词无论是从数量上还是从用法上都远不及汉语那么发达，有很多韩国语量词在翻译成汉语时，会对应多种不同的表达形式，因此要根据实际情况，选择符合汉语表达习惯的量词。②

例如：

（1）가지——层、点、种、类、项、道、味、样

한 가지 의미——一层意思

몇 가지 의견——几点意见

한 가지 방법——一种方法

한 가지 일——一类事情

한 가지 조건——一项条件

한 가지 요리——数道菜

---

① 李恩敬,「中国语量词研究——한국어와의 비교를 중심으로」, 이화여자대학교 교육대학원 석사논문, 2000.

② Ibid.

일곱 가지 한약재——七味药

두 가지 과일——两样水果

（2）개——个、件、颗、把、盏、顶、块、节、张、面、根、扇、卷

과일 한 개——一个水果

짐 한 개——一件行李

별 두 개——两颗星星

의자 세 개——三把椅子

불 한 개——一盏灯

모자 한 개——一顶帽子

비누 두 개——两块肥皂

건전지 세 개——三节电池

책상 한 개——一张桌子

거울 한 개——一面镜子

소세지 한 개——一根火腿

문 두 개——两扇门

휴지 몇 개——几卷手纸

（3）대—辆

자동차 한 대——一辆汽车

비행기 한 대——一架飞机

컴퓨터 한 대——一台电脑

담배 한 대——一袋烟

（4）마디——口、句、声、节

유창한 영어 한 마디——一口流利的英语

말 한 마디——一句话

한 마디 전하다——转告一声

대나무 한 마디——一节竹子

（5）장——件、页、条、枚、张

셔츠 한 장——一件衬衫

원고지 한 장——一页稿纸
스카프 한 장——一条围巾
우표 한 장——一枚邮票
종이 한 장——一张纸

（6）통——通、卷、桶、封、头、个、棵
전화 한 통——一通电话
필름 한 통——一卷胶卷
물 한 통——一桶水
편지 두 통——两封信
마늘 한 통——一头大蒜
수박 두 통——两个西瓜
배추 열 통——十棵白菜

（7）편——班
다음 편 비행기——下一班飞机
경극 한 편——一台戏
영화 세 편——三部电影
논문 한 편——一篇论文
시 두 편——两首诗

5. 多对一
韩国语中有很多量词在翻译成汉语时可以对应同一个量词。①
例如：
（1）자루，개，대，줌，단——把
칼 한 자루——一把刀
의자 한 개——一把椅子
바이올린 한 대——一把小提琴
재 한 줌——一把灰

---

① 李恩敬,「中国语量词研究——한국어와의 비교를 중심으로」, 이화여자대학교 교육대학원 석사논문, 2000.

시금치 한 단──一把菠菜

（2）보따리, 갑, 봉지──包

옷 한 보따리──一包衣服

담배 한 갑──一包香烟

간식 한 봉지──一包零食

（3）권, 질, 편, 대──部

사전 두 권──两部辞典

노신 전집 한 질──一部鲁迅全集

영화 한 편──一部电影

전화기 두 대──两部电话

（4）줄, 가닥, 코스, 개, 가지──道

선 한 줄──一道线

한 가닥의 금빛──一道光

네 번째 코스의 요리──第四道菜

문 한 개──一道门

명령 한 가지──一道命令

（5）명, 개, 입, 모금, 구──口

식구 다섯 명──五口人

우물 한 개──一口井

빵 한 입──一口面包

물 한 모금──一口水

관 한 구──一口棺材

（6）줄기, 보루, 척, 마리, 가지, 장──条

강 한 줄기──一条河

담배 한 보루──一条香烟

배 세 척──三条船

생선 두 마리──两条鱼

뉴스 한 가지──一条新闻

치마 한 장──一条裙子

第三节　韩国语拟声拟态词的汉语翻译

一　韩国语的拟声词

韩国语中表示事物声音的词叫做拟声词，汉语中称作象声词。韩国语的拟声词极为丰富，这些拟声词由来已久，今天依然在不断地发展变化。使用拟声词会使语言更加生动、直观、形象。韩国语的拟声词根据声音发出的对象大致可以分为如下几种情况。①

1. 人的声音

人发出的声音中，由于心情作用会发出笑声、哭声，由于个人行为可以发出说话声、脚踏声、咀嚼声、呼吸声、鼓掌声等，由于生理原因可以发出咳嗽声、呼噜声等。

2. 动物的声音

动物的声音中，根据动物种类不同，有鸟的叫声、家畜的叫声、虫子的叫声等。

3. 自然界的声音

自然界的声音大部分是由于自然现象而出现的声音，如雷声、雨声、风声等。

4. 乐器的声音

根据乐器种类的不同，钢琴、小提琴、笛子等也会演奏出不同声色的声音。

5. 机器或工具的声音

机器或工具的声音中包括交通工具的鸣笛声以及人类在工作中发出的声音，如拉锯声、摩擦声等。

---

① 정진,「한중 의성어 대소 연구」, 고려대학교 대학원 국어국문학과 석사논문, 2009.

二 韩国语拟声词的汉译

1. 人的声音

笑	大笑	男女共同	하하	哈哈
		女	호호 / 깔깔	格格 / 嘎嘎
		男	껄껄	呵呵
		长辈	허허	赫赫
	忍不住笑	一次	픽	扑哧
		反复	키득키득	嗤嗤
	高兴地笑		히히	嘻嘻
	傻笑		해해	嘿嘿
哭	大声哭	婴儿	응아응아	呱呱
		小孩子	앙앙	哇哇
		大人	엉엉	呜呜
说话	语速快而不中断		따다다다	嘀哩嘟噜
	女人或孩子自言自语		종알종알	嘟嘟囔囔
	很多人小声		쏙살쏙살	嘀嘀咕咕
	很多人吵闹		웅성웅성	唧唧喳喳
呼吸	孩子睡觉		새근새근	呼呼
	大人		쿨쿨	呼呼
	打呼噜		드르렁드르렁	呼噜呼噜
	气喘		헉헉	吁吁
			헐레헐레	呼哧呼哧
	口中吹气	松气	후	呼
吃东西	咀嚼	吃米饭	짭짭	吧叽吧叽
		吃水果蔬菜	바싹바싹	咯吱咯吱
	喝水		꿀꺽꿀꺽	咕咚咕咚
	吃面条		호르륵호르륵	忽噜噜
走路	走在路上		와다닥와다닥	叭哒叭哒
	踩在树叶上		바삭바삭	沙沙
	踩在雪地上		서벅서벅	咯吱咯吱

续表

嘴发出	吸烟		삐끔삐끔	叭嗒叭嗒
	咋舌		쯧쯧	啧啧
	吹口哨		휘휘	嘘嘘
	呻吟		끙끙	哼哼唧唧
生理现象	咳嗽	一声	애헴	嗯哼
		反复	콜록콜록	咳咳
	肚子	饿	꼬르륵	咕噜咕噜
	心脏	紧张	쿵쿵	怦怦
			콩쾅콩쾅	扑通扑通
	放屁		붕	噗
	呕吐	病理	울컥	哇
		吐口水	퉤	呸

2. 动物的声音

公鸡	꼬끼오	喔喔喔
母鸡	꼬꼬댁	咯咯哒
鸭子	꽥꽥	嘎嘎
马蹄	다가닥다가닥	吧嗒吧嗒
猪	꿀꿀	哼哼
牛	음매	哞哞
羊	매	咩咩
鸽子	꾹꾹	咕咕
老鼠	찍찍	吱吱
布谷鸟	뻐꾹뻐꾹	布谷布谷
麻雀	재잘재잘	叽叽喳喳
蝉	매암매암	知了知了
虫子飞	윙윙	嗡嗡
青蛙	개굴개굴	呱呱
狗	멍멍	汪汪
猫	야옹	喵喵

3. 自然界的声音

风	쌩쌩	嗖嗖
雷	우르르쾅쾅	轰隆隆
雨	주룩주룩	淅淅沥沥
水流	철렁철렁	哗啦哗啦
水流	콸콸	哗啦啦
水沸腾	뽀글뽀글	咕噜咕噜

4. 乐器的声音

打击乐	쿵탕쿵탕	叮叮噔噔

5. 机器或工具的声音

键盘	타다닥타다닥	噼里啪啦
钟表	똑딱똑딱	嘀嗒嘀嗒
电话	따르릉	叮铃铃
照相机	찰칵찰칵	咔嚓咔嚓
汽车	빵빵	嘟嘟
火车	칙칙폭폭	呜呜
关门	쾅당	哐当
开门	삐거덕삐거덕	吱嘎
风铃声	달랑달랑	叮当叮当

三　韩国语拟态词的构成

所谓拟态词就是模仿人或事物活动或样态的词语，例如"아장아장（孩子蹒跚学步的样子）"、"반짝반짝（光芒闪耀的样子）"等。

韩国语拟态词大部分以重叠的形式构成，可以被分为单独型和反复型两种。根据音节的多少，单独型又可以分为"单音节（A型）""双音节（AB型）""三音节（ABC型）""四音节

(ABCD 型)";反复型又可以分为"单音节(AA 型)""双音节(ABAB 型)""三音节(ABCABC 型)""四音节(ABCDABCD 型)"。①

例如:

(1) 单独型

A:꽉, 딱, 쑥

AB:덜컥, 반짝, 버럭

ABC:꼬부랑, 후루룩

(2) 反复型

AA:돌돌, 빙빙, 살살

ABAB:도톨도톨, 폴짝폴짝

ABCABC:두리번두리번

ABCDABCD:할래발딱할래발딱

除此之外,还有一些拟态词音节当中有部分重叠。例如"울퉁불퉁""싱숭생숭""퍼르르"等。

四 韩国语拟态词的汉译

1. A 型拟态词的汉译

A 型	汉译	例句	译文
탁	突然	웃음이 탁 터진다.	突然爆发出笑声。
확	突然	냄새가 확 풍긴다.	突然散发出味道来。
획	忽然	머리를 획 돌린다.	忽然转过头来。
딱	断然	그의 요구를 딱 거절했다.	断然拒绝了他的要求。
탁	豁然	고개를 올라서니 사방이 탁 틔였다.	爬上山坡,四处豁然开朗。

① 장언청,「한국어 교육을 위한 한중 의태어 대비 연구」, 건국대학교대학원 석사논문, 2009.

续表

쫙	一下子	소문이 쫙 퍼졌다.	消息一下子传开了。
턱	一下子	내 팔을 턱 쥐었다.	一下子抓住了我的胳膊。
쑥	一下子	앞다리가 쑥, 뒷다리가 쑥.	一下子前腿出来了，一下子后腿出来了。
툭	一下子	어두운 방에서 사람이 툭 뛰어나왔다.	漆黑的房间里一下子蹦出一个人。
죽	一口气	우유를 죽 마셨다.	牛奶一口气都喝光了。

2. AB 型拟态词的汉译

AB 型	汉译	例句	译文
비쩍	骨瘦如柴	그 사람이 비쩍 말랐다.	他骨瘦如柴。
쫄딱	一干二净	사업이 쫄딱 망했다.	生意赔得一干二净。
뚝딱	一下子	일을 뚝딱 끝냈다.	事情一下子都做完了。
번쩍	猛地	커다란 소리에 눈을 번쩍 떴다.	因为一声巨响，猛地睁开眼睛。
부쩍	一下子	해외 여행을 가는 사람이 부쩍 늘었다.	去国外旅游的人一下子增多了。
얼핏	依稀	어릴 때의 일이 얼핏 생각난다.	小时候的事情依稀记得。
깜박	突然	깜박 잊었다.	突然忘记了。
문득	突然	문득 생각났다.	突然想起来了。
가득	满满	컵에 물이 가득 찼다.	杯子里水装得满满的。
살짝	微微	살짝 웃었다.	微微地笑了一笑。
꼬박	整整	꼬박 3일 걸렸다.	整整花了三天时间。
비죽	高高	입을 비죽 내밀었다.	高高撅起了嘴。

3. ABC 型拟态词的汉译

ABC 型	汉译	例句	译文
월커덕	一下子	월커덕 토했다.	一下子都吐了。
후루룩	一口气	국수를 후루룩 다 먹어버렸다.	一口气把面条都吃了。
꼬부랑	驼背	앞에서 꼬부랑 할머니가 오고 있다.	前面来了一个驼背的老奶奶。

4. AA 型拟态词的汉译

AA 型	汉译	例句	译文
뻘뻘	大汗淋漓	온 몸에 땀이 뻘뻘 흘렀다.	浑身大汗淋漓。
벌벌	瑟瑟发抖	추위에 벌벌 떨고 있다.	在寒风中瑟瑟发抖。
송송	密密麻麻	양파를 송송 썰어서 넣었다.	把洋葱切碎放了进去。
질질	拖拖拉拉	시간을 질질 끌지 마세요.	不要拖拖拉拉磨蹭时间。
꽁꽁	硬邦邦	땅이 꽁꽁 얼었다.	地冻得硬邦邦。
통통	肿胖胖	눈이 통통 부었다.	眼睛肿得很厉害。
살살	轻轻	상처를 살살 만졌다.	轻轻地摸了摸伤口。
솔솔	簌簌	잠이 솔솔 온다.	睡意渐浓。

5. ABAB 型拟态词的汉译

ABAB 型	汉译	例句	译文
성큼성큼	大步流星	한 남자가 성큼성큼 걸어 왔다.	一个男子大步流星地走过来。
슬금슬금	小心翼翼	아이가 슬금슬금 내 눈치를 본다.	孩子小心翼翼地看我的眼色。
터벅터벅	有气无力	노인이 터벅터벅 걸어간다.	老人有气无力地走着。
기웃기웃	探头探脑	기웃기웃 뭘 들여다보느냐?	探头探脑偷看什么？
건성건성	敷衍了事	그는 건성건성 일하니 믿을 수 없다.	他做事敷衍了事，不可靠。
덩실덩실	手舞足蹈	아이가 덩실덩실 춤추기 시작했다.	孩子手舞足蹈跳起舞来。
빈둥빈둥	游手好闲	빈둥빈둥 놀고만 지낼 수 없다.	不能整天游手好闲混日子。
시들시들	蔫不啦叽	며칠 물을 안 주었으니 꽃이 시들시들해졌다.	几天没浇水，花都蔫了。
살금살금	偷偷摸摸	도둑처럼 살금살금 기어 들어갔다.	像小偷似的，偷偷摸摸爬进来。
가물가물	恍恍惚惚	며칠 굶었는지 의식이 가물가물하다.	不知道是不是几天没吃饭，神志恍恍惚惚。
깡충깡충	蹦蹦跳跳	토끼가 깡충깡충 뛴다.	兔子蹦蹦跳跳的。

续表

ABAB型	汉译	例句	译文
비틀비틀	踉踉跄跄	그 사람이 비틀비틀 걸어 왔다.	那个人踉踉跄跄地走过来。
볼록볼록	大腹便便	배가 볼록볼록 불었다.	肚子大腹便便。
고분고분	服服帖帖	그 아이는 고분고분 말을 잘 듣는다.	那个孩子服服帖帖地很听话。
고불고불	弯弯曲曲	산 길이 고불고불 돌아간다.	山路弯弯曲曲蜿蜒远行。
또박또박	清清楚楚	아이가 또박또박 대답한다.	孩子清清楚楚一字一句地回答。
꼬물꼬물	磨磨蹭蹭	아침에 꼬물꼬물해서 수업에 늦었다.	早晨磨磨蹭蹭上学迟到了。
반듯반듯	整整齐齐	아파트들이 반듯반듯 줄지어 있다.	楼房整整齐齐地一字排开。
아질아질	晕晕乎乎	머리가 아질아질하다.	脑袋晕晕乎乎的。
앙금앙금	慢慢悠悠	거북이가 앙금앙금 기어가고 있다.	乌龟慢慢悠悠地爬着。
질금질금	断断续续	물을 마시면서 질금질금 흘렸다.	一边喝水一边断断续续地往下淌。
부들부들	直打哆嗦	부들부들 떨었다.	浑身直打哆嗦。
토막토막	一块一块	고등어를 토막토막 잘랐다.	把鲅鱼切成一块一块的。
가닥가닥	一绺一绺	머리카락이 가닥가닥 달아붙었다.	头发一绺一绺地贴在一起。
들먹들먹	一动一动	입술을 들먹들먹 움직였다.	嘴唇一动一动的。
보동보동	肉乎乎	아기의 다리가 보동보동 생겼다.	孩子的腿长得肉乎乎的。
대굴대굴	骨碌碌	공이 대굴대굴 굴러간다.	球骨碌碌地滚远了。
끈쩍끈쩍	黏糊糊	땀이 많이 흘러서 몸이 끈쩍끈쩍하다.	流了很多汗,浑身黏糊糊的。
토실토실	圆乎乎	돼지가 토실토실 살이 쪘다.	猪肥得圆乎乎的。
따끈따끈	热腾腾	어머니가 밥을 따끈따끈 데워주셨다.	妈妈做好了热腾腾的饭菜。

续表

ABAB 型	汉译	例句	译文
빙글빙글	笑眯眯	아이가 빙글빙글 웃고 있다.	孩子笑眯眯的。
고들고들	硬硬	밥알이 고들고들 풀기가 없다.	米粒硬硬的,不粘糊。
곱슬곱슬	卷卷	그녀는 머리가 곱슬곱슬해서 아주 귀엽다.	她的头发卷卷的,很可爱。
간질간질	痒痒	칭찬받은 일을 자랑하고 싶어서 입이 간질간질하다.	很想炫耀被表扬的事,嘴很痒痒。
동글동글	圆圆	눈이 동글동글하게 생겼다.	眼睛长得圆圆的。
노릇노릇	黄黄	빵을 노릇노릇하게 구웠다.	把面包烤得黄黄的。
뱅글뱅글	团团	바람이 부니 바람개비가 뱅글뱅글 돌아간다.	风一吹,风车便团团转。
뾰족뾰족	尖尖	새싹이 뾰족뾰족 나오기 시작했다.	新芽尖尖,破土而出。
살근살근	轻轻	살근살근 문질러보세요.	轻轻搓搓看。
살랑살랑	轻轻	강아지가 꼬리를 살랑살랑 흔든다.	小狗轻轻地摇晃着尾巴。
두루두루	——	관광객이 관광명소를 두루두루 돌아봤다.	游客——游览了名胜。
두근두근	怦怦	가슴이 두근두근 뛰기 시작했다.	心开始怦怦直跳。

6. ABCABC 型拟态词的汉语对译

ABCABC 型	汉译	例句	译文
두리번두리번	东张西望	아이가 두리번두리번 엄마를 찾는다.	孩子东张西望找妈妈。
어슬렁어슬렁	慢吞吞	호랑이가 어슬렁어슬렁 걸어다니고 있다.	老虎在慢吞吞地走着。

7. 部分重叠拟态词的汉译

部分重叠型	汉译	例句	译文
들락날락	进进出出	들락날락하지 말고 차분히 앉아 있어.	不要进进出出，老实坐着。
울긋불긋	红红绿绿	꽃들이 울긋불긋 피었다.	花儿开了红红绿绿的，很好看。
허둥지둥	慌慌张张	허둥지둥 도망갔다.	慌慌张张地逃跑了。
싱숭생숭	忐忑不安	그가 내일 온다고 하니 마음이 싱숭생숭하다.	听说他明天要来，我心里忐忑不安。
안절부절	坐立不安	안절부절 어쩔 줄 모른다.	坐立不安不知怎么办才好。
알록달록	花花绿绿	공작의 깃털이 알록달록하다.	孔雀的羽毛花花绿绿。
흐지부지	不了了之	일이 흐지부지 끝났다.	事情不了了之。
뒤죽박죽	乱七八糟	머리가 뒤죽박죽이어서 생각이 떠오르지 않는다.	脑子乱七八糟想不起来。
들쭉날쭉	参差不齐	작은 봉우리가 들쭉날쭉 솟아 있다.	小山峰高低不齐地耸立着。
미주알고주알	刨根问底	못 온 이유를 미주알고주알 캐어묻는다.	刨根问底打听没来的原因。
곤드레만드레	酩酊大醉	모든 사람이 다 곤드레만드레 취했다.	所有的人都酩酊大醉。

五　韩国语拟声拟态词的汉译

综上韩国语拟声拟态词的汉译可以发现，韩国语拟声拟态词在翻译成汉语的过程中，大致可以做如下处理。

1. 同汉语的拟声拟态词对等翻译

因为韩国语是表音文字，汉语是表意文字，因此从数量上来说韩国语中拟声词的数量要多于汉语的象声词，声音的分类比汉语更加细化。据统计，韩国语拟声词的数量大概有 1900 个，而汉语中象声词的数量在 800 个左右。[1] 但即便如此，韩国语的拟声词在翻译

---

[1] 정진,「한중 의성어 대소 연구」, 고려대학교 대학원 국어국문학과 석사논문, 2009.

成汉语时大体上都可以找到相对应的象声词。

例1：
原文：아이가 머리를 가슴에 묻고 엉엉 울기 시작했다.
译文：孩子将头埋到胸口，呜呜哭了起来。

例2：
原文：목이 말라서 그런지 왕동씨가 물을 꿀꺽꿀꺽 마셨다.
译文：可能是口渴了，王东咕嘟咕嘟把水都喝了。

例3：
原文：아이가 뭐라고 중얼거리고 있는지 모르겠다.
译文：不知道孩子在嘟囔些什么。

2. 翻译成汉语的动词

韩国语中有的拟声拟态词在翻译时可以不用汉语的拟声拟态词来表示，直接翻译成汉语中的动词，这种译法在韩国的拟声拟态词汉译中占有很大的比重，特别是在表达"笑""说话""看"等情况下这样处理的频率更高，这也是因为汉语中表示"笑""说话""看"等动作的动词比较发达的原因。[1]

例1：
原文：연화가 마음속으로 이렇게 중얼거렸다.
译文：莲花在心理这样嘀咕道。

例2：
原文：친구가 빙긋이 웃으며 나에게 손을 내밀었다.

---

[1] 郑顺梅,「한국어 교육을 위한 의성어 의태어의 한중 대조 연구」, 서울대학교 대학원 석사논문, 2005.

译文：朋友微笑着向我伸出了手。

例 3：
原文：그는 나를 힐끗 돌아보았다.
译文：他回头瞟了我一眼。

3."单音节（A 型）"拟态词译成汉语的"……然"或"一下子"等词语

韩国语中"单音节（A 型）"如"딱""쑥"等在表示样态的同时大多伴随声音的出现，一般表示速度快、在瞬间结束的意思。因此翻译成汉语时常常使用"……然"或"一下子"等词语。①

例 1：
原文：경찰에게 딱 걸렸다.
译文：一下子被警察逮个正着。

例 2：
原文：어른들 말씀하시는데 쑥 나서서 참견한다.
译文：大人说话突然冒出来插嘴。

4. 译作四字成语

很多的韩国语拟声拟态词在翻译成汉语时，可以和汉语的四字成语相对应，如"슬금슬금""성큼성큼""미주알고주알"等分别可以翻译为四字成语"小心翼翼""大步流星""刨根问底"。多数情况下韩国语中音节较少的拟态词，如"A"型、"AB"型、"ABC"型及"AA"型拟态词大多不翻译为汉语的四字成语，而四个音节以上的拟态词同汉语的四字成语可以进行对译的情况较多。

---

① 장언청,「한국어 교육을 위한 한중 의태어 대비 연구」, 건국대학교대학원 석사논문, 2009.

例1：
原文：사람들은 쑥삭거리기 시작했다.
译文：人们开始窃窃私语起来。

例2：
原文：안절부절 어쩔 줄 모른다.
译文：坐立不安不知怎么办才好。

5. 同汉语"AA"反复型拟态词对等翻译

一部分韩国语拟态词在翻译成汉语时，可以同汉语"AA"反复型拟态词对应，如"살짝""두근두근""솔솔"分别可以翻译为"轻轻""怦怦""簌簌"。还有一部分韩国语拟态词可以同汉语"AABB"反复型拟态词对应，如"들락날락""부들부들""질질"分别可以翻译为"进进出出""哆哆嗦嗦""拖拖拉拉"。从上述对译中可以看出，韩国语本身是反复型的拟态词在翻译成汉语时，采用汉语反复型拟态词处理的情况居多。

例1：
原文：가슴이 두근두근 뛴다.
译文：心怦怦直跳。

例2：
原文：사장은 월급 지급을 몇 달동안 질질 끌었다.
译文：公司老板拖欠工资长达几个月。

6. 释义处理

此外，韩国语中还有很多的拟声拟态词无法在汉语中找到直接的对译，如"꾸벅꾸벅（困意袭来时直点头的样子）"、"뚝딱뚝딱（做事情手脚麻利的样子）"等。在翻译时根据句子上下文的语境，

为了让表达更加明了，不使用直接的对译，而是进行释义处理。

例1：
原文：수업 시간에 꾸벅꾸벅 졸았다.
译文：上课时困得我直点头。

例2：
原文：뚝딱뚝딱 반찬 하나 만들었다.
译文：一会儿工夫就做好了一道菜。

例3：
原文：갑자기 큰 소리로 껄껄 웃었다.
译文：突然大声笑了起来。

第四节　韩国语副词的汉语翻译

一　韩国语副词的分类

副词是用来修饰行动、性质、状态的词。韩国语中的副词根据含义不同大致可以分为以下几种类型。

1. 程度副词

韩国的程度副词又可以根据表达程度的高低强弱以及功能，分为以下四种形式。[①]

（1）程度高的一般程度副词

这类程度副词表达修饰的强度较高，不仅可以修饰形容词，也可以修饰动词。例如：가장（最）、대단히（相当）、너무（太）、꽤（特

[①] 양금평,「한중 부사어의 비교 연구：부사와 부사격 체언을 중심으로」, 경희대학교 대학원 석사논문, 2008.

别）等。这类副词不仅可以单独使用，还可以和其他副词同时使用，起到修饰的作用。例如：너무 많이（太多）、제일 적게（最少）等。

（2）程度强的形容词修饰程度副词

这类副词表达修饰的程度也很高，但同一般程度副词不同的是，这类程度副词不能修饰动词，只能修饰形容词。例如：극히（极为）、몹시（非常）、매우（很）、정말（真）等。

（3）程度强的比较程度副词

这类副词表达修饰的程度较强，通常只能用于表示比较的句子中，显示程度上的差异。例如：더（更）、훨씬（更加）等。

（4）程度弱的比较程度副词

这类程度副词表达修饰的强度较弱，而且通常用于表示比较的句子中。例如：조금（有点儿）、약간（稍微）等。

2. 表示范围、频率、时间的副词

除程度副词外，韩国语中还有很多表示范围、频率和时间的副词。例如：

范围副词：몽땅，모두，전부，모조리，다（全都、都）

频率副词：또，다시（又、再）

时间副词：먼저 / 우선（首先），이미 / 벌써（已经），아직（还），미리（事先），항상 / 늘（总是），때때로（有时），가끔（偶尔），금방 / 방금（马上 / 刚才）

3. 否定副词

韩国语中还有很多自身带有否定意义的副词，这些副词只能在否定句中使用。例如：별로（不太）、그다지（不那么）、전혀（完全）、도무지（实在）等。

除此之外，还有一些韩国语副词是从形容词或名词转化而来的。例如：빨리（快）、좋게（好好地）、깨끗하게（干净地）、얌전하게（老实地）、참으로（真正地）等。

除以上几种情况之外，韩国语中的拟声拟态词、连接副词等都属于副词性质，这些词的翻译将不在此一一介绍。

二　韩国语副词的汉语翻译

1. 非派生副词的汉语翻译

韩国语中很多的副词在翻译处理上可以采用同汉语对等翻译的手法。例如：

（1）程度副词

例1：

原文：날씨가 아주 좋다.

译文：天气很好。

例2：

原文：한국어를 제일 잘 한다.

译文：韩国语说得最好。

（2）时间副词

例1：

原文：언니가 방금 나갔다.

译文：姐姐刚才出去了。

例2：

原文：그는 이미 졸업했다.

译文：他已经毕业了。

2. 译作补语

（1）时间补语

例1：

原文：그는 오랫동안 기다렸다.

译文：他等了很长时间。

例 2：
原文：그는 1 주일간 쉬었다.
译文：他休息了 1 个星期。

韩国语的时间副词从功能上来看可以分为时间点和时间段两个概念，时间点指的是动作发生的具体时间，这时常常使用"어제（昨天）""방금（刚才）""이미（已经）""3 시에（3 点）"这一类的时间副词，而时间段通常指的是动作从开始到结束持续的时间，后面的动词常常使用"기다리다（等）""쉬다（休息）""자다（睡觉）""앓다（生病）"这类持续性动词。其中表示时间段的时间副词同持续性动词连用时，通常翻译成汉语的补语。[①]

（2）结果补语

韩国语中还有很多转成副词，即从形容词转化而来的副词在句中修饰动词，表示动作产生的结果，这类副词在汉语翻译处理时通常翻译成汉语的结果补语，[②] 置于动词之后。

例 1：
原文：얼굴이 새카맣게 탔다.
译文：脸晒得很黑。

例 2：
原文：어머니가 옷을 깨끗하게 빨아주셨다.
译文：妈妈把衣服洗得很干净。

3. 译作动词短语

韩国语中还有一部分副词通常出现在句首，表示说话人主观感情上的评价，这类词在翻译成汉语时常常被译作动词短语。

[①] 남주경,「한국어 부사어의 중국어 표현 방식 연구」, 서울대학교대학원 석사논문, 2001.

[②] Ibid.

例1：
原文：다행히 척추를 다치지 않았다.
译文1：庆幸的是没有伤到脊椎。
译文2：没有伤到脊椎真是万幸。

例2：
原文：놀랍게도 그들은 결혼했다.
译文1：让人惊讶的是，他们结婚了。
译文2：他们结婚了真让人吃惊。

例3：
原文：아쉽게도 우리 팀이 1점 차이로 졌다.
译文1：很遗憾，我们队以1分之差输了。
译文2：我们队以1分之差输了，真让人感到遗憾。

4. 派生副词对译汉语的"……地"或"得……"

韩国语中的样态副词有的是从形容词或名词派生出来的，如"깨끗이（干净地）""열심히（努力地）"，这类词通常在句中修饰动词，翻译成汉语时可以翻译为"……地"的形式。此外韩国语中还有很多副词是从名词转化而来的，如"날로（一天一天地）""진심으로（由衷地）"，这类词翻译成汉语时也可以翻译为"……地"。而一些从形容词转化而来的副词，如"맛있게（津津有味地）""아름답게（漂亮地）"等，如果修饰动词可以翻译成"……地"，如果表示动作的结果，则要翻译为汉语中的补语，即"得……"。

例1：
原文：그는 얌전하게 앉아 있다.
译文：他老老实实地坐着。

例2：
原文：아이는 조용하게 누워 있다.
译文：孩子在安静地躺着。

例3：
原文：언니는 방을 깨끗이 청소했다.
译文：姐姐把房间打扫得很干净。

第五节　韩国语"汉字词+하다"的汉语翻译

一　"하다"的语用特征

"하다"作为动词使用时，相当于英语中的"do"，和汉语中的"做"使用方法十分相似，因此从最简单的意义上，韩国语中的"하다"可以看做是汉语中的"做"。例如：

요리를 하다 做饭
머리를 하다 做头发
숙제를 하다 做作业
일을 하다 做事

但除了上述这些搭配外，在很多情况下，由"하다"构成的动词词组在转换成汉语时，其意义是多种多样的。这就需要我们从字典上进一步来考察"하다"的意义，并分析其与"做"在汉语中使用的不同。

1."하다"在词典中的意义

《韩国标准国语大辞典》[①] 中，"하다"作为动词使用时，具有

---

① http://stdweb2.korean.go.kr/search/List_dic.jsp.

5 种意义：①指代人、动物、物体等做出的行为；②制造或置备衣、食、住相关的材料；③做出某种表情或显示某种态度；④用于表示吃、喝、吸烟等行为；⑤指佩戴各种装饰品。

2."做"在词典中的意义

《新华字典》[①] 中对"做"的意义和用法做出了如下解释：①进行工作或活动：做活、做事、做工、做手脚（暗中进行安排）；②写文：做诗、做文章；③制造：做衣服；④当，为：做人、做媒、做伴、做主、做、看做；⑤装，扮：做作、做功、做派；⑥举行，举办：做寿、做礼拜；⑦用为：芦苇可以做造纸原料；⑧结成（关系）：做亲、做朋友。

3."하다"的汉语词义

《NAVER 韩中词典》[②] 中，"하다"在翻译成汉语时，可以翻译成如下 4 种意思：①打，如"넥타이를 하다（打领带）"；②做，如"요리를 하다（做饭）"；③弄，如"깨끗하게 하다（弄干净）"；④搞，如"잘 처리하다（搞定）"。

4."하다"的语用特征

"하다"在具体的使用过程中，一般分两种情况，一是搭配具体的事物性宾语，指代在特殊环境下的一种具体行为。这一用法是"하다"在字典中的广义，在汉语翻译中意思搭配较为固定。例如：

음악을 하는 사람이다.（人的行为）——是一个搞音乐的人。
새로운 양복을 했다.（置备）——做了一套新西服。
목도리를 예쁘게 했다.（佩戴）——围巾围得很漂亮。
슬픈 표정을 했다.（演绎表情）——做出了一个悲伤的表情。
된장찌개를 맛있게 했다.（制作）——大酱汤做得很好喝。
빵집을 크게 하고 있다.（经营——人的行为）——开了一家很大的面包店。

---

① http://xh.5156edu.com/html3/3120.html.
② http://cndic.naver.com/search/all？q=%ED%95%98%EB%8B%A4.

머리를 예쁘게 했다.(裝饰)——头发弄得很漂亮。

上述例句中,"하다"都与具体的事物性宾语进行搭配,表示具体"做"的内容,这时的"하다"同汉语中的"做"在使用意义和范围上大体雷同,因而可以对应替换使用。除此之外,在韩国语中,"하다"还会同"汉字词"名词进行搭配,这时"하다"所呈现的意义则远远超出了汉语动词"做"的语法范畴。

二 "汉字词+하다"的分类

韩国语中,"汉字词+하다"的形式构成的汉字词大致有如下几种类型。①

1. 表主题
감원, 파병, 개교, 모금, 종강, 휴업, 투고, 등재, 운동, 수영

2. 表目标
상륙, 귀성, 등교, 입장, 등산, 귀국, 탑승

3. 表方向性
직진, 횡단, 중단, 상승, 하락, 직행

4. 表来源地
탈옥, 탈선, 이직, 출항, 제대

5. 表地点
견학, 입원, 입대, 입학

6. 表手段
독살, 가열, 무장

7. 表服务性
간호, 경비, 감독, 경영, 경작

---

① 김선아,「한중 통번역에서의 동사 "하-" - "이음절 한자어+하-"를 중심으로」,「국제회의 통역과 번역」, 2004(2), pp.10-11.

三 "汉字词 + 하다"的汉译

在汉语中，有很多形式动词，它们本身不能单独使用，必须与"进行""加以""做""给予"等一起搭配使用。

1. 进行

"进行"具备动作性和持续性两种意味，因此具有时间持续的特性。"进行 + 名词"有针对问题提供具体处理方案的意思。例如：

原文：우리는 민속 음악에 대한 연구를 하고 있다.
译文1：我们正在研究民俗音乐。
译文2：我们对民俗音乐正在进行研究。

原句韩国语是一句正在进行时态的表达，"研究"本身又是一个持续性动词，而且"研究"是对民族音乐的处理方式。除了"处理"，也可以换作"分析""比较"等表示具体处理模式的词语。在翻译时，可以搭配"进行"二字一起使用。又如：

原文：IAEA 는 한국의 핵시설에 대해 사찰을 하였다.
译文1：国际原子能组织检查了韩国的核设施。
译文2：国际原子能组织对韩国的核设施进行了检查。

可以类似使用的还有"보호""개조""권고""신청""해석"等汉字词。

2. 加以

"加以"表示在原来的基础上更进一步。汉语中，我们常说"加以调查""加以了解""加以研究"，其意思都是进一步"调查""了解"和"研究"，有加强语气之感。例如：

原文：병원의 음식 파트를 반드시 확충해야 합니다.
译文：医院的用餐区必须进一步加以扩建。

这里"扩建"本身就有在原来基础上扩大面积的意思，和"加以"二字搭配，则能够表现出规模进一步扩大的语气。又如：

原文：북한은 미국과 별도의 절차에 의해 사찰을 할 용의가 있음을 밝혔습니다.
译文：朝鲜表示过愿意通过朝美双边的途径来加以验证。

可以和"加以"搭配的词语还有"관리""장식""개량""갱신""강화""확대"等。

3. 给予

"给予"后接具体授受的事物，通常都是一些抽象的事物，例如"评价""赞赏""批评"等词语。例如：

原文：이 역사적인 성과를 높이 평가하는 바입니다.
译文：我们对这一历史性的成就给予高度的赞赏。

又如：

原文：빈곤 가정에 정부는 적절한 재정 지원을 할 것입니다.
译文：对于贫困家庭，国家将给予适当的资金援助。

可以和"给予"搭配的词语还有"칭찬""비평""지적"等。

第六章
韩国语句式的汉语翻译

第一节 长句的翻译

1. 理论探讨

韩国语和汉语在用词造句方面存在着不少的差异，无论是词的语法变化、还是句法结构都各有特色。韩国语中很少使用逗号，某些句子看起来篇幅很长，甚至能够达到3~4行的篇幅。相反，汉语喜欢使用短句，通过逗号，把句子隔离开来，每一个单句的篇幅都不是很长，然后由短句构成复句，再由复句构成一个个句群。此外，韩国语的主语前通常会有各种各样的修饰语，修饰语的篇幅很长，在翻译成汉语时不免有些棘手。在这种情况下，常常要把定语拿出来单独作为一句话来处理，使之符合汉语简洁明快的特点，让人容易理解。这就要求我们理解文章意思时，不要一看到句子的篇幅太长，就无从下手，不考虑各个单词之间的关系，从第一个单词一直翻译到最后一个单词，最后还是无法理解整个句子的意思。在翻译中，如果不能理顺单词间的关系，就不可能理解整个文章。

2. 译例列举及翻译评析

原文1：누구라도 서울의 대로를 걸어가면 한국이 한국인 스스로가 말한 그런 중진국인지를 믿기 어려워한다.

评析　在这个句子中，"한국이……중진국인지"是句子的宾语，而这个宾语本身是个主谓句。在这个主谓句中，还有一个主谓结构"한국인 스스로가 말한"，在这种情况下，把宾语拿出来单独处理，就不会使译文显得冗长，避免产生语法错误。

译文：韩国人自己说韩国是发展中国家，但无论是谁走在首尔的大街上都很难相信这一点。

原文2：그것은 인류의 긴급한 문제의 하나인 식량 생산을 어떻게 증진시킬 것인가 하는 문제를 해결함에 아마 도움이 될 것이다.

评析：这个句子的主干是"그것은……에 도움이 되다（对……有帮助）"，有帮助的对象由动宾短语构成。这个动宾短语句子中的宾语"문제"前面带有很长的定语，而这个长定语本身又是一个动宾结构的句子，在动宾结构句子中，宾语"식량 생산"前面还带有一个同位语定语。因此，翻译这句话的关键是处理好这两个定语。

译文：人类面临一个紧急的问题，即如何增加粮食产量。它将有助于这个问题的解决。

原文3：빅토리아 여왕이 지위가 대단하다 해서 할머니로서의 고충을 면할 수는 없었다. 돈을 마구 써대면서 할머님을 노엽게 했던 손자 하나가 그의 생일이 다가오고 있음을 상기시키면서 선물로는 무엇보다도 돈을 받았으면 하는 것을 은근히 비치는 사연을 할머니에게 적어 보냈다.

评析：原文中主语"손자"的前面出现了一个长定语。在翻译时可以将长定语单独拿出来作为"손자"的谓语。

译文：维多利亚女王地位显赫，但也免不了为人祖母的烦恼。她有个孙子花钱大手大脚，常惹她生气，孙子给她写信婉转地说，自己的生日快到了，给钱比给任何礼物都要好。

原文4：오랜 기간 동안의 빈번한 교류의 자취와 20 세기 전반기를 통해 제국주의에 의해 겪어야 했던 아픈 역사를 기억하고 있는 한국과 중국 국민들이 서로에 대한 깊은 신뢰와 우호적인 감정을 가지고 있다는 점은 한국과 중국이 가지고 있는 가장 값진 자원이라 할 것입니다.

评析：原文的主语是"점"，具体来说是"한국과 중국 국민들이 신뢰와 감정을 가지고 있다는 점"，"점"是整个主语的中心词，这个中心词前面有一个"主谓宾"结构的句子做定语，而整个原文的主干是"점은 자원이라 할 것입니다"。在主语中心词"점"前面"主谓宾"结构的定语中，主语"한국과 중국 국민들"前面又出现了一个"动宾"结构的长定语，这个长定语中的谓语动词是"기억하다"，宾语是"자취""역사"。每一个宾语的前面都有一个小定语。因此，"한국과 중국 국민들"这一部分前面出现的长定语在翻译时，要单独拿出来作为一个谓语句来处理。

译文：韩中两国人民没有忘记两国在历史上交往频繁、友谊源远流长，也没有忘记在20世纪上半叶遭受帝国主义蹂躏的苦难。如今，两国人民相互信任，有着友好的情谊。这是两国所拥有的最有价值的资源。

原文5：서울과 부산의 지하철은 첨단 시설을 갖추고 있고 각 지하철역은 전통미와 현대적 디자인을 결합한 장식으로 꾸며져 있으며 도심의 지하철역은 대형 상가와 연결되어 있다.

评析：原文由表示并列关系的连接语尾"고"和"(으)며"将三个小分句连接成一个长句，在翻译时，应该从连接语尾"고"

| 第六章 | 韩国语句式的汉语翻译

和"(으)며"处将三个分句断开,分别翻译成单句,最后组合成并列关系的复句。

译文:首尔和釜山的地铁堪称一流,各地铁站的装饰把传统美和现代设计结合在一起,市中心的地铁站都和大型商场相连。

原文6:6시간의 힘든 연구 끝에 주어진 문제를 해결하는 데 성공한 저 학생을 봐라. 그가 교실로 향해 뚜벅뚜벅 걸어갈 때, 그의 큰 두 눈이 자랑스러운 기쁨에 얼마나 불타고 있느냐! 그는 마치 정복자처럼 걷는다.

评析:原文第一句中,宾语"학생"前带有一个很长的定语。翻译时,按汉语习惯,将"학생"作为主语,将"학생"前面的长定语作为谓语句单独翻译。

译文:那个学生经过6小时的潜心研究,最终成功地解决了现有的问题。看他那自豪的样子,在一步一步走向教室的时候,两眼炯炯有神,充满喜悦,就像一个征服者。

原文7:이제 무슨 말을 해도 소용없다는 것을 깨달은 나는 입을 다물고 묵묵히 서 있었다.

评析:汉语的人称代词前,一般不出现长定语。而原文主语"나"的前面有一个动宾结构做定语,因此在翻译时,要将长定语变成谓语。

译文:我明白,现在说什么也没有用,我沉默无语,一动不动地站着。

原文8:쇼팽의 피아노 곡을 좋아하는 여성이면서 자신 또한 훌륭한 연주자인 피아니스트이고, 동시에 또 대학총장이자 박사 지도교수이며, 금년 54세인 우치디씨는 줄곧 뛰어난 능력을 보인 여성입니다.

评析:原文中主语"우치디"前面由5个小分句组成了一个长定语,

长定语中采用"(으)면서""고""자""(으)며"4个连接语尾将5个并列的内容连接起来,在翻译时应该将这5个方面的内容单独拿出来做谓语。

译文:今年54岁的吴启迪是一位出色的女性,她喜欢肖邦的钢琴曲,自己也弹一手好钢琴。同时,她还是大学校长、博士生导师。

原文9:장거리 달리기 경기 중에 우승할 실력이 아닌 선수가 시작할 때에는 멀찌감치 앞서서 처음에는 굉장해 보이다가, 이내 한 사람 또 한 사람 뒤에 오던 사람에게 처지게 되는 장면은 매우 흔하다.

评析:原文的主语中心词是"장면",整个原句的主干是"장면은 매우 흔하다",因此"장면"前所有的内容都是这个主语中心词的定语。在韩国语中"장면""경우""생각"等词语前面经常会出现这样的结构,在翻译时,应该将主语中心词拿出来强调"有这样的场面、情况、想法",然后再将原文主语中心词前面的长定语拿过来,作为对"场面、情况、想法"的解释和介绍。

译文:在长跑比赛中,常有这样的现象,一些本来不具备夺冠实力的选手一开始遥遥领先,乍一看好像挺风光的,但很快就会被一个又一个后来者甩在身后。

原文10:공익광고는 우리사회에서 일어나고 있는 문제를 중심으로 제작되어 왔기 때문에 그 주제에 우리 사회의 시대적 문제와 흐름이 잘 나타나 있다. 월드컵과 같은 국가 행사 홍보, 국가 경제와 정치 발전 및 미래상, 교통질서, 환경, 절약과 저축, 공중도덕, 청소년 교육, 공공사업, 전통문화 계승 및 발전, 소외된 사람들과 이웃에 대한 사랑 등 아주 다양한 주제로 제작되었다.

评析：原文的第二句话是一个省略主语的句子，其主干是"주제로 제작되었다"，而关于具体"주제"的介绍，是在"주제"前面用一个很长的定语来修饰的。因而在翻译时，应该按照汉语的表达习惯，将"主题"提前，将修饰"主题"的长定语放在后面，作为说明性的文字来处理。

译文：公益广告是以我们社会中发生的问题为中心制作而成的。它的主题很好地体现了我们社会的时代性问题和动向。公益广告的主题多种多样，有类似世界杯宣传等国家性活动，还有关于国家经济发展和未来、交通秩序、环境、节约和储蓄、公共道德、青少年教育、公共事业、传统文化的继承和发展、关爱弱势群体和邻里等内容。

第二节 翻译中的"加减法"

一 理论探讨

文字的加减，在翻译中是一个非常重要的方法。韩国语可以省略的地方，有的译成汉语就不能省略，韩国语不需重复的地方，有的到了汉语就非重复一下不可。反过来也是如此。这里所说的加减文字，并不是说一字对一字，多译就是"加"，少译就是"减"，也不是说，在原文思想内容之外，译者自己再增添或减少什么意思。而是在保证译文与原文思想内容完全一致的前提下，作为一种修辞手段，在文字上加减，其目的是使译文更加通顺流畅，符合汉语的表达习惯。

"加字法"是指在准确理解原文的基础上在译文中添加必要词语的翻译方法。此时所增加的词语必须是译文中在句法上、语义上、修辞上或习惯搭配上不可或缺的词语，或者说，只有增加相关的词语才能把原文的意思在译文中说得清楚明白。加字并不是给译文增加额外的信息或意义，也不是意味着译文没有忠实于原文。恰恰相反,所增加的词语往往是原文中没有直接说出却隐含其中的信息,只是由于翻译涉及两种语言之间的差异,原文可以隐含该信息,但译文必须明确显示出来。但采用加字法要注意的问题是,所增加的词语必须既要同原文保持高度的一致,又要在句法结构上或者修辞上同译文保持搭配上的和谐。①

同样,在韩汉翻译过程中,并非任何时候都要将韩国语原文中的每个词语都翻译到译文中来。为使行文简洁易懂并符合译文的语言表达习惯和修辞特点,很多时候往往需要省略某些词语不译。这种翻译方法便被称为"减字法"。由于翻译所涉及的两种语言之间存在差异,在一种语言里习惯使用的词语或表达,在另一种语言里按照其语言规则和习惯则有可能显得累赘或冗余。在翻译过程中,那些在译文中显得累赘或冗余的词语和表达应当略去不译,这样才能保证译文的简洁和精炼。②

二 译例列举及翻译评析

1. 加字法

(1)有时按照原文字母意思译成汉语后,意思虽表达出来了,但读起来却不顺口,甚至不符合汉语的表达习惯。例如:김 선생님은 몸이 튼튼하다。如果把这句话译成"金老师身体健康",意思完全正确,但仅此一句话,总是感觉到表达欠完整。如果这句话用在对比句中,其表达无可厚非,例如:"金老师身体健康,王老师身体欠佳"。但在一般的陈述中,译文中应该添加一个"很"字,这样才符合汉语表达习惯。

原文 1:나는 원래 회사의 "뷰익(Buick)"을 몰았었는데, 한 번은 길에서 샤리와 부딪혔다.

---

① 李明:《英汉互动翻译教程》,第72页。
② 同上,第61页。

评析：前面介绍韩国语数词的汉译方法时曾经提到，在韩国语中，当物品的数量为"一"时，数词"一+量词"经常会省略，然而在汉语中，往往不能省略量词，总是以一个数量短语的形式出现。因此将原文翻译成汉语时，需要在"샤리"前加上"一辆"。"一辆"在这里并不强调数量的多少，而是为了符合汉语表达习惯。

译文：我原先给公司开过别克，有一次在路上撞上了一辆夏利车。

原文2：바람이 뺍짜게 불고 눈이 계속 퍼붓는다.

评析：这句话如果按照单词的字面意思直译，可以翻译为"风猛吹，雪紧下"。但这样的译文虽然可以表达原文意思，但给人一种表达十分生硬的感觉。如果再加上几个字，便可使语气舒缓一些。

译文：风在猛烈地刮着，雪在不停地下着。

原文3：도전이 없이 성공 없다. 실패를 두려워 말고 도전하자.

评析：原文的句子短小精悍，词语和内容都比较简单。如果将原文逐词翻译，则可以翻译为"没有挑战就没有成功，不要怕失败，挑战吧"。但最后一个"挑战吧"，会让人感觉表达上有些不完整。因此，"挑战"前应加上"迎接"二字，这样读起来朗朗上口，也没有改变原意。

译文：没有挑战就没有成功，不要怕失败，迎接挑战吧。

（2）有时，文中有些省略，译者根据上下文可以获知具体省略的内容，为了能让读者获悉，应根据原文意思添加一些文字。

原文1：인도는 외국인 투자자에게, 파키스탄은 망명자에게 각각 세계 최고의 국가로 선정됐다.

评析：将原文逐词翻译，可以翻译为"印度对于外国投资者、巴基斯坦对于亡命徒都是世界最好的国家"，但这种翻译不但不符合汉语的表达习惯，而且在语言的感情色彩上，"对于亡命徒是最好的国家"中"亡命徒"和"最好"两个单词并不搭配。而且，具体"最好"的原因是什么也没有说明，容易让读者费解。在这种情况下，要将印度和巴基斯坦"好"的原因分开介绍。

译文：印度是外国人投资最多的国家，巴基斯坦是亡命徒聚集最多的国家。

原文2：우리가 진정으로 어떤 나라를 이해하기를 원한다면, 그 나라의 풍습과 관습뿐만 아니라 언어도 알아야 한다고 그는 자주 교실에서 말한다.

评析：汉语中对于前面提到的事物，后面需要进行进一步说明和介绍时，往往用代词指涉前面提到的事物，以便指代清晰、内容完整。因此，原文中"언어도 알아야 한다"这句话虽然只说出了"언어"，但如果仅仅翻译成"还要懂得语言"则会感觉有些突兀，有突然话题发生转移之感，因此需要在"语言"前面添加指示代词"它"，翻译成"还要懂得它的语言"。

译文：他经常在教室里说："我们要想真正了解一个国家，不仅要了解那个国家的风俗习惯，还要懂得它的语言。"

原文3：현대인은 느림을 통해 휴식을 얻을 뿐만 아니라 잃어 버린 문제 의식을 확인할 수 있다.

评析：在这里，如果将"잃어 버린 문제 의식"翻译成"已丢失的问题意识"则会让人费解。根据上下文可知，人们在快节奏的生活中失去了自我，不知道生活的目标和意义，通过放缓生活节奏，重新找回这一切。在这种情况下。可加点说明文字，把意思补充完整。

译文：现代人通过放缓生活节奏，不仅可以得到休息，还可以找回失去的自我意识，知道生活中所存在的问题。

2. 减字法

前文提到，汉语的特点是句子短小精悍，简洁明了。翻译时能简则简，否则会造成表达冗余。下面的情况可以不译或少译。

（1）复数词尾"들"，不仅可用在名词、代词后面，还可以用在其他助词后面，表示多数。用于指人的名词后可译成"们"，但用于指物的名词后不能译成"们"，因为汉语中不说"花们""书们""思想们"，这时就不必译出来。

原文1：산에는 아름드리 나무들이 많아서 여름에는 하늘이 보이지 않는다.
译文：山上有很多合抱粗的大树，夏天，在林中看不见天空。

原文2：언제로부터인지는 잘 모르겠지만 한국의 부모들은 먹지 못하고 입지 못해도 자식은 대학까지 가르쳐야 한다는 생각들을 가지고 있다.
译文：不知从什么时候开始，韩国的父母有了这样的想法，就是自己不吃不穿也要供孩子上大学。

原文3：우리는 시간이 넉넉하여 자세히 읽고들 있다.
译文：我们的时间很充裕，都在仔细地阅读。

原文4：성실한 태도를 가지고 지식들을 배워야 한다.
译文：要以诚实的态度学习知识。

原文5：넌 솔직히 문제들을 털어 놓아라.
译文：把问题坦率地说出来吧。

原文6：꼭 전달해 달라고 부탁들 한다.
译文：(人们)拜托(他)一定要给传达一下。

（2）代词在韩国语中经常使用，一段文字中若多处使用指代同一人或同一事物的代词，译成汉语时可以省略，不必逐一译出。

原文1：친구와 같이 우리의 계획을 이야기하는 것은 즐겁고, 또 이따금 도움이 된다. 그러나 결정을 하는 것은 우리들 자신이라는 것을 우리는 기억해야 한다.

评析：汉语喜欢简练，同一个事物在一段话中反复出现时，常常会用代词代替。但表示同一个事物的代词过多也会显得啰唆，在句意明确的情况下，表示同一事物的代词常常省略。原文中"우리"一词共出现3次，但在翻译成汉语时，并不需要将每一个"우리"都表现出来。

译文：和朋友一起谈谈我们的计划，是件高兴的事，有时还会得到帮助。但要记住，最后作出决定的，还是自己。

原文2：내가 거기에 시간 안에 닿을 수 없다고 확신했지만, 나는 자신을 나중에 책망하지 않도록, 내가 할 수 있는 모든 일을 다 하겠다고 결심했다.

评析：原文中的"나"前后共出现3次，每一次都是做主语，因此在翻译时，"我"可以适当省略。

译文：我肯定不能按时抵达那里了，但还是下定决心，去做我能做的事情，以免以后自责。

原文3：남의 의견을 구하는 것도 중요하지만, 그러나 자기의 결정을 전적으로 남의 의견에 바탕을 두면 자신의 성격을 발전시키는 기회를 자신으로부터 뺏는 결과가 될 것이다.

评析：原文中"자신"一词反复出现，但在翻译成汉语时，为了保持句子的简练，在不影响译文意思表达和理解的情况下，"자신"一词可以适当省略。

译文：征求别人的意见固然重要，但做决定完全取决于别人，会失去提高自身能力的机会。

第三节　韩国语惯用语的汉语翻译

一　理论探讨

韩语中有大量的惯用语，其中包括熟语（숙어）、成语（성어）、谚语（속담）等。惯用语既是重要的修辞手段，同时，它本身也是各种修辞手段的集中表现。有的韵律协调，音节优美。惯用语以简单的语言形式反映人们对自然社会和人类社会规律的认识、判断、推理，是人们的智慧和经验之谈。[①] 惯用语有的意思明显，有的意思含蓄，意在言外，有的包含几个意思，必须综观全文来判明它的意义。

中韩两国语言文化交流历史源远流长，惯用语的使用上也异中有同，但韩国和中国由于历史地理环境、民俗习惯不同，所使用的惯用语也大不相同。这也为韩国语惯用语的汉语翻译造成了一定的困难。因此，翻译时，除了忠实地表达原文的意义外，还应尽量保持原文的形象比喻、修辞及民族地方特色。惯用语不但出现在文学作品里，在政论性文章中也会遇到。惯用语翻译的好坏，直接影响译文的质量，是翻译中一个不容忽视的问题。韩国语惯用语在翻译成汉语时，主要有如下几种类型。

1. 韩国语惯用语的汉语对译

韩国语惯用语同汉语惯用语在形式和表达意义上，有很多相同点，也有很多不同点，大致可以分为同形同义、同形异义、异形同义三种形式。[②]

---

① 张敏、朴光海、金宣希：《韩中翻译教程》，第290页。
② 조연량,「한중 속담의 대비 및 교육 방법 연구」, 충남대학교 대학원 석사 논문, 2010.

（1）同形同义

同形同义指韩国语的惯用语无论是从形式上还是从表达意义上都同汉语的惯用语基本一致。韩国在历史上受中国的影响十分深远，文化上同中国有很多类同之处，在惯用语的表达和使用上也是如此。例如：

고생 끝에 낙이 온다——苦尽甘来

우물 안 개구리——井底之蛙

범에게 날개——如虎添翼

먼 친척보다 가까운 이웃이 더 낫다——远亲不如近邻

하나는 알고 둘은 모른다——只知其一，不知其二

계란으로 바위 치기——鸡蛋碰石头

눈에는 눈，이에는 이——以牙还牙，以眼还眼

취중에 진담이 나온다——酒后吐真言

백지장도 맞들면 낫다——人多力量大

해가 서쪽에서 뜬다——太阳从西边出来

긴 병에 효자 없다——久病床前无孝子

며느리 늙어 시어미 된다——多年的媳妇熬成婆

시작이 반이다——好的开始是成功的一半

물 위에 기름——水火不容

먹을 가까이하면 검어진다——近朱者赤，近墨者黑

급하면 부처 다리를 안는다——平时不烧香，临时抱佛脚

백번 듣는 것이 한번 보는 것만 못하다——百闻不如一见

그 아버지에 그 아들——有其父必有其子

발 없는 말이 천리 간다——好话不出门，坏事传千里

천리 길도 한 걸음부터——千里之行，始于足下

사람은 죽으면 이름을 남기고 범은 죽으면 가죽을 남긴다——人死留名，虎死留皮

무쇠도 갈면 바늘 된다——只要工夫深，铁杵磨成针

도적이 도적이야 한다——贼喊捉贼

강 건너 불 보기——隔岸观火

산에 가야 범을 잡는다——不入虎穴，焉得虎子

돈만 있으면 귀신도 부릴 수 있다——有钱能使鬼推磨

쥐도 새도 모르게——神不知鬼不觉

콩 심은 데 콩 나고 팥 심은 데 팥 난다——种瓜得瓜，种豆得豆

잘 되면 제 탓, 못 되면 조상 탓——好事归自己，坏事推别人

하늘이 무너져도 솟아날 구멍이 있다——天无绝人之路

나무에서 고기 찾는다——缘木求鱼

구두장이 셋이 모이면 제갈량보다 낫다——三个臭皮匠顶个诸葛亮

구르는 돌에 이끼가 안 낀다——流水不腐，户枢不蠹

옷은 새 옷이 좋고 사람은 옛 사람이 좋다——衣服是新的好，人是旧的好

（2）异形同义

异形同义是指尽管韩国语的惯用语在形式上同汉语的表达方式略有出入，但意思基本相同。在韩国语惯用语同汉语惯用语的对应翻译上，这种形式的惯用语比重较大。翻译时可以根据具体语境推测出该惯用语的意思，并选择汉语中意思相近的惯用语进行翻译。例如：

공든 탑이 무너지랴——功夫不负有心人

남의 떡 더 커 보인다——这山望着那山高

옷이 날개다——人靠衣服马靠鞍

세 살 버릇이 여든까지 간다——三岁看大，七岁看老

윗물이 맑아야 아랫물이 맑다——上梁不正下梁歪

낮 말은 새가 듣고 밤 말은 쥐가 듣는다——隔墙有耳

뛰는 놈 위에 나는 놈 있다——天外有天，人外有人

자라 보고 놀란 가슴 솥뚜껑만 보아도 놀란다——一朝被蛇咬，十年怕井绳

개천에서 용 났다——鸡窝里飞出了金凤凰

공자 앞에서 문자 쓰기——班门弄斧 / 关公门前耍大刀

개구리는 올챙이 적 생각 안 난다——好了伤疤忘了疼

티끌 모아 태산——积少成多

꿩 먹고 알 먹는다——一举两得

사나이 말은 천금보다 중하다——君子一言，驷马难追

남의 잔치에 감 놓아라 밤 놓아라 한다——狗拿耗子多管闲事

낫 놓고 기역자도 모른다——目不识丁

내 코가 석자——泥菩萨过江，自身难保

등잔 밑이 어둡다——当局者迷，旁观者清

밑 빠진 독에 물 붓기——竹篮子打水一场空

서울에서 김서방 찾기——大海捞针

소 잃고 외양간 고치기——亡羊补牢

수박 겉 핥기——囫囵吞枣

아내가 사랑스러우면 처갓집 말뚝보고도 절을 한다——爱屋及乌

업은 아이 삼년 찾는다——骑驴找驴

여자 셋이 모이면 접시가 깨진다——三个女人一台戏

원수는 외나무다리에서 만난다——冤家路窄

원숭이도 나무에서 떨어질 때가 있다——人有失手，马有失蹄

작심삼일이다——三天打渔，两天晒网

재수가 없는 놈은 뒤로 넘어져도 코가 깨진다——倒霉的时候，喝口凉水都塞牙

저 배부르면 종 배고픈 줄 모른다——饱汉不知饿汉饥

제 눈의 안경——情人眼里出西施

들으면 병이오, 안 들으면 약이다——眼不见心不烦

돈만 있으면 귀신도 부린다——有钱能使鬼推磨

까마귀 열 두 소리에 하나도 좋지 않다——狗嘴里吐不出象牙

느린 소도 성낼 적 있다——狗急了也会跳墙

늑대는 늑대끼리, 노루는 노루끼리——鱼找鱼, 虾找虾, 乌龟找王八

부자가 망해도 삼년 먹을 것이 있다——饿死的骆驼比马大

겉 다르고 속 다르다——当面一套背后一套

흉년에 윤달——祸不单行

호랑이도 제 말 하면 온다——说曹操, 曹操到

먼 데 무당이 용하다——外来的和尚会念经

꼬리가 있어야 흔든다——巧妇难为无米之炊

쇠 귀에 경 읽기——对牛弹琴

개 똥 밭에 굴러도 이승이 좋다——好死不如赖活着

서당 개 삼년이면 풍월을 읊는다——熟读唐诗三百首, 不会作诗也会吟

누워서 침 뱉기——搬起石头砸自己的脚

독 안에 든 쥐——瓮中之鳖

가는 말이 고와야 오는 말이 곱다——你敬人一尺, 人敬你一丈

죽은 나무에 꽃이 핀다——枯木逢春

（3）同形异义

同形异义是指用词上较为相似, 但表达意思上有些出入。这种类型的惯用语在翻译成汉语时往往会使译者受原句表达形式的影响, 造成意思表达上的失误。这类情况在韩国语惯用语中所占比重较少, 可以逐一记忆。例如：

①어제가 다르고 오늘이 다르다：指变化速度快。

　此一时彼一时：指随着时间流逝, 情况发生变化。

②도망한 중을 절에 가 찾기：指找起来很难。

　跑得了和尚跑不了庙：指无论逃到哪里都会被找到。

③바늘 찔러도 피 한 방울 안 난다：指十分吝啬。
　一锥子扎不出血来：指话少。
④하루강아지 범 무서운 줄 모른다：指不自量力、冒险盲动。
　初生牛犊不怕虎：指年轻人具有敢闯敢干的精神。

（4）受西方影响形成的惯用语

韩语中有的惯用语来自伊索寓言、圣经故事、希腊神话等，这些故事对中国人来说并不陌生，可以直译。例如：

판도라 상자——潘多拉盒子
노아의 방주——诺亚方舟
토로이의 목마——特洛伊木马

二　译例列举与翻译评析

1. 字面意思直译引起的偏误

例如：

原文：너 왜 그렇게 부주의하니？ 내가 몇 번을 얘기했는데, 너는 정말로 한 귀로 듣고 한 귀로 흘린다.

译文：你怎么这么粗心呢？我说了多少次了？你简直是<u>一只耳朵进，一只耳朵出</u>。

改译：你怎么这么粗心呢？我说了多少次了？你简直是<u>左耳进，右耳冒</u>。

在韩汉惯用语翻译中，很多情况下译者虽然理解了源语的意思，但由于没能及时在目的语中找到对应的表达，只好将惯用语的意思直译，这种翻译方法有时不能完全表达出源语中惯用语的深层含义，有时会使得目的语的表述不够流畅贴切。例句中"한 귀로 듣고 한 귀로 흘린다"这句惯用语从字面上解释，可以说成"一只耳朵进，一只耳朵出"，但汉语中有对应表达的情况下，使用汉语中的对应

惯用语"左耳进，右耳冒"则更加自然。

2. 近义惯用语意思混淆引起的偏误

例如：

原文：ㄱ：너 들었어？ 갑주 양씨네 지난주에 도둑 맞았대.

　　　ㄴ：뭘 걱정해. 부자가 망해도 삼년 먹을 것이 있다고 했잖아. 어쨌든 우리보다 낫지 뭐.

译文：ㄱ：你听说了吗？杨百万家上周被盗了。

　　　ㄴ：有什么可担心的，人说<u>船破有底，底破有帮</u>，反正比我们强。

改译：ㄴ：有什么可担心的，人说<u>饿死的骆驼比马大</u>，反正比我们强。

韩国语和汉语中的惯用语数量众多，其中不乏意思相近的惯用语，在翻译的过程中，特别要辨别惯用语间意义的细微差别。例句中，"부자가 망해도 삼년 먹을 것이 있다"这句惯用语指的是"有钱的人即使家境败落，因为曾经家底殷实，也能支撑一段时间"，因此同"饿死的骆驼比马大"这句惯用语的意思更为相近。

3. 汉字词干涉引起的偏误

韩国语四字成语的翻译也会让译者受到汉字词的影响，在翻译中出现偏误。

例如：

源语：군계일학

译语：群鸡一鹤

改译：鹤立鸡群

源语：우후죽순

译语：雨后竹笋

改译：雨后春笋

源语：무법천지

209

译语：无法天地
改译：无法无天

三 韩国语惯用语的翻译

韩国语惯用语在翻译成汉语时，如果能够找到汉语中的对译是最理想的，这样既能贴切地表达原文的意思，又能表达原文所具有的修辞效果，可实际上并不是所有的惯用语都能够在汉语中找到与原文完全对应的表达。下面介绍几种韩国语惯用语的汉语处理方法。

1. 对等翻译

前文提到，韩国语的惯用语中有很多同汉语惯用语属于同形同义的关系，这类词语在翻译时往往可以本着对等翻译的原则进行翻译处理。[1]

原文1：<u>아는 것이 힘이다</u>라는 말처럼 우리는 새로운 분야의 지식에 대해 두려워하지 않고 적극적으로 받아들일 때 인류의 의학발전사가 새롭게 쓰여질 수 있는 것입니다.

译文：我们都知道<u>知识就是力量</u>，所以如果我们积极接受新事物，就会揭开医学发展史的新篇章。

原文2：<u>뿌린 대로 거둔다</u>라는 말이 있듯이 우리는 향후 보다 나은 미래를 위해 더욱 더 혼신의 노력을 다해야 할 것입니다.

译文：俗话说，<u>种瓜得瓜种豆得豆</u>，我们为创造更加繁荣的未来，应作出更大的贡献。

原文3：양국은 이 분야에서 아직 구체적으로 협력 방안에 대해 논의한 적은 없었지만 <u>천리 길도 한 걸음부터</u>라는 말도 있듯이 서두르지 않고 전진할 것입니다.

---

[1] 황지연,「국제회의 관용표현에 대한 연구: 속담과 사자성어를 중심으로」,「통번역학연구」, 2003 (7).

译文：迄今为止两国对这一领域尚未讨论具体方案，<u>千里之行始于足下</u>，我们会按部就班地进行合作。

2. 意译法

韩国语的惯用语中有些在翻译时，译者虽然理解其含义，但往往找不到汉语中的对应表达，只好将字面意思直译。但作为一名译者，为了将原文的意思表达得淋漓尽致，同时又为了体现原文的修辞效果，尽可能要找到汉语中的对应翻译表达，这种翻译处理的手法便被称作意译法。

原文1：이 사건은 양국 관계에 좋지 않은 영향을 끼쳤지만 "<u>비온 뒤에 땅이 굳어진다</u>"라는 말이 있듯이 양국의 우호관계가 한층 더 돈독해지기를 우리는 희망합니다.

译文：虽然这件事对两国关系造成了不好的影响，<u>但梅花香自苦寒来</u>，我们希望两国睦邻友好关系得到进一步发展。

原文2：저는 지난 30년간을 공직에 있으면서 윗물이 맑아야 아랫물이 맑다는 뜻에 따라 청렴성의 모범을 부하직원에게 몸소 보이기 위해 혼신의 노력을 다하였습니다.

译文：我深知"上行下效"的道理，所以在我担任公职的三十年间，竭尽全力做清廉的模范，为下属做出榜样。

3. 多译法

韩国语中有一些惯用语不仅仅对应汉语中的一个惯用语，有时可以有多种对应表达。在这种情况下，可以根据原文语境选择一个最为恰当的翻译，当然有时采用任何一种翻译处理都无妨。例如：

(1) 아는 길도 물어가라.
　　三思而后行。

行成于思。
(2) 죽도 밥도 아니다.
不伦不类。
四不像。
(3) 뛰는 놈 위에 나는 놈 있다.
人外有人，天外有天。
山外有山，天外有天。
强中自有强中手，一山更比一山高。

此外，还有很多惯用语彼此之间意思较为相近，其意义对应汉语中的同一个惯用语，例如："설상가상"和"엎친 데 덮친 격"都可以翻译为汉语的"雪上加霜"。①

原文：9.11 테러의 발생으로 안 그래도 불황을 면치 못하던 세계 경제는 엎친 데 덮친 격으로 큰 타격을 받았습니다.
译文："9·11"恐怖事件使已陷入衰退的世界经济雪上加霜。

4. 还原译法

还原译法一般体现在四字成语的翻译上，韩国语的四字成语大多来源于汉语，当然其中不乏韩国人自己创造的四字成语。韩国语的四字成语根据其构词类型，具体的汉语翻译处理情况如下。

(1) 同形同义

韩国语中很多的四字成语受汉语影响，同汉语属于同形同义。例如：

고진감래——苦尽甘来
천차만별——千差万别
설상가상——雪上加霜

---

① 황지연,「국제회의 관용표현에 대한 연구：속담과 사자성어를 중심으로」,「통번역학연구」, 2003 (7).

금상첨화——锦上添花
천하무적——天下无敌
와호장룡——卧虎藏龙
백발백중——百发百中
새옹지마——塞翁失马

（2）部分异形

韩国语中有一部分四字成语尽管和汉语成语的意思完全相同，但构词形态上同汉语成语有所区别，有的是一字之差，有的是两字之差，有的是词语排列顺序不同。例如：

용두사미——虎头蛇尾
동서고금——古今中外
동고동락——同甘共苦
무릉도원——世外桃源
우유부단——优柔寡断
다재다능——多才多艺
삼고초려——三顾茅庐

（3）完全异形

韩国语中还有一部分四字成语同汉语的构词形态完全不同，这类成语有很多是韩国人自创的成语，尽管也使用汉字，但其来源同汉语成语无关。例如：

일편단심（一片丹心）——赤胆忠心
동문서답（東問西答）——答非所问
정정당당（正正當當）——光明磊落
막상막하（莫上莫下）——势均力敌
횡설수설（橫說竪說）——胡说八道

단도직입（單刀直入）——直截了当

因此，利用还原译法具体的翻译模式如下。①

原文：민간 기업들이 자발적으로 이러한 활동을 전개한 것은 <u>전무후무한</u> 일로써 민간 소비 촉진에 커다란 성과를 거두었습니다.
译文：民间组织自发性地开展这种活动是<u>前所未有</u>的，为刺激民间消费取得了显著成果。

此外，韩国语中还有很多惯用表达，在翻译成汉语时，可以使用汉语的四字成语置换。② 例如：

原文：우리는 <u>눈 앞의 이익에 급해서</u> 부실시공의 우를 범해서는 안 될 것입니다.
译文：我们不能<u>急功近利</u>，犯不良施工的错误。

此类表达还有以下几个。③

자식이 성공하기를 바라다——望子成龙
막판에 서두르다——临阵磨枪
꿈에도 그리다——梦寐以求
너무 많아 일일이 다 셀 수 없다——数不胜数
전철을 밟다——重蹈覆辙
편하고 좋은 대접을 받다——宾至如归

---

① 황지연,「국제회의 관용표현에 대한 연구 : 속담과 사자성어를 중심으로」,「통번역학연구」, 2003（7）.
② Ibid.
③ Ibid.

중도에 그만두다──半途而废
뿌리 깊다──根深蒂固
완벽하다──十全十美
단도직입적으로 말하다──开门见山
급격한 변화──天翻地覆
완전히 상반되다──背道而驰

5. 转译法

在处理韩国语中同汉语同形异义惯用语的汉语翻译时，如果直接按照汉语惯用语对译，会曲解原文的意思，影响意思的表达。这时一定要根据上下文的语境，找到更加适当的表达。[①] 例如：

原文：소 잃고 외양간 고친다라는 말이 있듯이 늦었지만 우리는 지금이라도 수산 자원을 보호하기 위해 모든 방법을 강구해야 합니다.

译文：保护我们的水产资源，"亡羊补牢，为时未晚"，应作出一切努力。

第四节 汉语四字格在韩汉翻译中的使用

一 理论探讨

现如今，我们无论在报纸杂志、文学作品还是日常口语中，都经常见到四字格。汉语四字格的使用可以追溯到《诗经》和大量的古汉语文献中，汉语成语有96%采用了四字格的形式。[②] 有人对

[①] 황지연,「국제회의 관용표현에 대한 연구：속담과 사자성어를 중심으로」,「통번역학연구」, 2003 (7).

[②] 张明权：《汉语四字格与译者风格实证研究——以〈简·爱〉的两个中译本为例》,《社会科学论坛》2009 第 11 期，第 122 页。

215

《红楼梦》里的四字格作了粗略收集,达 5000 个之多。严复《天演论·译例言》满篇点缀着四字格:"新理踵出,名目纷繁,索之中文,妙不可得,即有牵合,终有参差。一名之立,旬月踟蹰,我罪我知,是存明哲。"就连政治家毛泽东也喜好用四字格,他在《抗日游击战争的战略问题》中曾经写道:"前方战士,牺牲流血,各党各派,精诚团结。各界人民,协力救亡。"作家对四字格的偏爱更是自不待言,林浩基在《齐白石》一文中便采用了"天才领悟,不学而能,一诗既成,同辈皆惊"的字句。生产商也充分利用四字格来传达产品信息,诱发消费者情感:"中国包装总公司茶叶,历史悠久,品质超群,名扬四海,生津解渴,提神益思,消食解腻,健美减肥,延年益寿,增进健康";"美的家电,美的全面、美的彻底"。①

四字格表现力强,言简意赅,结构严谨,富于哲理,能产生凝练紧凑的美感。它组合随意,可因情而生,应感而发,如:"公公婆婆""上上下下""不干不净";也可以是经典名藏,旁及他物,如:"有凤来仪""东床娇婿""十二金钗""阳春白雪""书香门第"。四字格结构多样,可以独立运用或在语句上构成语言板块,如:"心动神摇"、"天造地设"(联合主谓);"无中生有"、"名不虚传"、"自身难保"、"红颜薄命"(一主一谓);"贫富不移"、"父母双亡"、"风雨无阻"(两主一谓);"败毒消肿"、"安居乐业"、"薄情无义"、"避重就轻"(动宾结构);"无计可施"、"等米下锅"、"刻舟求剑"(连动结构);"灯光火树"、"山崖水畔"(向心结构);"一时不忘"、"一网打尽"、"临时推诿"、"无言可答"(状谓结构);"本家亲戚"、"言谈举止"、"分寸礼节"(并并结构);"父母儿女"、"贤孝才德"、"招摇撞骗"(四并结构);"明明白白"、"一花一木"、"无影无踪"(重叠)。②

正因四字格与汉民族的语言思维息息相关,在翻译中要充分加以利用。巧妙合理使用四字格,会给译笔增色添彩。

---

① 俞冬明:《广告汉译要充分发挥汉语优势——以偶句和四字格为例》,《宁波广播电视大学学报》2012 年第 1 期,第 37~38 页。
② 同上,第 38 页。

二 译例列举及翻译评析

以上探讨了四字格在汉语中的地位和作用,以及在翻译中四字格可以起到的效果。下面让我们通过一些例句,来体会四字格在韩汉翻译中所展现的语言魅力。

原文1:최근에 새로 모습을 드러낸 한강 공원이 서울 시민의 휴식을 도와 주고 있다.
译文:最近,<u>焕然一新</u>的汉江公园,成了首尔市民休闲的好地方。
原文2:이 실험은 중도에서 그만두지 말고 꼭 끝까지 해야 한다.
译文:这项实验一定要搞到底,不能<u>半途而废</u>。
原文3:우리는 반드시 편안할 때도 위험할 때의 일을 미리 생각하고 분발 노력하여 현대화의 길을 더욱 큰 폭으로 매진해야 한다.
译文:我们一定要<u>居安思危,奋发图强</u>,在现代化的道路上迈出更大的步伐。
原文4:그의 가슴에서는 벌써 바다가 출렁이고 있었다.
译文:他早已是<u>心潮澎湃</u>。
原文5:중국측은 앞으로도 <u>능력 범위내에서</u> 이러한 기여를 계속할 것임을 표명했다.
译文:中方表示,今后将继续在<u>力所能及</u>的范围内为此作出贡献。
原文6:이번 회의에서 모두들 <u>속을 툭 털어 놓고 이야기함으로써</u> 사업에 대하여 적지 않은 의견들을 제기하였다.
译文:会上,大家<u>畅所欲言</u>,对工作提出了不少的意见。
原文7:현재 연봉 수십만 위안(元)을 주고 과학기술 인재를 초빙하는 일이 <u>흔하게 일어나고 있으니</u>,이는 "과학기술이 최우선 생산력이다"라는 관점이 이미 사회 전체적으로 공인되었음을 나타내는 것이다.

译文：目前，数十万元年薪聘请科技人才的事情<u>屡见不鲜</u>，表明整个社会对"科学技术是第一生产力"的观点已经达成共识。

原文8：즉시 효과가 나타나게 하려면 이렇게 할 수밖에 없다.

译文：要想<u>立竿见影</u>，只能这样。

  上面的这些例句中，每一个韩国语的表达都可以有好几种汉语的翻译方法。例如，例句1中，"새로 모습을 드러내다"可以翻译成"展现出新的一面"、"露出新的面貌"、"展现新面孔"等，但无论怎么直译，都没有"焕然一新"这个四字格语言来得精炼，表达得更加贴切。例句2中"중도에서 그만 두지 말다"这句话，可以翻译成"不要在中途放弃"，其意思同四字成语"半途而废"完全相同。汉语书面语讲究文字的精炼，表达同样的意思，如果有四字格，最好还是选取四字格，这也是译者文笔的一种体现。下面给出更多的韩国语表达与汉语四字格的对译，希望对广大译者有所帮助。但要注意，四字格的使用随意性很强，它与韩国语表达之间的关系不是一一对应的，有时同一种表达在不同的语境中，会对应不同的四字格，有时不同的表达也会根据不同的语境，翻译成同一个四字格。因此，需要译者在翻译中，根据前面探讨过的各种翻译理论灵活处理。

1. 그가 <u>말도 없이 떠나버리는</u> 바람에 부모는 몹시도 마음이 아팠다.
  他<u>不辞而别</u>，让父母伤透了心。
2. 우리 두사람의 중국어 실력은 <u>엇비슷하다</u>.
  我们俩的汉语水平<u>不相上下</u>。
3. 그 사람이 너에게 어떤 태도를 취할지는 <u>말하지 않아도 뻔</u>

한 것이다.
  他对你的态度<u>不言而喻</u>。
4. 컴퓨터 훈련반은 <u>연이어 생겨나고 있다</u>.
  电脑培训班<u>层出不穷</u>。
5. 그 사람은 일하는 게 언제나 <u>덤벙덤벙이다</u>.
  他做事总是<u>粗心大意</u>。
6. 그 사람은 <u>공평무사</u>한 사람이다.
  他是个<u>大公无私</u>的人。
7. 당신과 그 사람은 관점이 거의 <u>비슷한데요</u>.
  你和他的看法<u>大同小异</u>。
8. 우리 두 사람은 생각이 도무지 <u>맞지 않다</u>.
  我们俩的想法<u>格格不入</u>。
9. 이 책은 아주 잘 팔려서 정말이지 <u>공급이 달린다</u>.
  这本书很畅销,简直是<u>供不应求</u>。
10. <u>결국 말이야</u>, 이 일은 네가 잘못한 거야.
  <u>归根到底</u>,这件事你错了。
11. 일을 할 때는 자신만 생각해서는 안 돼. <u>전체적인 국면을 고려해야지</u>.
  做事情不能只考虑自己,要<u>顾全大局</u>。
12. 그는 중국에서 <u>누구나 알고 있다</u>.
  他在中国<u>家喻户晓</u>。
13. 그녀는 아주 예쁘게 생겼다. <u>옥에 티라면 키가 조금 작다는 것이다</u>.
  她长得很漂亮,<u>美中不足的是个子有点矮</u>。
14. 사람이 어떤 문제에 대해 생각할 때, <u>모든 면을 다 고려한다는 것은 불가능하다</u>.
  一个人在考虑问题时,<u>不可能面面俱到</u>。
15. 그녀는 노래도 잘 하고 춤도 잘 춘다.
  她<u>能歌善舞</u>。

16. 현대사회에는 그럴 듯하게 허위로 꾸미는 현실이 매우 많다.

    现代社会有许多弄虚作假的现象。

17. 우리 두 사람은 우연히 알게 된 사이이지만 좋은 친구 사이가 되었다.

    我们两个人萍水相逢，却成了好朋友。

18. 이 평론은 매우 합당하게 썼다.

    这篇评论写得恰如其分。

19. 모두들 전력을 다해 마침내 조난자를 구해냈다.

    大家全力以赴，终于救出了遇难者。

20. 그는 감격해서 뜨거운 눈물이 눈에 가득했다.

    他激动得热泪盈眶。

21. 학생들은 뒤질세라 앞다투어 이 문제에 답했다.

    学生们争先恐后地回答这个问题。

22. 그 사람, 자꾸만 나를 찾아 와 정말 귀찮아.

    他三番五次地来找我，真烦人。

23. 어머니는 어쩔 수 없다는 듯이 웃음을 지었다.

    妈妈无可奈何地笑了笑。

24. 모두들 온갖 방법을 다 동원해서 여자 아이를 도와 엄마를 찾아 주었다.

    大家想方设法帮助小女孩找到了妈妈。

25. 그녀가 아주 작은 것 하나까지 세심하게 배려해주어서 나는 감동 받았다.

    她无微不至的关怀感动了我。

26. "안돼!" 그는 아주 단호하게 말했다.

    "不行!"他斩钉截铁地说。

27. 이와 같은 일들이 틀림없이 적지 않을 거야.

    诸如此类的事情一定不少。

28. 그는 말하는 것과 행동하는 것이 서로 모순된다.

他说的和做的自相矛盾。
29. 일이 순조롭게 진행되기를 빕니다.
　　 祝你一帆风顺。
30. 그 사람은 명실상부한 호인이다.
　　 他是一个名副其实的好人。
31. 젊은 이들은 생기발랄해야 한다.
　　 青年人应该朝气蓬勃。
32. 그에게는 이러한 관점이 아주 뿌리 깊게 박혀 있어, 고치기란 어렵다.
　　 他的这种想法根深蒂固，很难改变。
33. 당신이 개과천선하여 새로운 사람이 되기를 바랍니다.
　　 希望你改邪归正，重新做人。
34. 그 사람은 말했다 하면 술술 이어져서 끝이 없다.
　　 他说起话来滔滔不绝。
35. 너는 나이가 다른 급우들보다 많으니, 매사에 모범을 보여야 해.
　　 你的年龄比别的同学大，应该处处以身作则。
36. 그 사람은 깃털 하나 뽑을 수 없는 무쇠닭이라니까, 정말 구두쇠야.
　　 他是铁公鸡——一毛不拔。
37. 막 결혼을 앞둔 사람에게 있어 "혼전재산공증"이라는 이런 형식은 듣기만 해도 두려운 일이다.
　　 对即将结婚的人来说，婚前财产公证这种形式让人望而生畏。
38. 지금 여러분은 어쩌면 택시를 몰고 오색등이 찬란하게 늘어서 있는 대로를 달릴 수도 있겠고요. 전화기 옆에서 우리 프로그램에 참여하려고 기다리고 있을 수도 있겠군요.
　　 此刻，您或许正驾驶着出租车行驶在张灯结彩的大街上，或许正守候在电话机旁等待着参与我们的节目。

221

39. 그의 눈빛은 어둠 속에서도 여전히 뚜렷하고 날카롭다. 사방의 그림이 그의 눈 안에 아주 뚜렷하다.

   他的目光在黑暗中清晰敏锐，四周的画在他眼里清清楚楚。

40. 빨리 와서 사세요. 이런 스웨터는 물건이 좋고 가격도 저렴합니다.

   快来买吧，这种毛衣物美价廉。

41. 현재 한국팀은 아시아의 최고 팀이다. 그들은 작년 예선전에서 출전 못하는 교훈을 삼아 더욱 출전 준비에 박차를 가하고 있다.

   目前韩国队是亚洲数一数二的强队，他们吸取去年外围赛未能出线的教训，加紧备战。

42. 나는 요 며칠동안 발생한 상황을 일일이 그에게 알려주었다.

   我把这两天发生的情况一五一十地告诉了他。

43. 나의 그 사람에 대해 말한다면, 업무에 있어서 누가 엄지손가락을 꼽지 않고 용모를 논하면 누가 절세미인이라고 하지 않겠는가. 그러나 단지 어떻게 밥하는 줄을 모릅니다.

   要说我的那位，论业务谁不翘大拇指，论相貌谁不说百里挑一，可就是不怎么会做饭。

44. 작년을 나는 아주 바쁘게 보냈다. 여태껏 이렇게 피곤해 본 적이 없다. 또한 이렇게 즐거웠던 적이 없다.

   去年，我是忙忙碌碌度过的，我从来没有这么累过，也从来没有这么高兴过。

45. 전복은 어종의 하나이다. 그러나 요즘 근해 해수가 때때로 공업폐수에 심각하게 오염 받기 때문에 사람이 맛있는 전복을 맛볼 때, 고기가 오염 되었기 때문에 우울해지는 것을 면할 수 없다.

   鲍鱼系名种鱼，但鉴于时下近海海水往往被工业废液严重污染，人们在品尝美味鲍鱼的同时，又难免为鱼肉也受到污染而<u>忧心忡忡</u>。
46. 생각해보라. 누가 대중으로부터 <u>고립된 지도자</u>가 되고 싶겠는가？

你想想看，谁愿意当<u>光杆司令</u>呢？

第五节　韩汉翻译中的句式转换

一　理论探讨

　　转换是一种很重要的韩国语汉译技巧，是防止译文出现翻译腔的主要手段。韩国语和汉语不仅遣词造句的方式不同，而且表达思想、所使用的语言表达色彩也大不同。此外，中国人与韩国人的文化背景和思维方式也不同，很多情况下会引起表达模式的差异，因此，将韩国语翻译成汉语时往往要进行句式转换。该变不变，则叫"死板"，结果使读者得不到清晰的概念。不该变而随意变，则会太"活"，违背原作的意思，造成误译。下面就将介绍几种韩汉翻译中的句式转换。

二　译例列举及翻译评析

1. 肯定句与否定句的转换

　　韩语中有些肯定式的句子，译成汉语时，常需改成否定式；有些否定式的句子，译成汉语时，又常需改成肯定式。

原文1：한국과 중국 국민들은 20 세기 전반기를 통해 제국주의에 의해 겪어야 했던 아픈 역사를 기억하고 있다.

译1：韩国和中国人民<u>牢记着</u>20世纪上半叶遭受帝国主义侵略的痛苦历史。

译2：韩中两国人民<u>没有忘记</u>20世纪上半叶遭受帝国主义蹂躏的痛

苦历史。

原文2：그는 실패하지 않도록 열심히 공부했다.
译1：他为了不失败而努力学习。
译2：为了成功，他努力学习。

原文3：나는 첫차를 놓치지 않으려고 일찍 일어났다.
译1：我不想错过头班车，早早就起来了。
译2：我想赶头班车，早早就起来了。

　　上述几个例句中，译1是完全按原文的句式译出的，不符合汉语的表达习惯，译2将句式改变一下，就通顺多了。
　　此外，韩国语句常喜欢用双重否定词来表达肯定的意思，以示强调，译成汉语时如果双重否定不能达到流畅的效果，可以直接转换为肯定句式。

原文1：공공 교육시설도 대폭 확충해 여성들이 육아 부담 없이 사
　　　　회활동을 할 수 있도록 적극 지원하지 않으면 안 된다.
译1：公共教育设施也应大幅扩充，为使女性能在没有育儿负担的
　　　情况下进行社会活动，不积极支援是不行的。
译2：应该多增加一些公共教育设施，积极支持女性参加社会活动，
　　　使她们没有育儿方面的后顾之忧。

原文2：우리들이 서로 매우 닮았지만 누구도 꼭 같지는 않다. 그
　　　　래서 나는, 내가 할 수 있는 한, 자기자신의 길을 선택하
　　　　지 말라는 법은 없다고 생각했다.
译1：我们都很相像，但并不完全一样。因此我想，只要我能做到，
　　　就没有不让我选择自己道路的理由。
译2：我们都很相像，但并不完全一样。我认为，只要我能做到，

就一定能选择自己的道路。

原文 3：이사를 하는 일만도 피곤한 일인데 밤 손님까지 찾아 온다면 그건 설상가상이 아닐 수 없다.
译 1：搬家是件累人的事，如有夜客来访，不能不是雪上加霜。
译 2：搬家已经够累的了，要是晚上再有客人来，真是雪上加霜啊。

　　在这里要注意的是，如果用原文中的"否定之否定"的形式并不影响中文的流畅，则按原样翻译为好，这样可以保留原文婉转的语气，做到在语义和风格上与原文的统一。

原文 1：세상에 색깔이 없을 수 없고, 생활 속에 정취라는 것이 없을 수 없으니, 애완동물들이 사람들에게 주는 정취도 대체할 수 없다. 생활 속의 많은 아름다움들이 모두 애완동물들과 함께 한다.
译文：世界上不能没有色彩，生活中不能没有情趣。小动物们带给人的情趣也无法替代。生活中的许多美都是与小动物们连在一起的。

原文 2：문학 작품의 언어는 외부적인 것이 아니다. 그것은 내용(사상)과 동시에 존재하는 것으로 떼어낼 수 없는 것이다. 언어는 귤 껍질처럼 벗겨서 버릴 수 있는 것이 아니다. 세상에는 언어 없는 사상 없고, 사상 없는 언어도 없다.
译文：文学作品的语言不是外部的东西。它是和内容（思想）同时存在，不可剥离的。语言不能像桔子皮一样，可以剥下来扔掉。世界上没有没有语言的思想，也没有没有思想的语言。

2. 被动句和主动句之间的转换

　　韩国语的被动句主要有三种形式，一是动词本身有自己的被动

225

形式,例如"깨다(打碎)"的被动态"깨지다(被打碎)","보다(看)"的被动态"보이다(被看见)";二是由汉字词名词+"하다"构成的动词,它的被动态将"하다"改为"되다";第三种类型是由名词与动词"받다""당하다"等结合,形成被动意义。在翻译时,韩国语的被动句有时可用汉语的主动句来翻译。

原文1:이러한 해석은 대중에게 더 이해되기 쉽다.
原译:这样的解释,更容易被群众理解。
评析:这样的译文,反映出了原文的意思,如果用主动式翻译,也许更好些。
改译:这样的解释,群众更容易理解。

原文2:과일은 여러가지 영양성분을 풍부하게 함유하고 있으면서도 지방과 전분의 함량이 상대적으로 낮아서 줄곧 건강미용 식품으로 사랑 받아 왔다.
原译:水果含有各种营养成分,脂肪和淀粉的含量相对较低,因此一直被当做健康美容食品受到人们的喜爱。
评析:"被当做健康美容食品受到人们的喜爱"是对原文意思的直译,但从汉语的角度来说,稍欠通顺,最好转换为主动句。
改译:水果富含多种营养成分,脂肪和淀粉的含量相对较低,作为健康养颜佳品,一直受到人们的青睐。

原文3:섬세하고 부드러운 선율의 음조에 싸인 나는 밤이 늦도록 잠들지 못했다.
原译:我被那细腻优美的旋律所包围,以致夜不成寐。
评析:"夜不成寐"是整晚不睡的意思,而原文是"直到很晚"也睡不着。"被……旋律所包围"完全是按韩语修辞翻译的,不符合汉语的习惯。这句话可用主动式翻译。
改译:我沉浸在那细腻优美的旋律中,直到深夜,难以成眠。

3. 词性的转换

韩国语中有不少的名词具有动词的性质，翻译时，如果按名词翻译就不通顺，反过来，原文中将名词当动词使用，译文中也译成动词，也会引起不通顺，这时就应该改换词性，不要拘泥于原文的用法。

原文1：세계사는 정신 문화가 물질 문화를 지배했을 때 융성했고 반대로 물질 문화가 정신 문화를 지배했을 때 패망했음을 교훈하고 있다.

译1：世界历史教训着人们：当精神文化支配物质文化时，就繁荣昌盛；当物质文化支配精神文化时就败亡。

译2：世界史给人以教训；当精神文化主宰物质文化时，社会就繁荣昌盛；当物质文化主宰精神文化时，社会就败退消亡。

原文2：기술과 품질 향상은 아무리 강조해도 지나치 않은 과제다. 미래형 자동차에 대한 정부의 전폭적 지원과 업계의 연구 개발 노력이 그 어느 때보다 절실하다.

译1：技术和质量的提高，无论怎样强调都是不过分的课题。对未来型汽车政府的全面支援和业界的研究开发努力，比任何时候都迫切。

译2：提高技术水平和产品质量，无论怎样强调都是不过分的，对未来型汽车，政府大力支持和企业努力研发是当务之急。

|第七章|
韩汉翻译中的常见偏误

1. 搭配不当

韩汉翻译中,搭配不当是最常见的偏误之一,具体表现为"动宾搭配不当""修饰语和中心词搭配不当""主谓搭配不当"等。究其原因,基于语法结构问题出现的"动宾""主谓"搭配不当是因为韩国语和汉语句式不同造成的。韩国语属于阿尔泰语系,呈现"主宾谓"结构,而汉语是汉藏语系,呈现"主谓宾"结构,这种语法结构上的不同,对于两种语言之间的翻译造成了不少的障碍。原文结构略微复杂或译者稍有不慎,都会使译者误解原文各语法成分之间的关系,造成误译。此外,受韩国语表达的影响,译者在翻译过程中,没有反复体会译文的语感,也会造成"动宾搭配不当"或"修饰语和中心词搭配不当",出现一些不符合汉语习惯的表达方式。

原文1 민간단체는 다양한 교류활동과 각종 문화 사업을 구상하고 실천하는 데에 적극 노력해야 할 것이다.

原译 民间团体也要集思广益努力开展各种交流活动和文化事业。

改译 民间团体要努力拓展思路,开展各种交流活动和发展文化事业。

评析 "开展……活动和……事业",在语法结构上属于一个谓语带两个宾语,汉语中可以"开展……活动",但不能"开展……

事业","事业"不能"开展",而是"发展",翻译时可添加动词。"구상하다"是"构想"、"构思"之意,翻译为"集思广益"意思并不完全准确。

原文2　서로 돕고 이끌어 주고 하는 과정에 그들은 자연 더욱 굳게 단합할 수 있었 다.
原译　在互相帮助给予指导的过程中,他们自然更加坚强地团结起来。
改译　在互相帮助互相提携的过程中,他们自然而然地团结得更加紧密了。
评析　"坚强"作为副词使用时,只能同"活着"、"生活"连用。要修饰"团结"的程度,必须要在团结后面添加程度副词,即"团结得……紧密"。

原文3　엄마의 말을 듣자, 그녀는 부끄럽기도 하고 또 괴롭기도 해서, 눈물이 나는 것을 참을 수 없었다.
原译　听了妈妈的话,使她感到又惭愧又难过,忍不住流下了眼泪。
改译　听了妈妈的话,她感到又惭愧又难过,不禁流下了眼泪。
评析　原文是个主动句,原译文中"听了妈妈的话"省略了主语"她",后面出现了使动句"使她感到又惭愧又难过",与前面的主语"她"不搭配,因此应该去掉"使"字。

原文4　시위에 참여한 사람들은 시험관아기 기술을 이용하는 쌍방이 반드시 부부여야 할 것을 받아들이도록 강하게 요구하였다. 나아가, 확실히 어떤 질병을 앓았기 때문에 정상적 생육을 할 수 없는 지경에 이른 경우이어야 하며, 그렇지 않으면 "하느님의 뜻에 위배된다"는 것이다.
原译　参加示威的人们强烈要求利用试管婴儿技术的双方必须是夫妇才能接受。进而确实患有一些疾病,所以不能正常生育的情况,否则,就是"违背了上苍的意愿"。

改译 参加游行的人们强烈要求接受试管婴儿技术的双方必须是夫妻,而且确实是因为患有某种疾病,以致不能正常生育,否则就是"违背了上苍的意志"。

评析 原译文第一句话"参加示威的人们强烈要求利用试管婴儿技术的双方必须是夫妇才能接受"中,主语是"人们",谓语是"要求",同后面出现的"双方必须是夫妇才能接受"这一宾语不搭配。

2. 语序不当

在韩国语中,主语和宾语中心词的前面常常会出现定语,在汉语中,定语的排列有一定的规律,如果忽视了汉语中定语的排列规律,一味遵从韩国语原文的排列顺序,那么汉语译文则有可能出现语序不当的问题。此外,每一种语言都有自己固有的结构和表达方式,这些都需要译者在翻译过程中灵活处理,否则,完全忠实原文的结构就会不符合目的语语序。

原文1 유명한 수학자였던 고 화뤄겅선생은 자신이 무협 소설을 읽고 느낀 바에 따라 무협 소설을 "성인의 동화"라고 했다.

原译 有名的数学家已故的华罗庚先生按照自己阅读武侠小说的感受,说武侠小说是"圣人的童话"。

改译 已故著名数学大师华罗庚先生,曾根据自己读武侠小说的感受,称其为"成人的童话"。

评析 汉语中多项定语的排列顺序有一定的规律,一般情况下,按照"领属修饰成分→数量修饰成分→动词性修饰成分→形容词性修饰成分→名词修饰成分→中心名词"的顺序排列。[1] 原译文中"华罗庚"前的三项定语排序中,"已故"是一个动词性修饰成分,理应放在"著名"和"数学大师"的前面。 此

---

[1] 张宝胜:《名词前修饰成分的排列规律》,《语文建设》2005年第4期,第53页。

外，"성인"除有"圣人"的意思外，还有"成人"之意，这里根据语境，应该翻译为"成人"。

原文2 양국 정상은 유엔 헌장의 원칙과 한중 수교 공동 성명의 정신 및 기존의 "협력 동반자 관계"를 기초로 미래를 지향해 "전면적 협력·동반자 관계"를 구축하기로 합의했다.

原译 两国首脑以联合国宪章的原则、韩中建交共同声明的精神，以及"合作伙伴关系"为准则，双方同意面向未来建立"全面合作伙伴关系"。

改译 两国首脑同意以《联合国宪章》的原则和《韩中建交共同声明》的精神以及已有的"合作伙伴关系"为基础，面向未来，建立"全面合作伙伴关系"。

评析 原文的谓语是"합의하다"，它虽位于句尾，但统管全句，翻译时应放在主语后面。

原文3 미래의 "인터넷" 휴대폰을 통해 여행자들은 집을 나서기 전에 여러 장의 지도를 저장해서 언제라도 찾아볼 수 있게 준비해 둘 수 있다.

原译 旅游者通过未来的互联网手机，在离开家之前随时可以装上一些地图准备查看。

改译 通过未来的互联网手机，旅游者出门前可以装上几幅地图，以备随时查看。

评析 原文中的 "언제라도" 是与 "찾아보다" 相联系的，因而 "随时" 应放到 "查看" 前。

原文4 한국과 중국이 냉전의 기운을 걷어내고 1992년 8월 국교 수립 및 1994년 3월 문화 협정 체결을 계기로 다시 정치·경제·사회 분야 등의 교류를 활발히 촉진시키게 된 것은 매우 다행스런 일이라고 생각하며 앞으로 문화·예술·체육등 모든 방면에 있어 양국 모두가 만족할 만한 수준으로 교류의 폭을 확대시켜 나갈 수 있기를 기대합니다.

原译 韩国和中国结束了冷战，于1992年8月建立了外交关系，1994年3月签订了文化协定，并以此为契机，大大促进了两国在政治、经济、社会等各方面的交往，对此，我们感到很高兴。我们期待着今后在文化、艺术、体育等诸多方面扩大交流，以满足两国人民的需求。

改译 我们感到欣喜的是，韩中两国结束了冷战的状态，于1992年8月建立了外交关系，1994年3月签订了文化交流协定，从而大大促进了两国在政治、经济、社会等各领域的交往。我们期待着今后在文化、艺术、体育等方面不断扩大交流，以满足两国人民的需求。

评析 按照汉语的表达习惯，原文中"매우 다행스런 일이라고 생각하다"翻译时最好放在句首，翻译成"我们感到欣喜的是……"。韩国语的发言稿中，常常会有"……는 것은……일이라고 생각하다"这样的表达，在"일"前面经常会出现一些"기쁘다""대행스럽다""자랑스럽다"等修饰词，直译成汉语为"我认为……是让我……的事"，但按照汉语的表达习惯，则可以翻译为"令我高兴的是……""令我欣慰的是……""令我骄傲的是……"。

3. 汉语表达残缺

韩汉翻译中，有时会出现"表达残缺"的偏误。无论是韩国语还是汉语，第一人称作主语出现时，主语通常可以省略，但当第一人称主语作为宾语主语出现时，却不可以被省略，否则会出现指代不清的问题。其次，在汉语中前文提到的事情，下文再次对此进行详细介绍或谈论时，要将这件事情做主语，这样句子才会更加完整。

原文1 지난달 싱가포르의 IFCA 전시회의 당사 전시관에 들러 주

| 第七章 | 韩汉翻译中的常见偏误

셔서 감사합니다.
原译　感谢上个月在新加坡的 IFCA 展览会上到我公司的展馆参观。
改译　非常感谢贵公司上月在新加坡的 IFCA 展览会上莅临我公司的展馆。
评析　"感谢"是动词，后面可带名词、代词、动词谓语句。在本句中，"感谢"后面的动词谓语句缺少主语，致使译文欠通顺。

原文2　대기 오염은 산성비의 원인이 되어 사람의 건강은 물론이고 농작물, 건축물, 재산 등 여러 면에 큰 피해를 준다.
原译　大气污染是酸雨形成的原因，不仅对人体健康带来损害，而且对农作物、建筑物、财产等许多方面带来巨大损害。
改译　大气污染是酸雨的成因。酸雨不仅危及人体健康，而且对农作物、建筑物、财产等诸多方面造成损害。
评析　大气污染造成酸雨，是"酸雨"给"人体健康等带来损害"，原文中虽未指出后面的"酸雨"，但翻译时应加上去，这样意思才能更加明确。此外，"对……带来损害"不符合汉语的表达习惯，最好改为"危及健康"、"损害健康"或"有碍健康"。

原文3　수도의 성격은 나라와 시대에 따라 다르지만 그 기원과 기능에 따라 달라질 수도 있다.
原译　首都的性格，因国家和时代而不同，也可因起源和机能而不同。
改译　首都的情况，会因国家和时代的不同而不同，也会因起源和作用的不同而有所差异。
评析　原文的"……에 따라 다르다"，在翻译成汉语时应译成"因……不同而不同"，属于固定结构，前面的"不同"不能省略。

原文4　정부는 정부대로 기업은 기업대로 개인은 개인대로 우리 모두가 환경 보호를 위한 최선을 다 할 때 우리는 과학 기술이 우리에게 주는 혜택을 마음껏 누리게 될 것이다.

原译　政府像政府那样，企业像企业那样，个人像个人那样，当我们都为保护环境作出贡献时，我们就会尽情享受到科学技术给我们的恩赐。

改译　政府尽政府之力，企业尽企业之力，个人尽个人之力，当大家都为环保竭尽全力时，我们就会尽享科学技术带给我们的恩惠。

评析　"……像……那样"，到底是"哪样"，译文没有说清楚。从全文来看，"政府、企业、个人"后面的"대로"表达意思是"各尽所能"，就是"为了环保能出多大力就出多大力"，翻译时应增添必要的解释，将意思表达清楚。

4. 汉语表达冗杂

成功的翻译，最见于文字的简练。莎士比亚曾经说过，"言贵简约"。这就告诉译者，在翻译中要精心炼字。[①] 汉语在表达时讲究语言的浓缩和凝练，通常避免同一个词语在同一个句子中反复出现，如果要表达相同的意思，往往要使用同义词或近义词代替。

原文1　신사임당은 조선 시대 여류 문인이며 서화가로 율곡이이의 어머니다. 예술가이며 착한 부인, 훌륭한 어머니였기 때문에 한국의 모범적인 여성상으로 존경받고 있다.

原译　申师任堂是朝鲜时期有名的女流文人、画家、书法家，李栗谷的母亲。申师任堂身为女流之辈，不仅是一位贤惠的妻子，一位伟大的母亲，还是一位知名的艺术家。多少年来，一直深受韩国人民的敬佩。

改译　申师任堂是朝鲜时期的女文人和书画家，是李栗谷的母亲。她不仅是艺术家，还是一位贤妻良母，作为韩国的杰出女性，深受人们的崇敬。

评析　原译文用词重复、表达混乱。"申师任堂""女流"一词多次

---

① 李明：《英汉互动翻译教程》，武汉大学出版社，2011，第99页。

被使用，过于重复。"贤惠的妻子""伟大的母亲"，译成"贤妻良母"简单明了。

原文2　깊은 산속에 작고 예쁜 마을이 하나 있었다.
原译　在深山里有一个小而美丽的村子。
改译　深山里有一个美丽的小村子。
评析　原译文"小而美丽的村子"这一表述中，村子前面的定语部分不够简练，把"小而美丽的村子"改成"美丽的小村子"，将定语浓缩，语言则显得更加精炼。

原文3　예전에는 교외에 놀러 가려면 사전에 계획을 세워야 했다. 지금은 마음먹으면 바로 떠날 수 있고, 가다가 멋있는 경치를 보게 되면 곧 멈춰서 감상할 수 있다.
原译　以前去郊外玩要事前做好计划。可是现在，下了决心就能走，途中看到美景可以马上停住进行观赏。
改译　以前郊游要提前计划，现在则是说走就走，途中看到美景可以马上停下来赏玩一番。
评析　"停住"可改为"停下来"，"去郊外玩"简而言之就是郊游。原译文在表达上虽然没有偏误，但部分表达可以再简练一些。如，"先做好计划"改为"提前计划"，"下了决心就能走"改为"说走就走"等，这样会使语言表达凝练，增强表达效果。

原文4　한편으로는 바람, 또 한편으로는 비 때문에 우리의 소풍은 엉망이 됐다.
原译　一方面因为风，一方面因为雨，我们外出兜风一塌糊涂。
改译　又刮风又下雨，我们外出兜风被搞得一团糟。
评析　原译文将"한편으로는……한편으로는……"翻译为"一方面……一方面……"显得中文表达过于啰嗦，不如译成"又刮风又下雨"更符合汉语的习惯。此外，"一塌糊涂"前缺少动词。

5. 中文词义混淆

翻译过程中,词语的选择十分重要。一篇译作是否成功很大程度上取决于词语选择是否精当、得体。尤其是汉语中有很多近义词,每个近义词之间有很多细小、微妙的差别,译者如果弄不清这些词在词义和用法上的区别,往往会导致表达不当。

原文1　에어컨·컬러 TV·냉장고·세탁기 등의 상품이 또 한번 세대교체되기 시작했다.
原译　空调、彩电、冰箱、洗衣机开始了又一次新旧交替。
改译　空调、彩电、冰箱、洗衣机开始了新一轮的产品换代。
评析　"세대교체"是产品"换代"的意思,"新旧交替"不含"换代"的意思。

原文2　(온달은)고구려 평원왕의 딸인 평강공주의 남편 (이었다).
原译　温达是高句丽王的女儿平冈公主的驸马。
改译　温达是高句丽平原王的女儿平冈公主的丈夫。
评析　"驸马"是古代皇帝对女婿的称呼,不能称公主的驸马。

原文3　21세기가 관광, 환경, 지식 정보 산업이 선도하는 사회가 될 것이라는 사실은 이미 우리 모두가 알고 있습니다. 양보다 질, 집단의 이익보다 개인의 필요에 더 많은 관심을 기울이게 될 21세기에는 관광 분야가 주로 산업으로 부상할 것입니다. 왜냐하면 관광은 인류 생활의 수준을 높이고 국가간의 교류와 이해를 넓히는 역할을 하기 때문입니다. 거기에 부수적으로 따라오는 고용 창출 효과와 소득증대 효과에 또한 우리는 관심을 집중시키게 됩니다.
原译　众所周知,在21世纪,旅游、环境和知识信息产业将会起到主导作用。进入21世纪,人们不再看重数量和集体利益,而重视质量和个人需要。在这样的情况下,旅游将成为重要的产业。这是因为旅游具有提高人类生活质量、扩大国家间交流和增进了解的作用。此外,令人十分瞩目的是随之而来的就业机会的增加和收入的增大。

改译 大家知道,21世纪社会,旅游、环境和知识信息产业将起到先导作用。与数量和集体利益相比,人们更重视质量和个人需求,旅游业将成为重要的产业。这是因为旅游具有提高人类生活质量、扩大国家间交流和增进了解的作用。同时,旅游还能提供就业机会和增加收入,这也是令我们十分关注的。

评析 原文的"선도하다",是"先导",不可译为"主导"。拿我国的情况来说,农业是基础,工业是主导,而教育和科技是先导,由此可见,"主导"和"先导"是不同意思的两个概念,翻译时应注意它们的区别。另外,"人们不再看重数量和集体利益",这句话与原文有些出入。原文并没有说"不看重",而是看重的程度不如"质量和个人需求"。再者,"收入"不能"增大",而应是"增加"。

原文4 신라때 원효 대사가 창건한 절이며 남한강변의 수려한 자연 경관과 잘 어우러진 아름다운 사찰로서 주변에 캠프장과 뱃놀이 시설이 갖추어져 있어 불교문화도 배우고 가볍게 나들이할 수 있는 편안한 곳입니다.

原译 (神勒寺)是新罗时代元孝大师创建的寺庙,与南汉江边秀丽的自然景观交相辉映。周边设有野营地和游船等娱乐设施,是人们学习佛教文化和休闲度假的好去处。

改译 (神勒寺)是新罗时代元孝大师修建的一座漂亮的寺庙,它与南汉江边秀丽的自然景观浑然一体。周边有野营地和游船,是人们学习佛教文化和休闲度假的好去处。

评析 寺庙等建筑物只能"修建",而不能"创建"。"交相辉映"指的是各种色彩、光亮相互映照,不适合用于"寺庙"和"自然景观"。"野营地"是在野外搭起营帐住宿的地方,而不是娱乐设施。

6. 汉语用词不当

译者在使用汉语词汇的过程中，要有选择地使用，要注意词义的大小、词语的感情色彩以及词性等多种因素。

原文1 우리는 광막한 우주, 혹은 실험실의 복제양을 탐색할 수 있지만 우리 체내의 생체 시계는 여전히 석기시대와 같은 리듬으로 움직이고 있다.

原译 我们可以探索广漠的宇宙或实验室的复制羊，但我们体内的生物钟却跟石器时代的节奏一样跳动。

改译 我们能探索广袤的宇宙或在实验室里克隆羊，可是我们体内的生物钟还在以与石器时代同样的节奏工作。

评析 "广漠的宇宙"应为"广袤的宇宙"。此外，原译文中将"실험실의 복제양"翻译成"实验室的复制羊"就是受韩国语汉字词标记的影响，应该翻译为"克隆羊"。

原文2 물질적 부가 가져다 주는 풍요와 안락이 "하고 싶은 일을 할 수 있게 한다"고 해도, 그것은 더 큰 욕망을 향해 끝없이 질주하게 만드는 불행의 근원이 될 수도 있다.

原译 物质的财富带来的是丰富和安乐，"想干什么就能干什么"，但它也能成为不幸的根源，让人向着更大的欲望不停地走下去。

改译 物质的富有带来的是富裕和安乐，让人"想干什么就能干什么"，但它也会成为不幸的根源，让人走向更大欲望的深渊。

评析 汉语"丰富"可做动词和形容词使用，但不能作名词使用。表示生活富有、幸福时，不能用"丰富"，而要使用"富裕"一词。

原文3 연료 사용량이 대형 공장의 사용량에 버금가는 대형 아파트 단지나 빌딩가에서는, 단속의 손길이 미치지 않는 상

태에서의 매연 발생이 극에 달해 시민의 건강과 재산 피해를 가중시키고 있다.

原译 燃料使用量仅次于工厂的大型公寓小区或建筑,是尚未染指的重度污染区,严重损害了市民的健康与财产。

改译 大型公寓或高层建筑的燃料使用量仅次于大型工厂,并没有受到控制,所产生的煤烟达到极限,严重损害了市民的健康,并给财产带来很大的损失。

评析 "染指"比喻获取非所应得的利益,是一个贬义词。原文并没有褒贬之意,只是客观介绍事实,因而应该使用一个感情色彩适当的中性词。如果把它当做"污染"来理解,又与它所限制的"重度污染"相矛盾,前面是"尚未染指",后面是"重度污染",逻辑不通。此外,"损害……的健康与财产"这一表达动宾搭配不当。

原文 4 학생은 자신의 취미와 특기에 따라 커리큘럼을 선택하고, 자신의 다원지식구조와 발전방향을 주동적으로 선택하고 구상할 수 있다.

原译 学生可以按照自己的兴趣和特点选择课程,主动选择和构想自身多元知识构造和发展方向。

改译 学生可以根据自己的兴趣和特长选择课程,自主选择和构建自己的多元知识结构和发展方向。

评析 在学校教育中,一般讲"兴趣和特长",而不讲"兴趣和特点",讲"自主选择"而不讲"主动选择",讲"知识结构"而不讲"知识构想",讲"构建……"而不讲"构想……"。

7. 不符合汉语表达习惯

有人说,"翻译很难脱离原文的影子"。笔者认为,这句话要从翻译策略和翻译效果两方面来看待,从翻译策略上,传统翻译理论认为翻译策略分"直译"和"意译",现代翻译理论认为翻译策略可以分为"异化"和"归化"。在前文笔者就已经论述过，无论"直译"还是"意译"，无论"异化"还是"归化"，都是一对辩证统一的整体。在一篇译文中，两种相互矛盾的翻译策略同时存在，构成一个有机的整体，从而使译文达到良好的翻译效果。从翻译效果来看，"翻译很难脱离原文的影子"这句话可谓一针见血地指出翻译偏误的问题所在。韩国语在表达上经常会使用一些比喻、夸张、排比等修辞手法，这些修辞性的表达在翻译成汉语时，译者常常会受韩国语原文的影响，过度直译，从而制造出翻译腔，使得译文表达严重不符合汉语表达习惯。

原文1 둘이 언덕을 넘어서자 후두둑거리던 빗방울은 마침내 장대같은 소나기로 변하여 한치 앞을 볼 수 없게 쏟아부었다.

原译 二人刚刚翻过山坡，淅淅沥沥的雨点就变成了千万条竹竿一样的骤雨倾泻下来，遮得眼前蒙蒙一片，甚至看不清几步之外的景物。

改译 二人刚刚翻过山丘，淅淅沥沥的雨点最终变成了倾盆大雨，眼前什么也看不见了。

评析 汉语中形容大雨的词不少，诸如"倾盆大雨""瓢泼大雨""滂沱大雨"等，"竹竿一样的大雨"是韩国语式修辞方法，不符合汉语的表达习惯。此外，"遮得眼前蒙蒙一片"属增量翻译，应该删除。

原文2 유난스러운 날씨였다. 봄이면 꽃이 피고 새가 운다지만 이해의 봄은 야단스럽기만 하다.

原译 这是个异乎寻常的天气。虽说春天一到，花就开了，鸟就叫了，可今年的春天却一股劲地闹腾。

改译 虽然说春天到了，花儿开、鸟儿叫，可今年的春天却很异常，风不调雨不顺。

| 第七章 | 韩汉翻译中的常见偏误

评析 原文中"春天却一个劲儿地闹腾"是从韩国语"이 해의 봄은 야단스럽기만 하다"这句话硬译过来的,"봄은 야단스럽다"与前句相对应,可以合起来翻译。

原文3 사람은 사회적 존재이다. 사람이 사회생활을 제대로 누려 나가기 위해서는 끊임없이 다른 사람들과 어울려야 한다.

原译 人是社会的存在。人为了更好地享受社会生活,应该不断地与别人搞好关系。

改译 人是社会的存在。一个人为了在社会上很好地立足,必须不断地搞好人际关系。

评析 原译文忠实于原文的字词和语法结构,属于对原文的直译,译文虽然可以传达原文的意思,但在表达上有些生硬,需要略微进行调整。

原文4 청년 실업 문제가 갈수록 심각해지고 있다. 특히 지방대 출신들의 취업은 "하늘의 별따기"만큼이나 어렵다.

原译 青年失业问题越来越深刻。特别是地方大学出身的人,就业更难,就像"摘天上的星星"一样。

改译 青年失业问题越来越严重。特别是首尔以外地区大学毕业的学生,就业更难,"难于上青天"。

评析 原译文中"就像摘天上的星星一样"是将原文出现的惯用语"하늘의 별따기"直译过来的,这一表达不符合汉语的表达习惯,应该采用汉语中具有同样色彩和程度的表达方式"难于上青天"。"地方大学"这一表达是对原文的异化翻译,但不了解韩国社会的中国读者无法理解"地方大学"的真正含义,为了让中国读者能够更好地理解,应当翻译为"首尔以外地区的大学",或者即使翻译为"地方大学",也要在后面添加解释。此外,原译文中译者受汉字词标记的影响,将"심각하다"翻译为"深刻",但在汉语中"深刻"一词与

"问题"不搭配,只能说"问题严重","출신"一词的汉字标记写作"出身",但在原文中的意思是"毕业",汉语中的"出身"常指"家庭出身"。

8. 逐词对译

早在17世纪,英国著名翻译家德莱顿就将翻译分为三类,词译、释译、拟译。其中词译,即逐词对译,强调与原文逐词相对,局限于原文的韵律,使译者成为韵脚的奴隶。① 在韩汉翻译中,逐词对译便指的是过于忠实地传达原文的每一个词汇,将原文的每一个单词都翻译成汉语,但所得到的整个句子严重违背汉语的表达习惯。

原文1　서울 주변의 水落山、佛岩山、峨嵯山등 9개 근교산이 자연 공원으로 조성된다.
原译　首尔周边的水落山、佛岩山、峨嵯山等9个近郊山被造成自然公园。
改译　首尔近郊的水落山、佛岩山、峨嵯山等9座山建成了自然公园。
评析　作为译者应该忠实原文,但忠实原文并不等于忠实原文的字词,对原文进行逐词对译,而是要忠实地传达原文意思,形成符合目标语表达习惯的译文。原译中"周边的……近郊山"这一表达忠实地翻译出原文的字词,但不符合汉语的表达习惯,最好译作"近郊的……山"。

原文2　A：요즘은 시대적인 요구나 감각에 따라 광고를 젊은이에게 맞도록 적극적으로 만들려고만 들어요.
　　　B：그 뿐만아니라 상품 구매 결정권이 여성에게 있으니까

---

① 谭载喜:《西方翻译简史》,第123页。

여성 지향적인 경향도 많은 것 같아요.
原译 A：最近，随着时代的要求和感觉，好像广告只是更贴近于年轻人的口味。
　　B：不仅如此，好像商品的采购决定权也针对女性，而且更倾向于女性的喜好。
改译 A：由于时代的要求和人们的感受发生变化，现在的广告尽是为年轻人做的。
　　B：不仅如此，因为女人掌管着购物的大权，针对她们的广告也很多。
评析　"商品的采购决定权也针对女性"这句话是译者在没有足够理解原文意思的情况下，逐词对译处理的，其实这句话是说"女人掌握着购物的决定权"，即购物需由女人来决定。

原文3　그의 "洪積期의 새"는 당시 문단에 신선한 충격을 던져 주었다.
原译　他的《洪积期的鸟》给当时的文坛以新鲜的冲击。
改译　她的《洪积期的鸟》给当时的文坛注入了新的活力（或带来了很大的冲击）。
评析　"新鲜的冲击"是将"신선한 충격"逐词对译而成的。在汉语中，"新鲜"不能修饰"冲击"，翻译时应该在保持原文韵味的情况下，转换成符合目的语读者语言习惯的表达，改成"新的活力"或"很大的冲击"为宜。另外，《洪积期的鸟》这部作品的作者是一位女士，作为译者而言，翻译时要对原文背后隐藏的信息进行一番考察，否则很容易出现误译。

原文4　전국적으로 논할 때 베이징은 하늘의 혜택을 혼자 입은 것처럼 인재 방면의 우세를 누려 왔다.

243

原译　从全局来说，北京占有人才方面的优势，就像独自得到上帝的恩赐一样。
改译　就全国而论，北京一直享有得天独厚的人才优势。
评析　原译文中"就像独自得到上帝的恩赐一样"这句话是从原文"하늘의 혜택을 혼자 입다"这一表达翻译过来的。原文中的"하늘"表示"上天、上苍、老天爷"等，但翻译为"上帝"就增添了一种基督教的色彩。

9. 受韩国语汉字词标记影响

前文提到，由于中韩两国彼此相似的文化和友好交流的历史，韩国语中混杂着大量的汉字词，为韩国语和汉语之间的互译提供了许多便利条件，但同时韩国语词语的汉字词标记也会对译者进行韩汉翻译造成很大的困扰。

原文1　우리는 2만명의 직원과 전세계 10개의 자회사를 가지고 있는 다국적 기업입니다.
原译　我公司是一家拥有2万名职工及全世界10个子公司的多国籍企业。
改译　我公司是一家跨国公司，拥有两万名职工，在全世界有十个分公司。
评析　韩国语中的"다국적 기업"是汉字词，其汉字写做"多国籍企业"，但在翻译成汉语时，不能受汉字词标记的影响，直译为"多国籍企业"，这样容易使译者误以为是"多重国籍的企业"，应该翻译为"跨国企业"或"跨国公司"。

原文2　같은 유교 문화권인 한국과 중국은 문화 내용면에서 각각 적지 않은 동질성과 공통점을 지니고 있다는 사실은 어느 누구도 부인할 수 없을 것이다.
原译　韩国和中国同属于儒教文化圈，在文化内涵上具有许多同性质和共同特征，这是任何人都否认不了的事实。
改译　韩国和中国同属于儒教文化圈，在文化内容方面有不少的相同和相通之处，这是任何人都否认不了的事实。
评析　原译文中出现了"具有……同性质"这一表达，这种说法显然是汉语中所没有的。"동질성"这个词的汉字标记为"同质性"，意思是"相同和相通之处"。作为一名译者，在翻译时不能因为找不到合适的对译，就将汉字标记"同质性"想当然地理解为"同性质"。

原文3　보잉사는 1930년 5월 15일 8명의 간호사를 채용하여 비행기에 탑승시켜 근무하도록 해 "스튜어디스"의 전례를 만들었다.
原译　波音公司在1930年5月15日采用8名护士，让她们在飞机上服务，开创了"空中小姐"的先河。
改译　波音公司于1930年5月15日开始雇用8名护士随机服务，首开"空中小姐"的先例。
评析　原译文中的"采用"一词来源于原文中的"채용"，译者在翻译中将"채용"的汉字标记"采用"直接移植到汉语中，但"采用护士"这一表达不符合汉语的表达习惯，应为"雇用"。因此在翻译过程中，译者不能一味地拿来主义，要坚持选择主义，即使拿来，也要有选择地拿来。此外，文中的时间，表示的是"从这一天开始"的意思，而不仅仅指这一天。

原文4　현재 베이징에 투자하는 외자의 흐름에서 볼 때 제3차산업과 첨단신기술 산업이 주요 동향이다.
原译　在目前投向北京的外资的主要动向，是第三产业和尖端新技术。
改译　从目前投入北京的外资流向上看，第三产业和高新技术产业为主要方向。

评析 "첨단신기술"是汉字词,在翻译时应该按照汉语的表达习惯翻译为"高新技术",而不是使用韩国语汉字标记的"尖端新技术"。

10. 原文理解不当

前文提到,英国学者纽马克认为,如果原文内容涉及本国特有的自然环境、社会制度、文化习俗,目标文本在意思上必然会有所走失。纽马克谈到的这些造成"意义走失"的内容恰恰也是译者在理解原文时的难点,译者往往会因为对原文所涉及的文化背景知识缺乏一定的认识和了解,或者因为原文语言表达过于复杂,夹杂许多俚语、方言等,影响对原文意义的理解,在翻译中出现误译。

原文1 자동차 1 만대당 사망자 수는 일본, 영국 등 선진국의 3~4배 수준으로 경제협력개발기구(OECD)회원국 가운데 거의 꼴찌다.

原译 汽车每一万辆的死亡人数是日本、英国等先进国家的3~4倍,在经济合作开发组织会员国中几乎是倒数第一。

改译 (我国)每万辆汽车的死亡人数是日本、英国等发达国家的3~4倍,这在经济合作开发组织会员国中几乎名列第一。

评析 从原文可知,韩国因交通事故死亡的人数比日本、英国等国多得多,而结论是"倒数第一",这就自相矛盾了。"꼴찌"虽然原意是"倒数第一",但这句话的"倒数第一"指的不是死亡人数排名,而是各国家的交通安全指数排名,韩国因为死亡人数过高,排名倒数第一。因此,在翻译时,如果主语选用"死亡人数",那么后面的"꼴찌"相对应地要翻译成"名列第一"。

原文2 A:사회생활하니까 말 때문에 어려움을 겪는 수가 많지요?

B：예, 특히 회의 때 윗 사람이 어려워서 할 말을 못할 때가 종종 있어요.

原译 A：人生在世,因说话不当而陷于尴尬的情况属实不少吧?
　　B：是的,尤其是开会时,上司有时候就有口难言。
改译 A：在社会生活中,要说话却感到为难的时候不少吧?
　　B：是的,特别是开会的时候,因为害怕上司,常常有话想说而不敢说。
评析 "윗 사람이 어려워서 할 말을 못하다"的意思不是"上司有时候就有口难言",在这里,译者没有理解"윗 사람이 어렵다"这个表达的意思,是"下属畏惧上司不敢说话",而不是"上司自己不敢说话"。

原文3　최근 몇 년 동안 한국에서는 밖으로 여행하는 사람들이 급격히 증가하여 남성 기사의 공급이 수요를 쫓아갈 수 없기 때문에 여기사를 채용하기 시작했다.
原译　最近几年,在韩国出国旅行的人急剧增加,男司机供不应求,因此开始聘用女司机。
改译　最近几年,在韩国外出旅行的人急剧增加,男司机供不应求,因此开始聘用女司机。
评析　在这里,"出国旅行的人急剧增加"与国内"男司机供不应求"而要"招聘女司机"不构成因果关系,有悖常理。仔细阅读原文可以发现,"밖으로 여행하다"指的是外出旅行,而不是"出国旅行"。由于韩国国内旅行人数增加,车辆需求量加大,司机缺乏,因此需招聘新司机,这样的因果关系才合乎情理。

11. 译文表达缺乏节奏感

要使译文通顺流畅,译文的节奏感也是不可或缺的。在汉语中,说话、写文章都要节拍匀称。一般来说,单音节与单音节搭配，双音节与双音节搭配。我们不说"报杂志"，而说"报纸杂志"，不说"看书报"而说"阅读书报"或"看书""看报"。韩汉翻译也是一样，为了将中文呈现在读者面前，不能不考虑译文的节奏感问题。

原文1 단지 세 번째 사람만이 등반 도중에 어려움을 알면서도 앞으로 나아가 온갖 곤난을 극복하고, 용감하게 전진했다. 몇 차례나 넘어졌지만 다시 기어오르는 데 조금도 두려워하거나 기죽지 않았으며, 마침내 정상에 올랐다.

原译 只有第三个人，在攀登途中，知难而进，克服各种困难，勇敢前进。几次跌倒再爬起来，不害怕，不泄气，最后登上了顶峰。

改译 只有第三个人，在攀登途中，知难而进，披荆斩棘，勇往直前。几次跌倒，爬起来再上，无所畏惧，毫不气馁，最后终于登上了顶峰。

评析 原文中的"어려움을 알면서도 앞으로 나아가"用四字格"知难而进"来翻译非常合适，同样，其他语句也可用四字格来翻译，这样可以大大加强译文的节奏感。

原文2 그의 집은 언제나 그렇게 조용하고 편안하다. 전체 두 칸의 방은 비록 면적은 좁지만 티끌 하나 없이 반듯반듯하게 잘 정리되어 있다.

原译 他的家一直是那么安静悠闲。一共两间房，虽然面积小，反而整理得井然有序，一点灰尘都没有。

改译 他家里总是那么安静舒适，一套两居室的房间，虽说面积显得小点儿，但是收拾得一尘不染，井井有条。

评析 原文的后半部分可以使用汉语的四字成语，加强文章的节奏感。此外，"家"可以"安静"，但不能用"悠闲"。"反而"一词使用错误，应为"但是"。

原文3　사람들이 원하든 말든 신세기의 리듬은 더욱 빨라질 것이며 기술은 더욱 고급화될 것이고 정보는 더욱 발달할 것이며 문제는 더욱 복잡해질 것이므로 우리들이 너무나도 태연자약하게 지내는 것을 용납하지 않을 것이다.

原译　人们愿意不愿意，新世纪的节奏会更加快速，技术会更加高级，信息更加发达，问题更加复杂，因此我们过于泰然自若是不可能的。

改译　无论人们愿意不愿意，新世纪的节奏会更快、技术更高级、信息更发达、问题更复杂，容不得我们太从容不迫。

评析　原译文中"节奏会更加快速，技术会更加高级，信息更加发达，问题更加复杂"的表达虽然在形式上也接近排比，但如果去掉"会"，将"更加"只用一个字"更"来代替，那么节奏感会更强。

12. 专业术语表述不准确

在翻译中遇到专业术语、专有名词等不能想当然，要查阅相关书籍和资料。遇到自己不熟悉的内容还需要向专家请教，韩汉翻译中，切忌不要受韩国语汉字词标记的误导。

原文1　중풍과 급사병 가운데 약 25%의 사람이 쉽사리 어려움을 피하지 못하고 이 '한순간'에 정말 날벼락을 맞듯이 손을 쓸 수가 없다.

原译　在中风和突然死亡中，有25%的人不能轻易地避免，在这"一瞬间"，就像晴天霹雳，无从防备。

改译　在中风和猝死的病例中，有25%左右的人不能幸免于难，在这"一刹那"，真是祸从天降，让人措手不及。

评析　"突然死亡"医学用语为"猝死"。

原文2　국내의 공상과학소설과 비교하면 외국의 공상과학소설은

출발이 비교적 빨라 오랜 역사를 지니고 있다.

原译 和国内的空想科学小说相比，外国的空想科学小说发展较快，具有悠久的历史。

改译 同国内的科幻小说相比，外国的科幻小说起步较早，有较为久远的历史。

评析 "공상과학소설"译成汉语就是"科学幻想小说"，即科幻小说。"출발이 비교적 빨라"应译成"起步较早"，因为只有"起步"才能谈到"发展"。

原文3 파브르는 이러한 곤충학 저작을 순수 학술 저작으로 쓴 것이 아니었다. 그는 산문 형식과 소박한 언어로 생명의 진실되고 세세한 그 아름다움을 표현하는 것을 선택하였다.

原译 帕伯勒（音）没有把这部昆虫学著作当作学术著作去写，而是选择用散文形式和朴素的语言来表现生命的真实和细微的美丽。

改译 法布尔没有把这样一部昆虫学著作写成纯学术著作，而是选择用散文的形式和朴素的文字表现生命的真实细节之美。

评析 "파브르"（Fabre）是法国著名昆虫学家法布尔，法布尔这个音译名字在汉语中已经成为约定俗成，译者在翻译过程中如果不了解，应该多查询一些资料，不能盲目音译。

原文4 그 곳에 CO2 있다.

原译 在那个地方有二氧化碳。

改译 在那个地方驻有两个连。

评析 原文中出现了一个符号术语"CO_2"，这个词乍一看好像是"二氧化碳"的化学符号，因此原译文想当然地被翻译成"那个地方有二氧化碳"。但试想，二氧化碳存在于空气中，凡有空气的地方，就应有二氧化碳。"那个地方有二氧化碳"，那么，什么地方没有二氧化碳呢？因此可以判断原文翻译有

| 第七章 | 韩汉翻译中的常见偏误

误。仔细阅读原文会发现，原文是"CO2"，而不是"CO_2"，后者才是二氧化碳的分子符号。"CO"是英文company（连、连队）的前两个字母，在军事文章中常代表连队，这样问题就迎刃而解了。

13. 过度死译

纽马克认为，在死译中，源文本所有词语的基本意义得到了翻译，但目标文本既不考虑用词的语境因素，句法结构也不符合目标语要求，连词序都是按照源文本排列的，[1] 因此应当避免。

原文1　성공하기를 바라는 자는 마음의 안정, 자기자신 및 타인에 대한 정신의 평화, 그리고 또 대개는 자존심까지도 포기하여야 할 것이다.

原译　希望成功者心情的安定，对自己本身及他人的精神的平和，还有很多情况下应该抛弃自尊心。

改译　希望成功的人，心境要安定，对人对己都要心平气和，许多时候，甚至不要怕伤自尊。

评析　纽马克将翻译分为四类，其中一种便是死译。原译文中的第一句话，便是死译原文，译者没有完全理解原文的意思，只是尽可能将原文词语的基本意思翻译出来，但翻译后的译文既没有忠实原文的意思，也不符合汉语的表达习惯。

原文2　지금까지 맞은 새로운 세기 중에 이러한 적은 없었다. 이처럼 많은 정의와 내포를 부여하는 것 말이다. 21세기의 종소리가 울려 퍼지기 전에 사람들은 먼저 환희의 북을 울렸다.

原译　迄今为止，每一个新世纪都没有过这样的情形，就是赋予它

---

[1] 谭载喜：《西方翻译简史》，第212页。

这么多的定义和内容。在21世纪的钟声敲响以前，人们首先打起了欢快的大鼓。

改译 从没有任何一个新世纪被赋予过这么多定义和内涵。在21世纪的钟声敲响之前，人们预先擂动了欢欣的锣鼓。

评析 原译文过度死译原文词句，前半句和后半句的主语不一致，尽管将原文每个单词的意思翻译出来，但无法准确传达原文的意思。从原文来看，是"人们"赋予新世纪这么多的定义和内涵，此句可用被动式来翻译。

原文3 교통 통신 수단이 그렇게도 쉽고 빠르며 일간 신문이 세계의 모든 흐름을 우리의 격리된 서재에 가져다주는 이 시대에, 우리는 너무 바쁘고 마음을 뺏기는 경향이 있다.

原译 在交通、通信手段如此容易、快速，日间报纸把世界的所有潮流都送到我们被隔离的书斋的这个时代，我们有了太忙和心不在焉的倾向。

改译 在当今的时代，交通、通信如此发达快捷，每天的报纸都把世界的所有信息送到我们面前，我们太忙碌，心也有些浮躁。

评析 原译文过度将原文内容的字词对译，既没有考虑到语境的要求，也违背了汉语的语法规则，生成的译文严重违反了汉语的表达习惯。因此，为了保持译文的通畅，有的词可以不必译出。原文中"이 시대"前面的长定语，一口气译下来未免太长，可以将"时代"提前，作为时间状语。

原文4 환자의 치료를 중단하면 사망할 수도 있다는 점을 알면서도 가족의 요구에 따라 퇴원시킨 의사의 조치는 살인 방조죄에 해당한다는 대법원 확정 판결이 나왔다.

原译 虽然知道中断患者的治疗会引起死亡，却仍按家属的要求让其出院，医生的做法相当于杀人帮助罪，大法院做出了终审判决。
改译　医生明知中断患者的治疗会导致死亡，却按家属的要求让其出院。对这种行为，法院做出终审判决为"帮助杀人罪"。
评析　原译文的这种译法，受原文拘束太大，汉语显得不够连贯。

14. 过度口语化

笔译不同于口译，笔译的译者不仅仅是一个信息的传递者，同时也是一个创造者。我们所熟知的国外名言警句，都是因为译者的妙笔生花而家喻户晓、妇孺皆知。因此，作为书面作品的一种形式，笔译需要正式的语言和修辞，其表达不能过于口语化。

原文1　법률에 의하면 결혼해 낳은 자녀든 결혼하지 않고 낳은 자녀든 낳은 부모가 생활비와 교육비를 책임질 의무가 있다.
原译　根据法律，不管是结婚生的子女还是不结婚生的子女，他们的父母都有义务承担生活费和教育费。
改译　根据法律，无论是婚生子女还是非婚生子女，生身父母都有义务负担其生活费和教育费。
评析　原译文中使用的"不管……还是"同改译中的"无论……还是"意思相同，但"无论……还是"更加书面语化，考虑到法律条文的公文性质，在翻译中应该避免过于口语化的表达。此外，"结婚生的子女""不结婚生的子女""他们的父母"等都需要改换成相对应的书面表达。

原文2　오랜 기간 사람들은 줄곧 조류는 자기 짝에게 성실하다고 여겼다.
原译　长期以来，人们一直认为鸟类对自己的对象是诚实的。
改译　多年来，人们一直认为鸟类对配偶是忠诚的。
评析　"自己的对象"一词过于口语化，在科普文献的翻译中应该使用郑重的书面语，以示译文的科学性。此外，"诚实"是形容

词，一般只表示人的性格，而表达对人、对事的责任感要使用"忠诚"一词，原译文中使用"诚实"这一表达也是因为受"성실하다"汉字标记影响的结果。

原文3　이러한 미의 형태는 위대한 힘과 숭고한 정신에서 드러난다. 매우 강렬한 감정을 불러일으키기도 하고 고양되어 분발하게도 하며, 비분하여 주먹을 불끈 쥐거나 하늘을 우러러 큰 소리로 부르짖게도, 혹은 격앙되어 비장한 노래를 부르게도 한다.

原译　这种美的形态是从伟大的力量和崇高的精神中显露出来的。它唤起人们非常强烈的感情，让人奋发向上，或者使人悲愤握紧拳头，向着天空大声呼叫，或者使人激昂悲歌。

改译　这种美的形态是从宏伟的力量、崇高的精神中呈现出来的。它引发出人们十分强烈的感情，或促人奋发昂扬，或令人扼腕悲愤，或让人仰天长啸，或使人悲歌慷慨。

评析　原文是一句表达抒情意义的文字，在翻译时应该再现原文的风格，翻译出原文的"神韵"来。译文最后出现的"唤起人们非常强烈的感情，让人奋发向上，或者使人悲愤握紧拳头，向着天空大声呼叫，或者使人激昂悲歌"一段有些过于口语化，无法表现"美"起到的作用。

原文4　경찰은 길을 잃은 아이를 데리고 한집 한집 물어가며, 끝에 가서 마침내 아이의 부모를 찾았다. 아이는 부모를 척 보자마자 눈물을 뚝 그치고 웃음을 지었다.

原译　警察领着迷路的孩子，一家一家地询问，到后来好不容易找到了孩子的父母，孩子一见到父母，马上止住了眼泪，高兴地笑了。

改译　警察带着迷路的孩子，挨家挨户地打听，最后终于找到了孩子的父母。孩子一见到父母，就破涕为笑了。

评析　原文中"马上止住了眼泪，高兴地笑了"有些过于口语化，可以将两句话合在一起，翻译为"破涕为笑"。

15. 译文不符合语境

前文提到，语境是人们在言语交际过程中理解某一特定的交际话语或与文本有关的一切主客观因素的总合，大致可以分为语言语境、情景语境和文化语境三大类。语境不仅可以决定词义、消除歧义，还可以展示词语的具体用法以及它们的搭配，使我们看到词汇的实际运用情况。这就需要我们在翻译时，不能仅靠查阅字典，要掌握词义的变化特点，根据语境，寻求两种语言对等表达的规律。

原文1　옛날에는 사람을 보내거나 불이나 새 등을 이용해서 급한 연락을 주고받았다.
原译　远古时，人们都是派人或利用灯或鸟进行紧急联络的。
改译　古时，两地间的紧急联络是靠信使、烽火或鸟来进行的。
评析　"불"在这里不是灯，而是指烽火，古时边防报警点的烟火。翻译成"灯"显然不符合当时事情发生的情景语境。

原文2　섬세하고 부드러운 선율의 음조에 싸인 나는 밤이 늦도록 잠들지 못했다.
原译　我被那细腻优美的旋律所包围，以致夜不成寐。
改译　我沉浸在那细腻优美的旋律中，直到深夜，难以成眠。
评析　"夜不成寐"是"形容因心中有事，晚上怎么也睡不着觉"，而这里是因为被优美的旋律所陶醉，因而使用"夜不成寐"不符合语言语境。此外，"被……旋律所包围"是将原文逐词翻译过来的，不符合汉语的表达习惯，最好改为主动式。

16. 过度增量

在翻译中，为了使译文符合目标语的表达习惯，有时会添加词，但过度的增量翻译往往会重蹈"美而不忠"的覆辙，使得译文意思脱离原文。

原文1 아리랑은 한국 민족의 소리이고 민족 전체를 하나로 묶은 역사의 소리이다.

原译 阿里郎代表了韩民族共同的感情、思想和情绪，是在漫长的历史长河中将韩民族深深凝聚在一起的历史见证。

改译 阿里郎（韩国一民谣的名字——译注）是韩民族的声音，也是历史的声音，它把韩民族紧紧地团结在一起。

评析 译文中"共同的感情""思想和情绪""在漫长的历史长河中""历史的见证"等都是原文中没有的，过度的增量翻译会夸大原文的表达效果，与原文的风格无法保持一致。另外，"深深凝聚在一起"这一搭配不符合汉语表达习惯。

原文2 충북 단양 온달 산성（溫達山城），
평강 공주와 온달 장군의 사랑 전쟁의 터

原译 谱写了平冈公主和温达将军忠贞爱情的动人史歌及温达将军浴血奋战的壮丽诗篇。

改译 忠北丹阳温达山城，平冈公主和温达将军的旧居，战争遗址。

评析 原文只是对"温达山城"旧址的简单说明，就像汉语中的"xx故居""xx遗址"一样。原译文中使用"忠贞爱情""动人史歌""浴血奋战""壮丽诗篇"等华丽辞藻，无疑是过度增量翻译，给人画蛇添足之感。

原文3 부모의 임종을 지켜보는 자식은 사주팔자에 있다고 한다.

原译 据说，能否亲眼看着自己的父母故去是命中注定的，能否送终在于自己的命。

改译 据说，子女守在父母身边为其送终是命中注定的。

评析 原译文的后半部分"能否送终在于自己的命"属于原文没有

的内容，在翻译时没有必要另加。

原文4　그는 속으로 이진이 어떤 사상이나 주관이 있다는 생각을 해 본 적이 없었다. 그는 언제나 그녀를 자신의 부속물로 간주했으며 이진 역시 이에 대해 일찍부터 길들여져 있었다.

原译　在他的心里，不曾想过李真有任何思想或主观想法，他总是把她当作自己的附属品，叫她干啥就干啥。而李真对这些早就不以为然了。

改译　在他的心目中，从来不认为李真是个有思想有主见的人，他一直把她当作自己的附属物，而李真对此也早已习惯了。

评析　"叫她干啥就干啥"这句话是译者添加进去的。增加的部分对于传达原文意思和增强译文的表达效果没有帮助，因而可以不加。

17. 脱离原意

很多情况下，译文读起来十分通顺，意思也足够明确，但如果对照原文就会发现，译文所表达的意思与原文的意思相距甚远。这种情况下的译文其实并非真正的译文，而是译者过度的再创作，脱离原意。19世纪末20世纪初，中国文坛著名的翻译家林纾，就是通过这种再创作的方式翻译了无数的外国小说。虽然林纾的译作在当时受到了极大的欢迎，对于中国文学事业的发展作出了重要的贡献，但从译者的伦理角度来说，在21世纪这样一个文化多元的时代，作为译者，需要的是忠实原文意义的创造性叛逆。

原文1　여행은 두 눈을 뜨고 마음을 쓰며 하는 지적인 여행이면 훌륭한 교육자가 될 수 있다.

原译　旅行时，如果你睁双眼去看，用心去想，使旅行充满智慧，你就会成为一个优秀的教育者。

改译 旅行，如果能让人瞪大两眼去看，用心去想，给人以知识，那么它就能让人受到很好的教育。

评析 如果单独阅读原译文，会觉得原译文也是一个非常通顺的句子，意思表达十分明确。但如果对照原文可以发现，译者并没有准确传达原文的意思，原文的主语是"여행"，整个句子是想表达"여행은 교육자가 될 수 있다"的意思，原译文添加了主语"你"，是对原文意思的改写。

原文2 역사의 흐름과 시대의 맥박에 귀를 기울이지 않고 민족의 오늘을 방관하며 민족의 내일을 외면하는 문학, 그것은 그 어느 시대, 어느 나라에서나 그 민족의 버림을 받아왔다.

原译 不倾听历史的潮流和时代的脉搏，对民族的今日袖手旁观，与民族的未来背道而驰，这种文学，无论是在哪个时代，哪个国家，都将遭到人民的唾弃。

改译 作为文学，不顺应历史的潮流，不把握时代的脉搏，对民族的今日袖手旁观，对民族的明天视而不见，无论在哪个时代、哪个国家，都遭到了那个民族的唾弃。

评析 仔细与原文对照可以发现，原文句尾的"……받아왔다"是过去时，而不是将来时，译成"将……"扭曲了原文的意思。此外，"倾听……潮流和……脉搏"动宾搭配不当。

18. 韩国语基础知识不过关

一个优秀的译者必须精通源语和目标语两种语言，这也是作为一名译者最起码的准则。但众所周知，任何一个人对自己的母语也难以说"精通"，何况是外语。而"精通"本身也没有一个固定的标准去衡量，既然是外语，那就难免在语言的理解上出现盲点。这种盲点有可能是由于对个别语法或词汇的理解还存在小的漏洞，有可能是对目标语所包含的文化背景不甚了解。这些都会导致译者在翻译过程中出现这样那样的纰漏，为了解决或减少纰漏的发生，就要求译者不断地去学习。

原文1 저는 잠귀가 어두우니 대답이 없거든 벨을 계속 울려 주세요.
原译 我睡觉不易惊醒，所以不回答，请您继续响铃。
改译 我睡得很死，如果不回答的话，请继续响铃。
评析 原译文的译者没有弄清原文分句之间的关系，导致误译。原文中出现了"니""거든"两个连接语尾，原译文译者将原文从"거든"处断开，认为前两个句子是由"니"连接形成的因果关系，翻译为"因为……所以"。但仔细阅读可以发现，这个句子要首先从"니"处断开，形成两个大的分句，后一个分句是由"거든"连接的两个小分句，构成假设关系。

原文2 낙찰자가 소정기일내에 계약을 체결하지 않을 때에는 입찰보증금은 당공사에 귀속됩니다.
原译 未中标者没有在规定时间内订立合同，投标保证金归我公司所有。
改译 中标方没有在规定期限内与我方签订合同，投标保证金归我公司所有。
评析 在工程招标中，未中标者无须与招标方签订合同，所以译文是有矛盾的，原因在于译者把"낙찰자（落札者）"搞错了。汉语中有"落选"、"落榜"，是"没选上"、"没考上"的意思，而韩国语中的"낙찰"则是"中标"的意思。

原文3 10월 이전에 화물을 반드시 선적해 주셔야 합니다. 그렇지 않으면, 당사는 판매 시기를 놓쳐 버리게 됩니다.
原译 10月份以前必须把货装上船，不然的话，我公司将放弃销售时期了。
改译 10月份以前必须将货装上船，否则，我们就赶不上销售季节了。

评析 "놓쳐 버리다"不是"放弃",哪有卖家愿意放弃销售自己的商品呢?应该是"错过"或"赶不上"销售期。

原文4 단기적인 득실에 시선을 고정하고 희희낙락 기회를 논하기보다는 장기적인 관점에서 미래를 대비하는 편이 낫다.

原译 比起把眼光固定在短期的得失上高高兴兴地谈机会,从长远的观点出发应对未来更好些。

改译 与其把眼光放在短期的得失上喜谈机遇,不如立足长远未雨绸缪。

评析 韩语中"……보다는"是一个常用的表达,译成汉语时,有"比、和……相比"的意思,同时也有"与其……不如……"的意思,遗憾的是,原译文的译者只知道其中的一个意思。

19. 译文表达不够流畅

翻译工作要分几个步骤,一要阅读原文,二要在理解的基础上提笔翻译。但这时的翻译只不过是初译,即使能够准确地传达原文意思,做到"信"和"达",但在"雅"上还欠工夫。因此最后还要重新校译,做到"信、达、雅"的和谐统一。

原文1 1901년에는 진공청소기가 태어났고 1907년에는 세탁기가 발명되었으며 1940년에는 전자레인지가 탄생하였다. 이 모든 것은 부녀자들을 힘든 집안일에서 해방시켰다.

原译 1901年出现了真空吸尘器,1907年发明了洗衣机,1940年诞生了微波炉,这一切使妇女在繁重的家务活中得到了解放。

改译 1901年有了真空吸尘器,1907年发明了洗衣机,1940年微波炉诞生,这一切使妇女从繁重的家务中解放出来。

评析 汉语中一般不说"在……中得到解放",改为"从……中解放出来"则会使译文更加流畅。

原文2　그 당시에 사람들은 대체로 자연현상이나 속담·경험에 의해 날씨의 변화를 판단하였다.

原译　那时候，人们大体上都是经过自然现象或者谚语、经验来判断天气的变化。

改译　那时人们大都通过自然现象、谚语和经验来判断天气变化。

评析　韩国语中的"……에 의해"，可译成汉语的"依、依靠、根据、按照、通过"等，在这里译成"经过"不太通顺。

原文3　태국에 많은 관광객이 몰려드는 것은 수많은 사원의 섬세한 불교 문화와 함께 적은 돈으로 쉽게 여행을 하며 즐길 수 있는 곳이 많기 때문이다.

原译　很多游人到泰国去，是因为那里的很多寺院佛教文化精深，同时花很少的钱就能旅行，好玩的地方很多。

改译　泰国寺院很多，佛教文化发达，好玩的地方不少，旅游费用低廉，所以很多游客都到泰国去。

评析　原译文按原文语序译出，尽管准确地传达了原文的意思，但从中文的角度来说，表达有欠流畅。如果把"灵"前的长定语拿出来先翻译，效果会更好一些。

20. 译文神韵不足

"神韵"原本是中国传统美学的重要观点之一，后来被茅盾引入翻译理论中来。"神韵"与郭沫若提出的"风韵"和"气韵"，傅雷提出的"形似"同出一辙，是在告诫所有的译者，将外国作品翻译成汉语时，不仅要做到"达意"，同时还要再现原文的"神韵"，这才能达到翻译的最佳境界。

原文1　여우는 앞에서 머리를 쳐들고 성큼성큼 걸어갔고 호랑이는 매우 공손하게 뒤를 따랐다.

原译　狐狸昂着头大步走在前面，老虎十分恭敬地跟在后面。

改译　狐狸昂首阔步在前面走，老虎毕恭毕敬地在后面跟着。
评析　通过原文，我们好像看到了狐狸和老虎的样子，怎样才能把它们的样子恰到好处地表现出来呢？这就得在修辞上花点儿力气了，运用"昂首阔步""毕恭毕敬"两个四字成语，既在结构上整齐有序，又可以生动地体现出狐狸和老虎的神态。

原文2　봐라, 이것이 바로 당초의 베이징 사람이다. 그때 사람들은 사랑하고 싶으면 사랑하고, 밉고 싶을 때면 미워하고, 울고 싶어지면 울어버리고, 소리치고 싶으면 소리치며 자유롭게 살았지, 예교로 구속되지 않았으며, 문명으로 얽매이지 않았고, 위선도 없고, 사기도 없고, 음험함도 없고, 모함도 없고, 햇살 쬐이고, 바람 맞고, 비에 젖고, 요즘처럼 사람을 잡아 먹는 예교와 문명이 이렇게 많지도 않았으니, 그들은 정말이지 쾌활했다.

原译　看吧，这就是当初的北京人，那时候，人们想爱就爱，想烦就烦，想哭就哭，想叫就叫，自由地生活，不被礼教束缚，不被文明捆住，没有伪善，没有欺骗，没有阴险，没有陷害，风吹雨淋太阳晒，没有像现在吃人的礼教和文明这么多，他们是真正快活的。

改译　你看，这就是当初的北京人。那时候的人要爱就爱，要恨就恨，要哭就哭，要喊就喊，他们自由地活着，没有礼教来拘束，没有文明来捆绑，没有虚伪，没有欺诈，没有阴险，没有陷害，太阳晒着，风吹着，雨淋着，没有现在这么多吃人的礼教同文明，他们是非常快活的。

评析　原文中的第二句话是由一连串的排比构成的，原译文译者虽然注意到了原文的排比特点，但在中文表达的力度上有所欠缺。因此，应该调整修辞，使得译文能够显现原文的风格。为了实现与原文风格的统一，在个别词语的翻译上也要注意词语感情色彩的调整。例如，"밉다"原意是"讨厌、厌烦"

的意思，但在这里译成"恨"比较好，与前面的"爱"相照应。此外，"예교로 구속되지 않았으며, 문명으로 얽매이지 않았고"和"……처럼……이렇게 많지도 않다"这两个分句，原译者按照逐词翻译的策略进行处理明显不符合汉语表达习惯。

原文3 과학계에서는 이런 말이 자주 전해진다. "어떤 어떤 기관에 있을 때는 벌레이지만, 어떤 어떤 기관을 나왔다 하면 바로 용이다."

原译 在科学界，经常传诵着这样的话："在什么什么机关的时候是虫子，但是，离开那个机关就变成了龙。"

改译 在科学界，经常流传着这样一句话："在某某单位是一条虫，出了某某单位就是一条龙。"

评析 原译文虽然准确传达了原文的意思，但没有将原文的韵味表现出来，最好使用排比句。

参考文献

Chesterman Andrew, " Proposal for a Hieronymic Oath," Anthoy Pym（ed.）, *The Return to Ethics*, *Special Issue of The Translator*, Manchester：St. Jerome Publishing, 2001.

Christiane Nord：《译有所为——功能翻译理论阐释》, 张美芳、王克非等译, 外语教学与研究出版社, 2005。

Mark Shuttleworth, Moira Cowie：《翻译研究词典》, 谭载喜等译, 外语教学与研究出版社, 2005。

W. Wilss, *The Science of Translation*：*Problems and Methods*, 上海外语教育出版社, 2001。

阿英：《阿英文集》, 香港三联书店, 1981。

埃斯卡皮：《文学社会学》, 王美华、于沛译, 安徽文艺出版社, 1987。

曹金波：《日语拟声拟态词后续省略研究——以用于句尾的「ABAB」型为例》,《外语与外语教学》2011年第1期。

陈福康：《中国译学理论史稿》, 上海外语教育出版社, 2000。

樊庆彦：《〈红楼梦〉中的文字游戏及其文化意蕴》,《红楼梦学刊》2007年第4期,

郭建中：《当代美国翻译理论》, 湖北教育出版社, 2004。

何怀宏：《伦理学是什么》, 北京大学出版社, 2002。

何家宁、刘绍龙、陈伟：《英汉词语互译研究》，武汉大学出版社，2009。

胡庚申：《从"译者主体"到"译者中心"》，《中国翻译》2004年第3期。

黄德先：《自省翻译研究的西方中心——〈扩展翻译，赋权译者〉述评》，《外国语》2010年第1期。

金惠林：《金惠林韩汉翻译词典》，世界图书出版公司，2008。

金敬红、周茗宇：《从"隐形"翻译看译者的主体性》，《东北大学学报（社会科学版）》2004年第6期。

孔慧怡、杨承淑：《亚洲翻译传统和现代动向》，北京大学出版社，2000。

李德春：《韩国历代汉韩翻译简述》，《解放军外国语学院学报》2005年第4期。

李龙海、李承梅：《韩汉翻译教程》，上海外语教育出版社，2009。

李明：《英汉互动翻译教程》，武汉大学出版社，2011。

李无忌、韩强：《英韩互译中的韩国语专有名词音译问题》，《东疆学刊》2001年第2期。

梁启超：《翻译文学与佛典》，《饮冰室文集点校》，云南教育出版社，2001。

廖晶、朱献珑：《论译者身份——从翻译理念的演变谈起》，《中国翻译》2005年第3期。

林从纲：《韩国语概论》，北京大学出版社，2007。

林从纲：《新编韩国词汇学》，北京大学出版社，2007。

刘万生：《从"汉城"到"首尔"：经济发展改变话语权——权力话语理论视角下"汉城"中文译名变更对我国的启示》，《宜宾学院学报》2009年第3期。

刘卫东：《翻译伦理的回归与重构》，《中国外语》2008年第6期。

刘也玲：《道安的"五失本"、"三不易"说》，《理工高教研究》

2004年第6期。

刘也玲:《翻译中译者的能动性与创造性》,《衡阳师范学院学报(社会科学版)》2003年第4期。

吕俊:《跨越文化障碍——巴比塔的重建》,东南大学出版社,2001。

吕叔湘:《中国人学英语》,商务印书馆香港分馆,1975。

罗新璋:《我国自成体系的翻译理论》,《翻译通讯》1983年第7、8期。

罗新璋:《我国自成体系的翻译理论》,《翻译论集》,商务印书馆,1984。

马士奎:《文革期间的外国文学翻译》,《中国翻译》2003年第5期。

马祖毅:《中国翻译简史》,中国对外翻译出版公司,1998。

闵宽东:《在韩国的中国古典小说翻译情况研究》,《明清小说研究》2009年第4期。

权赫律:《船歌》,吉林大学出版社,2010。

任蕊:《论译者的显身性》,《东北大学学报(社会科学版)》2010年第6期。

邵成军:《翻译批评管窥》,《外语与外语教学》,2003年第3期。

申连云:《尊重差异——当代翻译研究的伦理观》,《中国翻译》2008年第2期。

沈仪琳:《韩文汉译实用技巧》,社会科学文献出版社,2006。

史有为:《汉语外来词》,商务印书馆,2003。

孙致礼:《文学翻译应该贯彻对立统一原则》,《外语研究》1993年第2期。

孙致礼:《1949—1966:我国英美文学翻译概论》,译林出版社,1996。

孙致礼:《坚持辩证法,树立正确的翻译观》,《解放军外国语学院学报》1996年第5期。

孙致礼：《译者的职责》，《中国翻译》2007年第4期。

覃江华、刘军平：《一心翻译梦，万古芳风流——葛浩文的翻译人生与翻译思想》，《东方翻译》2012年第6期。

谭载喜：《西方翻译简史》，商务印书馆，2004。

万江松、冯文坤：《"去蔽"却未"澄明"的译者主体性——体验哲学视角中的译者主体性究》，《西南民族大学学报》2009年第3期

王大智：《"翻译伦理"概念试析》，《外语与外语教学》2009年第12期。

王大智：《翻译与翻译伦理——基于中国传统翻译伦理思想的思考》，北京大学出版社，2012。

王大智：《关于展开翻译伦理研究的思考》，《外语与外语教学》2005年第12期。

王丹：《大学韩国语语法》，北京大学出版社，2012。

王海明：《伦理学方法》，商务印书馆，2004。

王海明：《伦理学原理》，北京大学出版社，2009。

王宏印：《中国传统译论经典诠释》，湖北教育出版社，2003。

王克非：《翻译文化史论》，上海外语教育出版社，1997。

王宁：《翻译研究的文化转向》，清华大学出版社，2009。

温秀颖：《翻译批评——从理论到实践》，南开大学出版社，2007。

吴文安：《后殖民翻译研究——翻译和权力关系》，外语教学与研究出版社，2008。

谢天振：《创造性叛逆：争论、实质与意义》，《中国比较文学》2012年第2期。

谢天振：《译介学》，上海外语教育出版社，1999。

谢天振：《中西翻译简史》，外语教学与研究出版社，2009。

许钧、穆雷：《翻译学概论》，译林出版社，2009。

许钧：《翻译论》，湖北教育出版社，2003。

许钧：《论翻译活动的三个层面》，《外语教学与研究》1998年第3期。

杨绛：《失败的经验——试谈翻译》，《金圣华、黄国彬：因难见巧——名家翻译经验谈》，香港三联书店，1996。

杨洁：《试论中国古典诗歌若干形式在法译诗句中的转换问题——汉字多义性、文字游戏及典故带给法译古典诗的困惑》，《西安外国语学院学报》2001年第3期。

杨宁：《浅谈朝汉翻译史及其特点》，《读与写杂志》2010年第4期。

杨武能：《阐释，接受与创造的循环——文学翻译断想》，《中国翻译》1987年第6期。

俞冬明：《广告汉译要充分发挥汉语优势——以偶句和四字格为例》，《宁波广播电视大学学报》2012年第1期。

袁莉：《关于翻译主体研究的构想》，载张柏然、许钧《面向二十一世纪的译学研究》，商务印书馆，2002。

苑英奕，「문학 번역 과정에서의 몇가지 곤혹」，《韩国经典文学翻译研究学术研讨会论文集》，大连外国语学院韩国语系2012韩国经典文学翻译研究学术研讨会，2012。

臧夏雨：《从翻译伦理视角论译者有意识的"不忠"——以电影〈叶问1〉和〈翻译风波〉为例》，《中国翻译》2012年第2期。

张景华：《译者的隐形：翻译史论》，外语教学与研究出版社，2009。

张宝胜：《名词前修饰成分的排列规律》，《语文建设》2005年第4期。

张敏、朴光海、金宣希：《韩中翻译教程》，北京大学出版社，2005。

张明权：《汉语四字格与译者风格实证研究——以〈简·爱〉的两个中译本为例》，《社会科学论坛》2009年第11期。

郑继永：《韩国儿童漫画文学作品的特征及汉译》，《解放军外国语学院学报》2003年第5期。

仲伟合、周静:《译者的极限与底线——试论译者主体性与译者的天职》,《外语与外语教学》2007年第7期。

강수정,「중국 뉴스매체의 한국 뉴스 편역보도에 관한 연구——〈참고소식〉의 한국뉴스 편역 사례를 중심으로」,「통번역학연구」, 2011(15).

강신항,「한국의 역학」, 서울대학교출판부, 2000.

권금숙,「한국속담 중국어 번역 연구」, 북경외국어대학교 박사논문, 2012.

금지아,「은희경 장편소설 [마이너리그] 中譯有感」,「중한 통번역학 및 통번역 교수법 국제 학술회의 논문집(中韩翻译学及翻译教学国际学术会议论文集)」, 2011, p.143.

김경희,「문학번역에서의 언어유희 번역에 관한 고찰」,「국제회의 통역과 번역」, 2007.

김규현, 서경희,「대화조직상의 성별 차이 : 평가와 이해 확인을 중심으로」,「사회언어학」, 1996(4).

김남휘,「통역의 역사 개관——고려 시대까지」,「통번역학연구」, 2012(16).

김석희,「미메시스 : 번역서 가이드북 2000」,「열린책」, 1999

김선아,「한중 통번역에서의 동사 "하-"、"이음절 한자어+하-"를 중심으로」,「국제회의 통역과 번역」, 2004(2).

김순미,「충실성과 창의성 개입 사이의 딜레마——언어유희 번역을 중심으로」,「통역과 번역」, 2010.

김순자,「여성화자의 화행 수행에 관한 연구」, 한양대학교 박사논문, 2001.

김승일,「[손님(客人)]의 중국어 번역에 대한 나의 소회(所懷)」,「이화여자대학교 통역번역대학원 제4차 학술대회 : 한국문학의 세계화」, 2008.

金儿英、孙志凤,「韩中同事同译考察」,「논문집」, 1998(12).

김윤진,「문학번역 평가에서의 관점의 문제」,「이화여자대학교 통역번역대학원 제1회 국제학술대회 및 제4회 한국문학번역출판 국제워크숍 발표집」, 2005.

김정우,「한국 번역사의 시대 구분」,「번역학연구」, 2008(9).

김지원,「한국의 번역 전통」,「이화여자대학교 통역번역대학원 설립10주년 기념식 및 국제학술대회 : 통역번역에서 문화요소의 소회 (所懷)」, 2007.

김진아,「한국에서 사용되는 한자어를 통한 중국어 어휘 습득이 중국어 학습에 미치는 영향」,「통역번역연구」, 2005.

김혜림,「한중간 음식명 번역 양태 비교」,「통역과 번역」, 2012.

남주경,「한국어 부사어의 중국어 표현 방식 연구」, 서울대학교대학원, 석사논문, 2001.

박성래,「통역의 역사와 통역관의 중요성」,「외대통역협회지」, 1983(1).

변선희,「문학 번역의 특징에 관한 소고」,「통번역학연구」, 2000.

성호주,「한국어의 언어유희——동음이의어의 말놀이를 중심으로」,「한국학논집」, 1983.

손지봉,「문학 번역 평가 기준에 관하여」,「국제회의 통역과 번역」, 2006.

申恩熙,「문화 전환으로서의 번역 : 중한 번역 사례를 중심으로」, 부산외국어대학교 통역번역대학원 석사논문, 2005.

신지선,「아동문학 영한 번역 규범 연구 : 가독성과 가화성을 중심으로」, 세종대학교 대학원 박사논문, 2005.

李恩敬,「中国语量词研究——한국어와의 비교를 중심으로」, 이화여자대학교 교육대학원 석사논문, 2000.

양금평,「한중 부사어의 비교 연구 : 부사와 부사격 체언을 중심으로」, 경희대학교 대학원 석사논문, 2008.

유명우,「한국 번역사 정리를 위한 시론」,「번역학연구」, 2002 (3) .

유석호,「언어의 유희성과 번역의 한계」,「번역문학」, 2002 (10) .

이영훈,「한국에서의 번역 개념의 역사——조선왕조실록에서 본 "번역"」,「통번역학연구」, 2011 (15) .

이은숙,「문학번역 평가의 문제 : 충실성과 가독성을 중심으로」,「통역과 번역」, 2008 (10) .

장민,「중한번역연구의 학술적 오리엔테이션」,「중한번역연구의 학술적 오리엔테이션」, 2011.

장언청,「한국어 교육을 위한 한중 의태어 대비 연구」, 건국대학교대학원 석사논문, 2009.

장진,「한중 의성어 대조 연구」, 고려대학교대학원 국어국문학과 석사논문, 2009.

郑顺梅,「한국어 교육을 위한 의성어 의태어의 한중 대조 연구」, 서울대학교 대학원 석사논문, 2005.

정연일,「통번역사의 한국어」, (주) 이지북스, 2006.

조연량,「한중 속담의 대비 및 교육 방법 연구」, 충남대학교 대학원 석사논문, 2010.

최은경,「우리만 소설의 중국어 번역에서 나타나는 미적 요소의 재현 문제——신경숙의 [외딴방] (單人房) 을 중심으로」,「중국어문학」, 2011.

태평무,「번역이론과 실천에서 제기되는 일부 규칙에 대한 탐구」,「중한번역연구의 학술적 오리엔테이션」, 2011.

황지연,「국제회의 관용표현에 대한 연구 : 속담과 사자성어를 중심으로」,「통번역학연구」, 2003 (7) .

图书在版编目（CIP）数据

韩汉翻译研究：理论与技巧 / 李民，宋立著 . —北京：社会科学文献出版社，2014.7
ISBN 978-7-5097-5156-5

Ⅰ.①韩… Ⅱ.①李… ②宋… Ⅲ.①朝鲜语－翻译 Ⅳ.① H555.9

中国版本图书馆 CIP 数据核字（2013）第 238622 号

韩汉翻译研究：理论与技巧

著　　者	/ 李　民　宋　立
出 版 人	/ 谢寿光
出 版 者	/ 社会科学文献出版社
地　　址	/ 北京市西城区北三环中路甲 29 号院 3 号楼华龙大厦
邮政编码	/ 100029
责任部门	/ 全球与地区问题出版中心
	（010）59367004
电子信箱	/ bianyibu@ssap.cn
项目统筹	/ 高明秀
经　　销	/ 社会科学文献出版社市场营销中心（010）59367081　59367089
读者服务	/ 读者服务中心（010）59367028
责任编辑	/ 高明秀　于静静　王莎莎
责任校对	/ 何晋东
责任印制	/ 岳　阳
印　　装	/ 三河市尚艺印装有限公司
开　　本	/ 787mm×1092mm　1/20
印　　张	/ 13.8
版　　次	/ 2014 年 7 月第 1 版
字　　数	/ 240 千字
印　　次	/ 2014 年 7 月第 1 次印刷
书　　号	/ ISBN 978-7-5097-5156-5
定　　价	/ 59.00 元

本书如有破损、缺页、装订错误，请与本社读者服务中心联系更换
▲ 版权所有　翻印必究